2023

Realschule

Original-Prüfungsaufgaben
mit Lösungen

Bayern

Englisch

STARK

24. ergänzte Auflage
www.stark-verlag.de

Inhalt

Abschlussprüfungen an Realschulen in Bayern

Sobald die Original-Prüfungsaufgaben 2022 freigegeben sind, können sie als PDF auf der Plattform MyStark heruntergeladen werden (Zugangscode vgl. Umschlaginnenseite).

Sollten nach Erscheinen dieses Bandes noch wichtige Änderungen in der Abschlussprüfung 2023 vom Kultusministerium bekannt gegeben werden, findest du aktuelle Informationen dazu ebenfalls auf der Plattform MyStark.

Autoren:

Konrad Huber: Hinweise und Tipps, kommentierte Lösungen der Prüfungsaufgaben bis 2020
Florian Schindler: kommentierte Lösungen der Prüfungsaufgaben ab 2021
Kurzgrammatik: Redaktion

MP3-Dateien

Abschlussprüfung 2017
Text 1: Reasons to Cook
Text 2: East is East and West is West
Text 3: Artificial Food: Incredible or Inedible?
Text 4: Cookery Radio Programme
Text 5: Cooking Club for Teens

Abschlussprüfung 2018
Text 1: Reasons for Visiting Hawaii
Text 2: At Hawaii Volcanoes National Park
Text 3: Kamakawiwo'ole Israel
Text 4: Corals of Hawaii
Text 5: The Hawaiian Language

Abschlussprüfung 2019
Text 1: Why Are the Oceans Important?
Text 2: Surprising Facts about the Oceans
Text 3: The Great Pacific Garbage Patch
Text 4: Ocean Health
Text 5: Saving the Seas

Abschlussprüfung 2020
Text 1: Tips for your Internship
Text 2: Young Businessman
Text 3: Unusual Jobs
Text 4: At a Job Fair
Text 5: Learning a Job – What it Takes

Abschlussprüfung 2021
Text 1: Weather Apps
Text 2: An Interview with a Weather Forecaster
Text 3: Weather Report
Text 4: Calling the Weather Service
Text 5: Floods and Droughts

Abschlussprüfung 2022
Texte 1–5

Hinweis: Die MP3-Dateien kannst du ebenfalls über die Plattform MyStark abrufen.

Vorwort

Liebe Schülerin, lieber Schüler,

dieses Buch enthält die Prüfungsaufgaben der letzten Jahre, wie du sie auch im Rahmen deiner Abschlussprüfung bearbeiten musst, um den Realschulabschluss zu erlangen. Es ist zum Selbststudium gedacht und sollte den schulischen Unterricht ergänzend begleiten. Für eine erfolgreiche Arbeit mit diesem Buch solltest du die Hinweise und Tipps gründlich und in Ruhe durcharbeiten. Die Kurzgrammatik dient dir als Hilfe beim Lösen der Aufgaben.

Folgende Herangehensweise empfiehlt sich bei den *Written Tests* in diesem Buch:

1. Lies dir immer zuerst den Text gründlich durch.
2. Bearbeite dann die Abschlussprüfung schriftlich, indem du evtl. erst einmal die Aufgaben bearbeitest, die dir am leichtesten fallen. Danach setzt du dich mit den restlichen Aufgaben auseinander.
3. Vergleiche anschließend deine Antworten mit den Lösungen und streiche deine Fehler farbig an.
4. Verbessere nun deine Fehler und überlege, warum deine Antwort falsch ist.
5. Schlage unbekannte Wörter im Wörterbuch nach und lerne sie.
6. Bearbeite die Aufgaben, die du falsch gemacht hast, zu einem späteren Zeitpunkt noch einmal und vergleiche sie mit der Lösung. So kannst du überprüfen, ob du das Problem tatsächlich verstanden hast.

Bei der Bearbeitung der Hörverstehenstests solltest du so vorgehen:

1. Lies zunächst die Aufgabenstellung gut durch, damit du dir einen groben Überblick verschaffen kannst.
2. Du hörst dann jeden Text zweimal an (das ist auch in der Prüfung so) und versuchst dabei, die Aufgaben zu lösen.
3. Nach dem Hören siehst du dir deine Lösungen noch einmal genau an.
4. Erst jetzt vergleichst du deine Lösungen mit unserem Lösungsvorschlag. Du erkennst dann, wo du noch Schwierigkeiten hast.

Du wirst dich sicherlich manchmal überwinden müssen, die Aufgaben durchzuarbeiten, doch der Arbeitsaufwand lohnt sich, weil man nur durch konsequentes Üben seine Ergebnisse verbessern kann.

Der Band „**Training Abschlussprüfung Realschule – Englisch – Bayern**“ (Best.-Nr. C09150 mit interaktivem Prüfungstraining) bietet dir weiterführende Übungsmöglichkeiten. Er enthält neben den Original-Prüfungen 2021 und 2022 (online) zahlreiche Übungsaufgaben zu allen prüfungsrelevanten Kompetenzbereichen. Darüber hinaus werden dir Strategien zur effektiven Bearbeitung der Aufgaben vermittelt. So kannst du deine sprachlichen Fertigkeiten gezielt trainieren und dich langfristig auf den Realschulabschluss vorbereiten.

Für deine Abschlussprüfung wünsche ich dir viel Erfolg! Du kannst stolz auf deinen Realschulabschluss sein. Er ist weit über Bayern hinaus sowohl bei den Betrieben als auch für die schulische Weiterbildung als sehr hochwertiger Abschluss anerkannt.

Hinweise und Tipps zur Abschlussprüfung

Allgemeines zum Aufbau und Ablauf der Prüfung

Die **schriftliche Abschlussprüfung** im Fach Englisch besteht aus mehreren Teilen. Zunächst findet ein 30-minütiger ***Listening Test*** statt, danach folgt der ***Written Test***, für den 105 Minuten zur Verfügung stehen. Er ist wiederum unterteilt in Leseverstehen *(Reading)*, Wortschatz und Grammatik *(Use of English)* und Textproduktion *(Guided Writing)*. Alle Teile werden – wie die übrigen Prüfungsteile – zentral vom Bayerischen Kultusministerium gestellt. Die Bearbeitung des *Written Test* beginnt nach einer kurzen Pause im Anschluss an den Hörverstehenstest. Diese beiden Prüfungsteile finden also am selben Tag statt.

Zusätzlich gibt es eine 12-minütige **mündliche Prüfung *(Speaking Test)***, die in der Regel bereits vor den Osterferien durchgeführt wird.

Es sind in der gesamten Prüfung **keine Hilfsmittel**, z. B. Wörterbücher, zugelassen. Du wirst aber sehen, dass das kein Problem ist, weil du auch unbekannte Begriffe gut aus dem Sinnzusammenhang erschließen kannst.

In jedem der fünf Prüfungsbereiche (*Listening, Reading, Use of English, Guided Writing* und *Speaking*) kannst du bis zu 30 Punkte erreichen, insgesamt also maximal 150 Punkte. Die Punkte aus den verschiedenen Bereichen werden zusammengezählt und daraus deine Gesamtnote für die Abschlussprüfung im Fach Englisch berechnet.

Listening Test

Beim *Listening Test* wird deine Fähigkeit geprüft, gesprochenen Texten Informationen zu entnehmen. Deshalb genügt es, wenn du den Sinn verstehst. Rechtschreib- und Grammatikfehler in deiner Lösung werden nur dann als Fehler gewertet, wenn sie sinnentstellend sind, d. h., wenn sie den Sinn verfälschen und für einen *native speaker* nicht mehr verständlich sind. Alle Texte werden dir **zweimal** vorgespielt.

Tipps:

- Nutze die Zeit vor dem ersten Abspielen des Textes, um dir die Aufgabenstellung durchzulesen. So weißt du schon, worauf du beim Hören achten musst.
- Trage beim ersten Hören die Lösungen ein, die du sofort weißt. Beim zweiten Hören konzentrierst du dich dann auf die noch fehlenden Antworten.

Folgende Aufgabenformate können dich im *Listening Test* u. a. erwarten:

Zuordungsaufgaben

Bei diesem Aufgabentyp werden dir mehrere kurze Texte nacheinander vorgespielt. Dabei kann es sich um Aussagen verschiedener Personen handeln oder es werden z. B. unterschiedliche Aspekte eines Themas umschrieben. Deine Aufgabe besteht darin, diese Texte bestimmten Personen oder Überbegriffen auf dem Angabenblatt zuzuordnen.

Multiple Choice

Bei Multiple-Choice-Aufgaben wird dir ein Satzanfang vorgegeben und du musst ankreuzen bzw. abhaken, welches von mehreren Satzenden am besten dazu passt.

Fehler finden

Bei diesem Aufgabentyp ist auf dem Angabenblatt eine Abschrift des Hörtextes abgedruckt. Sie enthält jedoch einige Fehler. Du sollst die Unterschiede zwischen dem geschriebenen und gesprochenen Text heraushören und die falschen Wörter auf dem Angabenblatt verbessern.

Notizen machen

Hier musst du bestimmte Informationen aus dem Hörtext heraushören und stichpunktartig notieren. Oft enthält das Angabenblatt ein Formular oder eine Tabelle, in die du die Details eintragen sollst. Es kann aber auch sein, dass du Sätze vervollständigen oder Fragen beantworten musst.

Written Test – Part I: Reading

Im Bereich *Reading* des *Written Test* werden dir meist ein längerer Haupttext und mehrere kürzere Texte vorgelegt. In der Regel handelt es sich dabei um **Sachtexte**, es sind aber auch literarische Texte möglich. Darüber hinaus kann es auch sein, dass du dich mit Tabellen und Infografiken beschäftigen sollst, oder dass dir einzelne Textteile vorgelegt werden, die du zunächst in die richtige Reihenfolge bringen musst.
Das Leseverstehen wird meist durch „geschlossene" Aufgabenformate wie ***true/false/not in the text*** oder **Zuordnungsaufgaben** überprüft. Du musst in diesem Prüfungsteil also keine längeren Sätze oder Antworten auf Englisch formulieren und verlierst keine Punkte durch Schreibfehler.

Ein recht komplexer Aufgabentyp beim *Reading* ist das ***error spotting***. Dabei schlüpfst du sozusagen in die Rolle einer Lehrkraft und kontrollierst, ob die einzelnen Zeilen richtig oder falsch sind. Wenn die Zeile keinen Fehler enthält, dann machst du links auf die Zeile ein Häkchen. Der Text enthält aber auch Wörter, die keinen Sinn ergeben. Diese überflüssigen Wörter musst du auf die vorgegebenen Zeilen schreiben. Du erhältst pro korrigierter Zeile einen Punkt.

Zusätzlich enthält der *Reading*-Bereich eine **Mediation** oder **Sprachmittlungs-Aufgabe**, denn auch hier wird das Leseverstehen überprüft. Es geht darum, die **wesentlichen Aussagen** eines Textes herauszufinden und sinngemäß ins Deutsche zu übertragen – eine Mediation ist also **keine wörtliche Übersetzung**. Der tiefere Sinn dieser Aufgabe liegt darin, dass du später in privaten oder beruflichen Situationen sicherlich auch hin und wieder gefragt werden wirst, worum es in einem bestimmten englischen Text geht. In der Mediationsaufgabe zeigst du also, dass du jemandem, der kein Englisch spricht oder den Text nicht vorliegen hat, eine inhaltliche Zusammenfassung geben kannst. Du musst den entsprechenden Text nach den geforderten Informationen durchsuchen und die erwähnten Aspekte stichpunktartig auf Deutsch notieren. Die angegebenen Punkte sind ein wichtiger Hinweis, wie viele Aspekte oder Teilinformationen von dir verlangt werden.

Die Fragen zu Wortschatz und Grammatik beinhalten im Allgemeinen folgende Gebiete:

Synonyms

Bei diesem Aufgabentyp musst du ein **bedeutungsgleiches oder bedeutungsähnliches Wort** finden, das in den Satzzusammenhang passt.

Tipps:
- Beachte, dass die **Wortart** (Substantiv/Adjektiv/Verb/Adverb/Partizip) des Ausgangswortes mit dem neu gefundenen Synonym übereinstimmen muss.
- Bei Verben musst du zusätzlich darauf achten, dass die **Zeitstufe** beibehalten wird.
- Denke auch immer an das ***-s*** in der **3. Person Singular**.

Opposites

Es wird das **Gegenteil** des angegebenen Wortes verlangt.

Tipp:
Achte auch hierbei wieder auf die Wortart, Zeitstufe und das *-s* in der 3. Person Singular.

Zuordnen von Definitionen/Umschreibungen

Diese Aufgabenstellung verlangt z. B., dass du ein Wort oder einen Ausdruck aus einem Text einem vorgegebenen Ausdruck oder einem Teilsatz zuordnest, der inhaltlich dasselbe aussagt. Es kann auch vorkommen, dass du aus verschiedenen Textstellen diejenige auswählen musst, die inhaltlich am besten zu einem vorgegebenen Ausdruck passt.

Tipps:
- Es ist nicht notwendig, die Bedeutung jedes einzelnen Wortes zu kennen. Oft kannst du aus dem Sinnzusammenhang heraus den am besten geeigneten Ausdruck finden.
- Achte auf die Sätze, die in nächster Nähe zu dem gesuchten Ausdruck stehen. So kannst du dir seine Bedeutung leichter erschließen.
- Lerne Vokabeln immer gleich im Rahmen ihrer Wortfelder. So kannst du dir einen sehr breiten Wortschatz aneignen, den du in vielen Kontexten anwenden kannst. Dies gibt dir die Möglichkeit, von einem Begriff gleich auf die Bedeutung von weiteren Wörtern zu schließen.

Key Word Transformation

Hier werden sprachliche und grammatikalische Strukturen sowie dein Sprachgefühl getestet. Deine Aufgabe ist es, den zweiten Satz jeweils so zu vervollständigen, dass er inhaltlich in etwa der Bedeutung des ersten Satzes entspricht. Dabei musst du aber unbedingt das vorgegebene *key word* verwenden, darfst dieses jedoch nicht verändern. Insgesamt darfst du nur zwei bis fünf Wörter einschließlich des *key word* ergänzen.

Dictionary

Viele Wörter in der englischen Sprache haben gleich mehrere Bedeutungen. Manche Wörter füllen sogar mehr als eine Seite im Wörterbuch. Bei den Aufgaben zur Wörterbucharbeit werden immer mehrere Bedeutungen eines Wortes oder eines Ausdrucks zur Auswahl gestellt. Du sollst dann entscheiden, welche der angegebenen Bedeutungen für die jeweilige Textstelle zutrifft. Zur Überprüfung kannst du den entsprechenden Satz im Kopf übersetzen und so feststellen, ob er mit der ausgewählten Bedeutung Sinn ergibt.

Word families

Diese Aufgabe besteht in der Regel aus einem Lückentext. Um eine Lücke richtig zu vervollständigen, musst du ein Wort finden, das aus derselben Wortfamilie stammt wie der am Rand vorgegebene Begriff. Aus dem Satzzusammenhang kannst du erschließen, ob ein Nomen, Verb,

Adjektiv oder Adverb erforderlich ist. Wenn du ein Verb einsetzen musst, solltest du darauf achten, die richtige Form (Aktiv oder Passiv) und Zeitstufe zu verwenden. Bei Nomen kann es auch sein, dass du den Plural bilden musst. Am besten bereitest du dich auf diese Aufgabe vor, indem du beim Wörterlernen gleich die *word families* mitlernst. Du wirst sehen, du kannst dir so die Wörter noch viel besser merken, weil das Gehirn mehr Anknüpfungspunkte hat.

Mixed Grammar

Bestimmte Grammatikthemen (wie z. B. *tenses*, *participle constructions*, *if-clauses*, *adverbs*, *prepositions*) werden in den Abschlussprüfungen immer wieder verlangt. Deshalb empfiehlt es sich, diese Kapitel in Verbindung mit der Schulgrammatik zu lernen. Du solltest jedoch pro Tag nie mehr als ein Kapitel bearbeiten und dieses am nächsten Tag zur Festigung wiederholen, bevor du ein neues beginnst.
Die Grammatikthemen werden nicht einzeln abgefragt, sondern in einem zusammenhängenden (Lücken-)Text, der sich inhaltlich am Abschlussprüfungsthema orientiert. Teilweise sind hinter den Lücken in Klammern Wörter angegeben, die du in die richtige Form bringen sollst. Teilweise stehen in den Klammern aber auch nur Fragezeichen. In solchen Fällen musst du selbst den richtigen Begriff finden. Lies dir die Stellen vor und hinter der Lücke genau durch und achte auf Signalwörter (z. B. für die richtige Zeitform).

Written Test – Part III: Guided Writing

Im Prüfungsteil *Guided Writing* wird von dir verlangt, dass du anhand von Stichwörtern einen zusammenhängenden Text zu einer bestimmten Situation erstellst. Insgesamt sollst du ungefähr 200 Wörter schreiben. Es ist aber nicht nötig, dass du die Wörter zählst und damit unnötig Zeit verschwendest. Es macht nämlich nichts, wenn dein Text etwas mehr als 200 Wörter hat. Wenn du die Aufgabe vollständig und umfassend bearbeitest, dann ist auch der Umfang in Ordnung. Mach dir also deswegen keine Sorgen.

Es gibt verschiedene Anlässe für *Writing*-Aufgaben. So kann ein Brief oder eine E-Mail, ein Tagebucheintrag bzw. ein Blog oder ein *report*, z. B. für eine Schülerzeitung, verlangt sein. Lies den Vorspann mit der vorgestellten Situation immer genau durch, denn oft kannst du daraus bereits einen Teil des Wortschatzes verwerten. Halte dich exakt an die Aufgabenstellung. In jeder Abschlussprüfung werden zwei Schreibaufgaben gestellt, von denen du aber nur **eine** bearbeiten musst.

Writing a letter / an e-mail

In der Abschlussprüfung können sowohl formelle als auch persönliche Briefe oder E-Mails verlangt sein, wie z. B. Bewerbungsschreiben für einen Au-Pair-Job, Beschwerdebriefe, Antwortschreiben an Briefpartner*innen, Leserbriefe etc. Oft musst du dabei in die Rolle einer vorgegebenen Person schlüpfen und aus deren Sicht schreiben. Wenn du die verschiedenen Abschlussprüfungen bearbeitest, dann wirst du mit einer ganzen Bandbreite an möglichen Aufgabenstellungen vertraut und bist bestens vorbereitet.

Tipp:
Datumsangabe
Es gibt unterschiedliche Schreibweisen für das Datum *(date)*. Folgende Varianten sind am gebräuchlichsten:

- **British English:** 1(st) January 2022
  2(nd) February 2022
  3(rd) March 2022
  7(th) July 2022

- **American English:** January 1(st), 2022
February 2(nd), 2022
March 3(rd), 2022
July 7(th), 2022

Anrede und Schluss eines Briefes oder einer E-Mail

Anrede und Schluss eines Briefes oder einer E-Mail hängen davon ab, wie vertraut sich Verfasser*in und Empfänger*in sind und wie förmlich der Vorgang ist. Es macht also einen Unterschied, ob du einen persönlichen Brief/eine persönliche E-Mail schreibst oder ob du dich um einen Ferienjob bewerben möchtest.

	an eine Firma, eine Organisation, ein Hotel	**an eine Person, die du nicht oder kaum kennst**	**an eine befreundete/ vertraute Person**
Anrede ***(start)***	Dear Sir or Madam, Dear Sir, Dear Madam,	Dear Mr Miller, Dear Mrs Miller, Dear Ms Miller, (wenn du nicht weißt, ob die Frau verheiratet ist)	Dear John, Dear Sarah,
Schluss ***(end)***	Yours faithfully,	Yours sincerely,	Yours,/See you,/ Bye,/Best wishes,/ Lots of love,

Grüße, Wünsche an eine andere Person:
Regards to your parents./Give my regards to all your family./Best wishes to Gwen.

Writing a report

Manchmal gibt es auch Aufgabenstellungen, bei denen du anhand von sprachlichen Vorgaben einen Bericht über ein vergangenes Erlebnis oder einen vergangenen Urlaub schreiben sollst. Das Wichtigste dabei ist, dass du in der Vergangenheit schreibst, also *simple past* bzw. *past progressive* verwendest. Auch die Fragestellungen und Verneinungen müssen in dieser Zeitform stehen. Am besten ist es, wenn du die Zeitformen bei der Vorbereitung auf die Abschlussprüfung nochmals gründlich wiederholst. Die unregelmäßigen Verben und die Umschreibung mit *did/didn't* musst du „im Schlaf" beherrschen. Bevor du mit deinem Bericht beginnst, muss dir auch klar sein, aus welcher Perspektive du schreiben sollst. Es könnte z. B. sein, dass du aus dem Blickwinkel einer anderen Person berichten sollst, beispielsweise aus der Perspektive von Phil oder Mary. In einem solchen Fall darfst du also nicht aus deiner Ich-Perspektive schreiben.
Es gibt aber auch Berichte oder Artikel, die du beispielsweise für eine Schülerzeitung verfassen sollst. Wenn es dabei um allgemeingültige Aspekte oder um Gewohnheiten geht, verwendest du das *simple present*. Es ist immer wichtig, dass du alle vorgegebenen *prompts* umzusetzen versuchst.

Bewertungskriterien beim *Guided Writing*

Die Lehrkräfte beurteilen deine Leistung nach fünf Kriterien:

1. Task Achievement:

Hast du die Aufgabe vollständig bearbeitet und alle Aspekte berücksichtigt?

In der Regel sind in der Aufgabenstellung **vier Aspekte** vorgegeben, auf die du eingehen musst. Häufig wird zudem von dir verlangt, einen passenden Einstieg und Schluss zu finden. Um die volle Punktzahl im Bereich *task achievement* zu erhalten, solltest du zu jedem der vier Aspekte einen kurzen Absatz schreiben. Darin solltest du zunächst deutlich machen, um welchen Aspekt aus der Aufgabenstellung es gerade geht, und anschließend **drei Ideen bzw. Details** zu diesem Aspekt anführen. Als grobe Richtlinie solltest du also ungefähr drei Sätze bzw. Teilsätze pro Aspekt schreiben.

Hier ein Beispiel (vgl. Prüfung 2020, Guided Writing, Task B):

Aufgabenstellung:	*Absatz zu diesem Aspekt (Beispiellösung):*
You are starting a network of young inventors in your hometown. Write an e-mail inviting the first participants. Include … • […] • how the network could be promoted in the future	To promote our network ***(Aspekt genannt)***, we should find a name for our group ***(1. Idee)*** and design our own website ***(2. Idee)***. We could also inform the companies in our hometown about our inventions – perhaps some of them would like to cooperate with us ***(3. Idee)***.

2. Coherence und Cohesion:

Ist der Aufbau deines Textes logisch und sind die Sätze gut miteinander verbunden?

Die Lehrkräfte achten hier beispielsweise darauf, ob du *linking words* verwendet hast, um deinen Text zu strukturieren. Versuche also, solche Verbindungswörter in deinen Text einzubauen. Idealerweise solltest du nicht immer dieselben oder nur sehr einfache Ausdrücke (wie z. B. *and* oder *but*) verwenden, sondern etwas abwechseln. Du könntest beispielsweise auf die folgenden Formulierungen zurückgreifen:

Aspekte aufzählen	*First of all, …* *To begin with, …* *Firstly, … Secondly, … Thirdly, …* *Moreover, …* *In addition, …* *Furthermore, …*
Bedenken äußern und Argumente abwägen	*However, …* *Yet …* *Nevertheless, …* *… while / whereas …* *On the one hand … but on the other hand …* *Despite this, …* *Although …*
Zusammenhänge erklären	*As …* *Since …* *That is why …* *For this reason …* *Thus, …* *Therefore, …* *As a result, …* *… in order to …*

Beispiele anzuführen oder etwas klarstellen	*For instance, …* *…, for example.* *…, e. g. …* *…, in other words …*
den Text abrunden	*Finally, …* *In conclusion, …* *To put it all together, …* *In summary, …*

3. Grammar:
Ist der Text grammatikalisch richtig und beherrschst du unterschiedliche Strukturen?

4. Vocabulary:
Drückst du dich möglichst fehlerfrei und abwechslungsreich aus?

5. Impression of General Quality:
Wie hast du die Aufgabe insgesamt gelöst?

Für die ersten vier Bereiche kannst du jeweils maximal 7 Punkte erhalten. Für den letzten Bereich sind maximal 2 Punkte vorgesehen.

Überblick: Wichtige Begriffe in den Arbeitsanweisungen

Damit du die Arbeitsanweisungen in der Abschlussprüfung verstehst, solltest du folgende Wörter und Ausdrücke beherrschen:

gap	Lücke	*to rewrite*	neu formulieren
to match	zuordnen	*to mention*	erwähnen
bold print	Fettdruck	*missing word*	fehlendes Wort
corresponding	entsprechend	*similar*	ähnlich
in brackets	in Klammern	*meaning*	Bedeutung
to define	bestimmen, definieren	*to name*	nennen
		to add	hinzufügen
to complete	vervollständigen	*below*	unten
equivalent	Entsprechung	*to compare*	vergleichen
in complete sentences	in ganzen Sätzen	*to fill in*	einsetzen
expression	Ausdruck	*suitable*	passend
opposite	Gegenteil	*task*	Aufgabe
to insert	einsetzen	*to underline*	unterstreichen
phrase	Satzteil, Ausdruck	*to use*	verwenden
italics	Kursivdruck	*prompt*	sprachliche Vorgabe
to paraphrase	umschreiben	*additional aspects*	zusätzliche Aspekte
to replace by	ersetzen durch		

Speaking Test

Auch deine mündliche Kommunikationsfähigkeit wird in der Abschlussprüfung überprüft. Der 12-minütige ***Speaking Test*** findet in der Regel in der Woche vor den Osterferien statt. Die erzielten Punkte fließen direkt in das Gesamtergebnis der Abschlussprüfung Englisch ein. Es gibt also keine gesonderte Note für den *Speaking Test*. Insgesamt kannst du beim *Speaking Test* 30 Punkte erzielen.

Allgemeine Informationen:

- Es werden immer zwei Personen gleichzeitig geprüft. Du musst dich also mit einem Mitschüler/einer Mitschülerin auf Englisch unterhalten. Wer mit wem zusammenkommt, wird per Los entschieden. Du brauchst aber keine Angst zu haben, denn auch wenn dein Partner/deine Partnerin vielleicht nicht so gut in Englisch ist, kannst du trotzdem die volle Punktzahl bekommen. Deine Leistung wird unabhängig vom Mitprüfling bewertet.
- Es sind immer zwei Lehrkräfte anwesend. In der Regel sind das dein Englischlehrer bzw. deine Englischlehrerin und noch eine zweite Fachlehrkraft. Eine Lehrkraft führt das Prüfungsgespräch mit euch, die andere Lehrkraft sitzt dabei, hört genau zu und macht Notizen. Lass dich nicht verunsichern, wenn sie viele Notizen macht, denn auch gute Eindrücke werden notiert.
- Der *Speaking Test* dauert etwa 12 Minuten und findet während der Unterrichtszeit statt. Du wirst rechtzeitig informiert, wann genau du an der Reihe bist.
- Der *Speaking Test* besteht aus drei Teilen: *general conversation*, *responding to visual prompts* und *simulated situation*. Jeder Teil dauert 4 Minuten.

Part 1: General conversation (asking for and giving personal information)

Hier wird euch ein bestimmtes **Thema** vorgegeben, über das ihr euch in einem **freien Dialog** austauschen sollt. Die Themen können ganz breit gefächert sein – beispielsweise könnt ihr aufgefordert werden, euch über eure persönlichen Vorbilder zu unterhalten oder über euren Traumberuf, wo ihr gerne einmal in den Urlaub hinfahren würdet etc. Ihr müsst euch gegenseitig Fragen über das vorgegebene Thema stellen und auf die Antworten eures Gegenübers eingehen, indem ihr z. B. die Antworten ergänzt, eurem Partner oder eurer Partnerin widersprecht oder zustimmt, Anschlussfragen stellt o. Ä. Wichtig ist, dass es zu einem natürlichen Gespräch kommt und dass ihr beim vorgegebenen Thema bleibt.
Für die *general conversation* sind 4 Minuten vorgesehen. Wenn ihr schon vor Ablauf der Zeit das Gefühl habt, dass ihr euer Thema bereits voll ausgeschöpft habt, könnt ihr euch (auf Englisch) absprechen und gemeinsam um ein zweites Thema bitten. Das wird euch nicht negativ ausgelegt; allerdings könnt ihr danach nicht wieder zum ersten Thema zurückkehren.

Hilfreiche Wendungen:

das Gespräch beginnen	*Would you like to start or should I start?* *– I can start, if you don't mind.* *– Sure, go ahead.*
Fragen stellen zur persönlichen Meinung, Vorlieben, Gewohnheiten etc.	*What do you think about …?* *What's your opinion on …?* *What do you usually …?* *Have you ever …?* *What would you like to …?* *What's your favourite …?* *Personally, I prefer … How about you?* *Do you have any plans … yet?*
auf die Antworten des Gegenübers reagieren	*Me too. / So do I.* *Me neither. / Nor do I.*

	That sounds amazing/cool/great/quite difficult/... *It's the same/quite similar/a bit different for me.* *That's true. / Exactly. / Absolutely. / You're (totally) right.* *I see what you are saying but ...* *Oh really? I'm not sure if ...* *To be honest, ...* *I must admit that ...*
ggf. gemeinsam um ein zweites Thema bitten	*What do you think – should we talk some more about this topic or have a look at topic 2?* *I think we've mentioned the key aspects. Do you think we should switch topics now?* *Could we have the second topic, please?*

Part 2: Responding to visual prompts (comparing, contrasting and interpreting pictures/situations; talking about opinions, likes and dislikes; giving reasons)

Teil 2 ist **monologisch** angelegt. Du unterhältst dich hier also nicht mit deinem Partner oder deiner Partnerin, sondern ihr kommt einzeln nacheinander an die Reihe.
Du bekommst **zwei Bilder** vorgelegt, auf denen verschiedene Situationen abgebildet sind. Du hast zunächst 1 Minute Zeit, um die beiden Bilder zu **vergleichen**, also Gemeinsamkeiten und Unterschiede herauszuarbeiten. Anschließend stellt dir die Lehrkraft eine **weiterführende Frage** zum Thema der Bilder. In deiner Antwort sollst du auch deine eigene Haltung zu dem Thema zum Ausdruck bringen und sie begründen (Dauer: ebenfalls 1 Minute).
Auch dein Partner oder deine Partnerin bekommt zwei Bilder vorgelegt, muss diese vergleichen und anschließend eine Frage dazu beantworten.

Hilfreiche Wendungen:

die dargestellte Situation auf den Bildern (kurz!) beschreiben	*The first/second photo shows ...* *The picture was taken outside/in a park/in a crowded street/at a restaurant/...* *There are three people: an elderly couple and a child/two students and a teacher/a young man and his parents/...* *They are talking to each other/laughing/looking at/...* *In the foreground there is/there are ...* *In the background you can see ...* *The overall atmosphere appears to be ...*
Gemeinsamkeiten aufzeigen	*What both pictures have in common is that ...* *Another similarity is that ...* *Both photos show ...* *The pictures are similar in that they ...* *The first picture .... The second picture likewise ...*
Unterschiede herausarbeiten	*However, the first picture ..., whereas the second picture ...* *Another difference is that ...* *In contrast to the first picture, the second picture ...* *In the first picture ... By contrast, in the second picture ...* *There are fewer/more people in the second picture than in the first one.* *The overall atmosphere in the first picture appears to be happier than in the second one.* *The first picture mainly focuses on ... That is quite different from the second picture, where the focus is more on ...*

Part III: Simulated situation (making and responding to suggestions; discussing opinions; negotiating and making choices)

Hier wird euch eine bestimmte **Situation** vorgestellt, in die ihr euch hineinversetzen müsst. Ihr sollt **über verschiedene Vorschläge diskutieren**, die für die Situation relevant sind, und euch am Ende auf einen Vorschlag (oder manchmal auch eine Rangliste der Vorschläge) **einigen**. Als Hilfestellung bekommt ihr eine **Reihe von Bildern** vorgelegt, auf denen beispielhaft verschiedene Vorschläge dargestellt sind. Ihr müsst in eurer Diskussion aber nicht zwingend auf alle Bilder eingehen und dürft auch eigene Ideen einbringen. Wichtig ist, dass ihr jeweils auf die Äußerungen des/der anderen eingeht und dass ein echter Dialog entsteht.

Hilfreiche Wendungen:

die andere Person nach ihrer Meinung fragen	*Well, what do you think about ...?* *Which option would be (the) best in your opinion?* *What do you think the advantages and disadvantages of ... could be?*
auf die Antworten des Gegenübers reagieren	*Yes, you're right – that's a good point/idea.* *I agree ... but I'd prefer ...* *I see what you mean but ...* *I'm not sure if ...*
die eigene Meinung äußern	*In my opinion/view, ... would be a good idea because ...* *I think it's really important to ...* *The advantage of ... is that you can ...* *We also mustn't forget that ...* *On the one hand ... but on the other hand ...*
Vorschläge machen	*How about ...?* *Why don't we ...?* *My suggestion would be to ...* *Don't you think we should ...?*
zu einer Einigung gelangen	*I think we should come to a decision now. Can we agree on one option yet?* *I think we should go for ... Would you agree?* *From what I've heard, we both think that ... is the best idea/the most important point.* *Let's take/choose/go for ...*
nachfragen, wenn man etwas nicht verstanden hat	*Sorry, I didn't quite get that. Could you say it again, please?* *I'm not quite sure if I understood that correctly: you're saying that ... / what you mean is ...*

Kurzgrammatik

Besonderheiten einiger Wortarten

1 Adjektive und Adverbien – *Adjectives and Adverbs*

Bildung und Verwendung von Adverbien – *Formation and Use of Adverbs*

Bildung Adjektiv + *-ly*	glad → gladly
Ausnahmen: • *-y* am Wortende wird zu *-i*	easy → easily funny → funnily
• auf einen Konsonanten folgendes *-le* wird zu *-ly*	simple → simply probable → probably
• *-ic* am Wortende wird zu *-ically* Ausnahme:	fantastic → fantastically public → publicly

Beachte: • Unregelmäßig gebildet wird:	good → well
• Endet das Adjektiv auf *-ly*, so kann kein Adverb gebildet werden; man verwendet deshalb: *in a* + Adjektiv + *manner/way*	friendly → in a friendly manner
• In einigen Fällen haben Adjektiv und Adverb dieselbe Form, z. B.:	daily, early, fast, hard, long, low, weekly, yearly
• Manche Adjektive bilden zwei Adverbformen, die sich in der Bedeutung unterscheiden, z. B.:	

Adj./Adv.	**Adv. auf *-ly***	
hard schwierig, hart	*hardly* kaum	The task is hard. (adjective) *Die Aufgabe ist schwierig.* She works hard. (adverb) *Sie arbeitet hart.* She hardly works. (adverb) *Sie arbeitet kaum.*
late spät	*lately* neulich, kürzlich	
near nahe	*nearly* beinahe	

Verwendung
Adverbien bestimmen

- Verben,

  She easily found her brother in the crowd.
  Sie fand ihren Bruder leicht in der Menge.

- Adjektive,

  This band is extremely famous.
  Diese Band ist sehr berühmt.

- andere Adverbien oder

  He walks extremely quickly.
  Er geht äußerst schnell.

- einen ganzen Satz

  Fortunately, nobody was hurt.
  Glücklicherweise wurde niemand verletzt.

näher.

Beachte:
Nach bestimmten Verben, die einen **Zustand** ausdrücken, steht nicht das Adverb, sondern das Adjektiv, z. B.:

to be	sein
to become	werden
to get	werden
to seem	scheinen
to stay	bleiben

Everything seems quiet.
Alles scheint ruhig zu sein.

Nach manchen Verben kann entweder ein Adjektiv oder ein Adverb folgen (z. B. nach *to feel, to look, to smell, to taste*). Mit Adverb beschreiben diese Verben eine **Tätigkeit**, mit Adjektiv eine **Eigenschaft** des Subjekts.

Harry looks happy! *(Eigenschaft)*
Harry sieht glücklich aus.
Harry looks happily at his cake. *(Tätigkeit)*
Harry schaut glücklich auf seinen Kuchen.

Steigerung des Adjektivs – *Comparison of Adjectives*

Bildung
Man unterscheidet:

- Grundform/Positiv *(positive)* — Peter is young.
- Komparativ *(comparative)* — Jane is younger.
- Superlativ *(superlative)* — Paul is the youngest.

Steigerung auf *-er, -est*

- einsilbige Adjektive

old, older, oldest
alt, älter, am ältesten

- zweisilbige Adjektive, die auf *-er, -le, -ow* oder *-y* enden

clever, cleverer, cleverest
klug, klüger, am klügsten

simple, simpler, simplest
einfach, einfacher, am einfachsten

narrow, narrower, narrowest
eng, enger, am engsten

funny, funnier, funniest
lustig, lustiger, am lustigsten

Beachte:

- stummes *-e* am Wortende entfällt

simple, simpler, simplest

- nach einem Konsonanten wird *-y* am Wortende zu *-i-*

funny, funnier, funniest

- nach betontem Vokal wird ein Konsonant am Wortende verdoppelt

fit, fitter, fittest

Steigerung mit *more …, most …*

- zweisilbige Adjektive, die nicht auf *-er, -le, -ow* oder *-y* enden

useful, more useful, most useful
nützlich, nützlicher, am nützlichsten

- Adjektive mit drei und mehr Silben

difficult, more difficult, most difficult
schwierig, schwieriger, am schwierigsten

Unregelmäßige Steigerung

Die unregelmäßig gesteigerten Adjektive muss man auswendig lernen. Besonders wichtig sind z. B.:

good, better, best
gut, besser, am besten

bad, worse, worst
schlecht, schlechter, am schlechtesten

Steigerungsformen im Satz – *Sentences with Comparisons*

Es gibt folgende Möglichkeiten, Steigerungen im Satz zu verwenden:

- **Positiv:** Zwei oder mehr Personen oder Sachen sind **gleich oder ungleich:** *(not) as* + Grundform des Adjektivs + *as*

  Anne is as tall as John (and Steve).
  Anne ist genauso groß wie John (und Steve).

  John is not as tall as Steve.
  John ist nicht so groß wie Steve.

- **Komparativ:** Zwei oder mehr Personen/Sachen sind **verschieden** (größer/besser ...): Komparativform des Adjektivs + *than*

  Steve is taller than Anne.
  Steve ist größer als Anne.

- **Superlativ:** Eine Person oder Sache wird besonders hervorgehoben (der/die/das größte/beste ...): *the* + Superlativform des Adjektivs

  Steve is the tallest boy in class.
  Steve ist der größte Junge in der Klasse.

Steigerung des Adverbs – *Comparison of Adverbs*

Adverbien können wie Adjektive auch gesteigert werden.

- Adverbien auf *-ly* werden mit *more, most* bzw. mit *less, least* gesteigert.

  She talks more quickly than John.
  Sie spricht schneller als John.

- Adverbien, die dieselbe Form wie das Adjektiv haben, werden mit *-er, -est* gesteigert.

  fast – faster – fastest
  early – earlier – earliest

- Manche Adverbien haben unregelmäßige Steigerungsformen, z. B.:

  well – better – best
  badly – worse – worst
  little – less – least
  much – more – most

Die Stellung von adverbialen Bestimmungen im Satz

Adverbiale Bestimmungen können verschiedene Positionen im Satz einnehmen:

- Am **Anfang des Satzes**, vor dem Subjekt *(front position)*

  Tomorrow he will be in London.
  Morgen [betont] wird er in London sein.
  Unfortunately, I can't come to the party.
  Leider kann ich nicht zur Party kommen.

- **Im Satz** *(mid position)*
  vor dem Vollverb,

  She often goes to school by bike.
  Sie fährt oft mit dem Rad in die Schule.

  nach *to be*,

  She is already at home.
  Sie ist schon zu Hause.

  nach dem ersten Hilfsverb.

  You can even go swimming there.
  Man kann dort sogar schwimmen gehen.

- Am **Ende des Satzes** *(end position)*

  He will be in London tomorrow.
  Er wird morgen in London sein.

  Gibt es mehrere Adverbiale am Satzende, so gilt die **Reihenfolge**: Art und Weise – Ort – Zeit *(manner – place – time)*

  The snow melts slowly in the mountains at springtime.
  Im Frühling schmilzt der Schnee langsam in den Bergen.

2 Artikel – *Article*

Der **bestimmte Artikel** steht, wenn man von einer **ganz bestimmten Person oder Sache** spricht.

The cat is sleeping on the sofa.
Die Katze schläft auf dem Sofa. [nicht irgendeine Katze, sondern eine bestimmte]

Beachte: Der bestimmte Artikel steht unter anderem **immer** in folgenden Fällen:

- **abstrakte Begriffe**, die näher erläutert sind

  The agriculture practised in the USA is very successful.
  Die Landwirtschaft, wie sie in den USA praktiziert wird, ist sehr erfolgreich.

- **Gebäudebezeichnungen**, wenn man vom Gebäude und nicht von der Institution spricht

  The university should be renovated soon.
  Die Universität sollte bald renoviert werden.

- **Eigennamen im Plural** (Familiennamen, Gebirge, Inselgruppen, einige Länder etc.)

  the Johnsons, the Rockies, the Hebrides, the Netherlands, the USA

- Namen von **Flüssen** und **Meeren**

  the Mississippi, the North Sea, the Pacific Ocean

Der **unbestimmte Artikel** steht, wenn man von einer **nicht näher bestimmten Person oder Sache** spricht.

A man is walking down the road.
Ein Mann läuft gerade die Straße entlang. [irgendein Mann]

Beachte: Der unbestimmte Artikel steht **häufig** bei:	
• **Berufsbezeichnungen** und **Nationalitäten**	She is an engineer. *Sie ist Ingenieurin.* He is a Scot(sman). *Er ist Schotte.*
• Zugehörigkeit zu einer **Religion** oder **Partei**	She is a Catholic. *Sie ist katholisch.* He is a Tory. *Er ist Mitglied der Tories.*

In diesen Fällen steht **kein Artikel**:	
• **nicht zählbare** Nomen wie z. B. **Stoffbezeichnungen**	Gold is very valuable. *Gold ist sehr wertvoll.*
• **abstrakte Nomen** ohne nähere Bestimmung	Buddhism is widespread in Asia. *Der Buddhismus ist in Asien weit verbreitet.*
• **Kollektivbegriffe**, z. B. *man* (= der Mensch bzw. alle Menschen), *society*	Man is responsible for global warming. *Der Mensch ist für die Klimaerwärmung verantwortlich.*
• **Institutionen**, z. B. *school, church, university, prison*	We went to school together. *Wir gingen zusammen zur Schule.*
• **Mahlzeiten**, z. B. *breakfast, lunch*	Dinner is at 8 p.m. *Das Abendessen ist um 20 Uhr.*
• *by* + **Verkehrsmittel**	I went to school by bike. *Ich fuhr mit dem Fahrrad zur Schule.*
• **Personennamen** (auch mit Titel), **Verwandtschaftsbezeichnungen**, die wie Namen verwendet werden	Tom, Mr Scott, Queen Elizabeth, Dr Hill, Dad, Uncle Harry
• Bezeichnungen für **Straßen, Plätze, Brücken, Parkanlagen**	Fifth Avenue, Trafalgar Square, Westminster Bridge, Hyde Park
• Namen von **Ländern, Kontinenten, Städten, Seen, Inseln, Bergen**	France, Asia, San Francisco, Loch Ness, Corsica, Ben Nevis

3 Pronomen – *Pronouns*

Possessivbegleiter und -pronomen – *Possessive Determiners and Pronouns*

„Possessiv“ bedeutet **besitzanzeigend**. Man verwendet diese Formen, um zu sagen, **wem etwas gehört**. Man unterscheidet Possessivbegleiter, die mit einem Substantiv stehen, und Possessivpronomen (sie ersetzen ein Substantiv):

mit Substantiv	ohne Substantiv		
my	*mine*	This is my bike.	– This is mine.
your	*yours*	This is your bike.	– This is yours.
his/her/its	*his/hers/–*	This is her bike.	– This is hers.
our	*ours*	This is our bike.	– This is ours.
your	*yours*	This is your bike.	– This is yours.
their	*theirs*	This is their bike.	– This is theirs.

Reflexivpronomen – *Reflexive Pronouns*

Reflexivpronomen *(reflexive pronouns)* **beziehen sich auf das Subjekt** des Satzes **zurück**.

myself	I will look after myself.
yourself	You will look after yourself.
himself / herself / itself	He will look after himself.
ourselves	We will look after ourselves.
yourselves	You will look after yourselves.
themselves	They will look after themselves.

Beachte:

- Einige Verben stehen ohne Reflexivpronomen, obwohl im Deutschen mit „mich, dich, sich etc." übersetzt wird.

  I apologise …
  Ich entschuldige mich …
  He is hiding.
  Er versteckt sich.

- Einige Verben können sowohl mit einem Objekt als auch mit einem Reflexivpronomen verwendet werden. Dabei ändert sich die Bedeutung, z. B. bei *to enjoy* und *to help.*

  He is enjoying the party.
  Er genießt die Party.
  She is enjoying herself.
  Sie amüsiert sich.

  He is helping the child.
  Er hilft dem Kind.
  Help yourself!
  Bedienen Sie sich!

Reziprokes Pronomen – *Reciprocal Pronoun* ("each other/one another")

each other/one another ist unveränderlich. Es bezieht sich auf **zwei oder mehr Personen** und wird mit „sich (gegenseitig)/einander" übersetzt.

They looked at each other and laughed.
Sie schauten sich (gegenseitig) an und lachten.
oder:
Sie schauten einander an und lachten.

Beachte:
Einige Verben stehen ohne *each other*, obwohl im Deutschen mit „sich" übersetzt wird.

to meet	*sich treffen*
to kiss	*sich küssen*
to fall in love	*sich verlieben*

4 Präpositionen – *Prepositions*

Präpositionen *(prepositions)* drücken **räumliche, zeitliche oder andere Arten von Beziehungen** aus.

The ball is under the table.
He came home after six o'clock.

Die wichtigsten Präpositionen mit Beispielen für ihre Verwendung:

- *at*
  Ortsangabe: *at home* — I'm at home now. *Ich bin jetzt zu Hause.*
  Zeitangabe: *at 3 p.m.* — He arrived at 3 p.m. *Er kam um 15 Uhr an.*
- *by*
  Angabe des Mittels: *by bike* — She went to work by bike. *Sie fuhr mit dem Rad zur Arbeit.*
  Angabe der Ursache: *by mistake* — He did it by mistake. *Er hat es aus Versehen getan.*
  Zeitangabe: *by tomorrow* — You will get the letter by tomorrow. *Du bekommst den Brief bis morgen.*
- *for*
  Zeitdauer: *for hours* — We waited for the bus for hours. *Wir warteten stundenlang auf den Bus.*
- *from*
  Ortsangabe: *from Dublin* — Ian is from Dublin. *Ian kommt aus Dublin.*
  Zeitangabe: *from nine to five* — We work from nine to five. *Wir arbeiten von neun bis fünf Uhr.*
- *in*
  Ortsangabe: *in England* — In England, they drive on the left. *In England herrscht Linksverkehr.*

Zeitangabe: *in the morning*	They woke up in the morning. *Sie wachten am Morgen auf.*
• *of* Besitz/Zugehörigkeit/Teilmenge: *north of the city, owner of the pub*	The village lies north of the city. *Das Dorf liegt nördlich der Stadt.*
• *on* Ortsangabe: *on the left, on the floor*	On the left you see the London Eye. *Links sehen Sie das London Eye.*
Zeitangabe: *on Monday*	On Monday she will buy the tickets. *(Am) Montag kauft sie die Karten.*
• *to* Richtungsangabe: *to the left*	Please turn to the left. *Bitte wenden Sie sich nach links.*
Angabe des Ziels: *to London*	He goes to London every year. *Er fährt jedes Jahr nach London.*

5 Modale Hilfsverben – *Modal Auxiliaries*

Zu den **modalen Hilfsverben** *(modal auxiliaries)* zählen z. B. *can, may* und *must.*

Bildung • Die modalen Hilfsverben haben für alle Personen **nur eine Form**: kein *-s* in der 3. Person Singular.	I, you, he/she/it, we, you, they } must
• Auf ein modales Hilfsverb folgt der **Infinitiv ohne *to***.	You must listen to my new CD. *Du musst dir meine neue CD anhören.*
• **Frage und Verneinung** werden nicht mit *do/did* umschrieben.	Can you help me, please? *Kannst du mir bitte helfen?*
Die modalen Hilfsverben können nicht alle Zeiten bilden. Deshalb benötigt man **Ersatzformen** (können auch im Präsens verwendet werden).	
• ***can*** (können) Ersatzformen: ***(to) be able to*** (Fähigkeit), ***(to) be allowed to*** (Erlaubnis)	I can sing./I was able to sing. *Ich kann singen. / Ich konnte singen.* You can't go to the party./ I wasn't allowed to go to the party. *Du darfst nicht auf die Party gehen./* *Ich durfte nicht auf die Party gehen.*
Beachte: Im *simple past* und *conditional I* ist auch *could* möglich.	When I was three, I could already ski. *Mit drei konnte ich schon Ski fahren.*

• ***may*** (dürfen) – sehr höflich Ersatzform: ***(to) be allowed to***	You may go home early./ You were allowed to go home early. *Du darfst früh nach Hause gehen./* *Du durftest früh nach Hause gehen.*
• ***must*** (müssen) Ersatzform: ***(to) have to***	He must be home by ten o'clock./ He had to be home by ten o'clock. *Er muss um zehn Uhr zu Hause sein./* *Er musste um zehn Uhr zu Hause sein.*
Beachte: ***must not/mustn't*** = „nicht dürfen"	You must not eat all the cake. *Du darfst nicht den ganzen Kuchen essen.*
„nicht müssen, nicht brauchen" = ***not have to, needn't***	You don't have to/needn't eat all the cake. *Du musst nicht den ganzen Kuchen essen./* *Du brauchst nicht … zu essen.*

Infinitiv, Gerundium oder Partizip? – Die infiniten Verbformen

6 Infinitiv – *Infinitive*

Der **Infinitiv** (Grundform des Verbs) **mit *to*** steht z. B. **nach**

- bestimmten **Verben**, z. B.:

to decide	(sich) entscheiden, beschließen	He decided to wait. *Er beschloss zu warten.*
to expect	erwarten	
to hope	hoffen	
to manage	schaffen	
to plan	planen	
to promise	versprechen	
to want	wollen	

- bestimmten **Substantiven und Pronomen** *(something, anything)*, z. B.:

attempt	Versuch	We haven't got anything to eat at home. *Wir haben nichts zu essen zu Hause.*
idea	Idee	
plan	Plan	It was her plan to visit him in May. *Sie hatte vor, ihn im Mai zu besuchen.*
wish	Wunsch	

- bestimmten **Adjektiven** (auch in Verbindung mit *too/enough*) und deren Steigerungsformen, z. B.:

certain	sicher	
difficult/hard	schwer, schwierig	Maths is often difficult to understand. *Mathe ist oft schwer zu verstehen.*
easy	leicht	

- **Fragewörtern**, wie z. B. *what, where, which, who, when, how* und nach *whether*. Diese Konstruktion ersetzt eine indirekte Frage mit modalem Hilfsverb.

We knew where to find her. /
We knew where we would find her.
Wir wussten, wo wir sie finden würden.

Die Konstruktion **Objekt + Infinitiv** wird im Deutschen oft mit einem „dass"-Satz übersetzt.
Sie steht z. B. **nach**

- bestimmten **Verben**, z. B.:

to allow	erlauben
to get	veranlassen
to help	helfen
to persuade	überreden

She allowed him to go to the cinema.
Sie erlaubte ihm, dass er ins Kino geht. / … ins Kino zu gehen.

- **Verb + Präposition**, z. B.:

to count on	rechnen mit
to rely on	sich verlassen auf
to wait for	warten auf

She relies on him to arrive in time.
Sie verlässt sich darauf, dass er rechtzeitig ankommt.

- **Adjektiv + Präposition**, z. B.:

easy for	leicht
necessary for	notwendig
nice of	nett
silly of	dumm

It is necessary for you to study more.
Es ist notwendig, dass du mehr lernst.

- **Substantiv + Präposition**, z. B.:

opportunity for	Gelegenheit
idea for	Idee
time for	Zeit
mistake for	Fehler

Work experience is a good opportunity for you to find out which job suits you.
Ein Praktikum ist eine gute Gelegenheit, herauszufinden, welcher Beruf zu dir passt.

- einem **Adjektiv**, das durch ***too*** oder ***enough*** näher bestimmt wird.

The box is too heavy for me to carry.
Die Kiste ist mir zu schwer zum Tragen.

The weather is good enough for us to go for a walk. *Das Wetter ist gut genug, dass wir spazieren gehen können.*

7 Gerundium (-*ing*-Form) – *Gerund*

Bildung
Infinitiv + *-ing*

read → reading

Beachte:

- stummes *-e* entfällt — write → writing
- nach kurzem betontem Vokal: Schlusskonsonant verdoppelt — stop → stopping
- *-ie* wird zu *-y* — lie → lying

Verwendung

Das *gerund* kann sowohl **Subjekt** als auch **Objekt** eines Satzes sein.

Skiing is fun. *Skifahren macht Spaß.*
He has given up smoking. *Er hat mit dem Rauchen aufgehört.*

Die *-ing*-Form steht z. B. nach:

- bestimmten **Verben**, z. B.:

to avoid	vermeiden
to enjoy	genießen, gern tun
to keep (on)	weitermachen
to miss	vermissen
to risk	riskieren
to suggest	vorschlagen

He enjoys reading comics.
Er liest gerne Comics.

You risk losing a friend.
Du riskierst, einen Freund zu verlieren.

- **Verb + Präposition**, z. B.:

to agree with	zustimmen
to believe in	glauben an
to dream of	träumen von
to look forward to	sich freuen auf
to talk about	sprechen über

She dreams of meeting a star.
Sie träumt davon, einen Star zu treffen.

- **Adjektiv + Präposition**, z. B.:

(be) afraid of	sich fürchten vor
famous for	berühmt für
good/bad at	gut/schlecht in
interested in	interessiert an

He is afraid of losing his job.
Er hat Angst, seine Arbeit zu verlieren.

- **Substantiv + Präposition**, z. B.:

chance of	Chance, Aussicht
danger of	Gefahr
reason for	Grund
way of	Art und Weise

Do you have a chance of getting the job?
Hast du Aussicht, die Stelle zu bekommen?

- nach bestimmten **Präpositionen**, wie z. B.:

after	nachdem
before	bevor
by	indem, dadurch, dass
in spite of	trotz
instead of	statt

Before leaving the room he said goodbye.
Bevor er den Raum verließ, verabschiedete er sich.

8 Infinitiv oder Gerundium? – *Infinitive or Gerund?*

Einige Verben können sowohl **mit** dem **Infinitiv** als auch **mit der** ***-ing*-Form** stehen, **ohne** dass sich die **Bedeutung ändert**, z. B.
to love, to hate, to prefer, to start, to begin, to continue.

I hate getting up early.
I hate to get up early.
Ich hasse es, früh aufzustehen.

Bei manchen Verben **ändert sich** jedoch die **Bedeutung**, je nachdem, ob sie mit Infinitiv oder mit der *-ing*-Form verwendet werden, z. B.
to remember, to forget, to stop.

- *to remember* + Infinitiv:
  „daran denken, etwas zu tun"

  I must remember to post the invitations.
  Ich muss daran denken, die Einladungen einzuwerfen.

  to remember + *ing*-Form:
  „sich erinnern, etwas getan zu haben"

  I remember posting the invitations.
  Ich erinnere mich daran, die Einladungen eingeworfen zu haben.

- *to forget* + Infinitiv:
  „vergessen, etwas zu tun"

  Don't forget to water the plants.
  Vergiss nicht, die Pflanzen zu gießen.

  to forget + *ing*-Form:
  „vergessen, etwas getan zu haben"

  I'll never forget meeting the President.
  Ich werde nie vergessen, wie ich den Präsidenten traf.

- *to stop* + Infinitiv:
  „stehen bleiben, um etwas zu tun"

  I stopped to read the road sign.
  Ich hielt an, um das Verkehrsschild zu lesen.

  to stop + *ing*-Form:
  „aufhören, etwas zu tun"

  He stopped laughing.
  Er hörte auf zu lachen.

9 Partizipien – *Participles*

Partizip Präsens – *Present Participle*

Bildung
Infinitiv + *ing*
Sonderformen: siehe *gerund* (S. G 11 f.)

talk → talking

Verwendung
Das *present participle* verwendet man zur Bildung der Verlaufsformen, z. B.

• zur Bildung des *present progressive,*	Peter is reading. *Peter liest (gerade).*
• zur Bildung des *past progressive,*	Peter was reading when I saw him. *Peter las (gerade), als ich ihn sah.*
• zur Bildung des *present perfect progressive,*	I have been living in Sydney for 5 years. *Ich lebe seit 5 Jahren in Sydney.*
• zur Bildung des *future progressive,*	This time tomorrow I will be working. *Morgen um diese Zeit werde ich arbeiten.*
oder wie ein Adjektiv, wenn es vor einem Substantiv steht.	The village hasn't got running water. *Das Dorf hat kein fließendes Wasser.*

Partizip Perfekt – *Past Participle*

Bildung

Infinitiv + *-ed*	talk	→	talked
Beachte:			
• stummes *-e* entfällt	live	→	lived
• nach betontem Vokal wird der Schlusskonsonant verdoppelt	stop	→	stopped
• *-y* wird zu *-ie*	cry	→	cried
• unregelmäßige Verben (S. G 31 f.)	be	→	been

Verwendung
Das *past participle* verwendet man zur Bildung der Perfektformen, z. B.

• zur Bildung des *present perfect,*	He hasn't talked to Tom yet. *Er hat noch nicht mit Tom gesprochen.*

- zur Bildung des *past perfect,*

Before they went biking in France, they had bought new bikes.
Bevor sie nach Frankreich zum Radfahren gingen, hatten sie neue Fahrräder gekauft.

- zur Bildung des *future perfect,*

The letter will have arrived by then.
Der Brief wird bis dann angekommen sein.

zur Bildung des Passivs

The fish was eaten by the cat.
Der Fisch wurde von der Katze gefressen.

oder wie ein Adjektiv, wenn es vor einem Substantiv steht.

Peter has got a well-paid job.
Peter hat eine gut bezahlte Stelle.

Verkürzung eines Nebensatzes durch ein Partizip

Adverbiale Nebensätze (meist kausale oder temporale Bedeutung) und **Relativsätze** können durch ein Partizip verkürzt werden.

She watches the news, because she wants to stay informed.
Wanting to stay informed, she watches the news.
Sie sieht sich die Nachrichten an, weil sie informiert bleiben möchte.

Das Zeitverhältnis zwischen Haupt- und Nebensatz bestimmt die Form des Partizips:

- Das *present participle* verwendet man, um **Gleichzeitigkeit** mit der Haupthandlung auszudrücken.

He did his homework listening to music.
Er machte seine Hausaufgaben und hörte dabei Musik.

- *Having + past participle* verwendet man, um auszudrücken, dass die **Nebenhandlung vor der Haupthandlung** geschah.

Having done his homework, he listened to music.
Nachdem er seine Hausaufgaben gemacht hatte, hörte er Musik.

- Das *past participle* verwendet man auch, um einen Satz im **Passiv** zu verkürzen.

Sally is a manager in a five-star hotel which is called Pacific View.
Sally is a manager in a five-star hotel called Pacific View.

Beachte:

- Man kann einen Temporal- oder Kausalsatz verkürzen, wenn **Haupt- und Nebensatz dasselbe Subjekt** haben.

When he was walking down the street, he saw Jo.
(When) walking down the street, he saw Jo.
Als er die Straße entlangging, sah er Jo.

- Bei **Kausalsätzen** entfallen die Konjunktionen *as, because* und *since* im verkürzten Nebensatz.

As he was hungry, he bought a sandwich.
Being hungry, he bought a sandwich.
Da er hungrig war, kaufte er ein Sandwich.

- In einem **Temporalsatz** bleibt die einleitende **Konjunktion** häufig erhalten, um dem Satz eine **eindeutige Bedeutung** zuzuweisen.

When he left, he forgot to lock the door.
When leaving, he forgot to lock the door.
Als er ging, vergaß er, die Tür abzuschließen.

Tara got sick eating too much chocolate.
Tara wurde schlecht, als/während/da sie zu viel Schokolade aß. [verschiedene Deutungen möglich]

Die Vorzeitigkeit einer Handlung kann durch ***after + present participle*** oder durch ***having + past participle*** ausgedrückt werden.

After finishing / Having finished breakfast, he went to work.
Nachdem er sein Frühstück beendet hatte, ging er zur Arbeit.

- Bei **Relativsätzen** entfallen die Relativpronomen *who, which* und *that*.

I saw a six-year-old boy who played the piano.
I saw a six-year-old boy playing the piano.
Ich sah einen sechsjährigen Jungen, der gerade Klavier spielte. / … Klavier spielen.

Verbindung von zwei Hauptsätzen durch ein Partizip

Zwei Hauptsätze können durch ein Partizip verbunden werden, wenn sie **dasselbe Subjekt** haben.

Beachte:
- Das Subjekt des zweiten Hauptsatzes und die Konjunktion *and* entfallen.
- Die Verbform des zweiten Hauptsatzes wird durch das Partizip ersetzt.

He did his homework and he listened to the radio.
He did his homework listening to the radio.
Er machte seine Hausaufgaben und hörte Radio.

Unverbundene Partizipialkonstruktionen – *Absolute Participle Constructions*

Unverbundene Partizipialkonstruktionen haben ein **eigenes Subjekt**, das nicht mit dem Subjekt des Hauptsatzes übereinstimmt. Sie werden in **gehobener Sprache** verwendet.	The sun having come out, the ladies went for a walk in the park. *Da die Sonne herausgekommen war, gingen die Damen im Park spazieren.*
Mit einleitendem ***with*** werden sie auf allen Stilebenen verwendet.	With the telephone ringing, she jumped out of bed. *Als das Telefon klingelte, sprang sie aus dem Bett.*

Bildung und Gebrauch der finiten Verbformen

10 Zeiten – *Tenses*

Simple Present

Bildung Grundform (= Infinitiv), Ausnahme: 3. Person Singular: Infinitiv + *-s*	stand – he/she/it stands
Beachte: • Bei Verben, die auf Laute wie *-s, -sh, -ch, -x* und *-z* enden, wird in der 3. Person Singular *-es* angefügt.	kiss – he/she/it kisses rush – he/she/it rushes teach – he/she/it teaches fix – he/she/it fixes
• Bei Verben, die auf Konsonant + *-y* enden, wird *-es* angefügt; *-y* wird zu *-i-*.	carry – he/she/it carries
Bildung von Fragen im *simple present* (Fragewort +) *do/does* + Subjekt + Infinitiv	Where does he live? / Does he live in London? *Wo lebt er? / Lebt er in London?*
Beachte: Die Umschreibung mit *do/does* wird nicht verwendet, • wenn nach dem Subjekt gefragt wird (mit *who, what, which*),	Who likes pizza? *Wer mag Pizza?* Which tree has more leaves? *Welcher Baum hat mehr Blätter?*
• wenn die Frage mit *is/are* gebildet wird.	Are you happy? *Bist du glücklich?*

Bildung der Verneinung im *simple present* *don't/doesn't* + Infinitiv	He doesn't like football. *Er mag Fußball nicht.*

Verwendung Das *simple present* wird verwendet:	
• bei Tätigkeiten, die man **gewohnheitsmäßig** oder häufig ausführt Signalwörter: z. B. *always, often, never, every day, every morning, every afternoon*	Every morning John buys a newspaper. *Jeden Morgen kauft John eine Zeitung.*
• bei **allgemeingültigen** Aussagen	London is a big city. *London ist eine große Stadt.*
• bei **Zustandsverben**: Sie drücken Eigenschaften / Zustände von Personen und Dingen aus und stehen normalerweise nur in der *simple form,* z. B. *to hate, to know, to like.*	I like science-fiction films. *Ich mag Science-Fiction-Filme.*

Present Progressive / Present Continuous

Bildung *am/is/are + present participle*	read → am/is/are reading
Bildung von Fragen im *present progressive* (Fragewort +) *am/is/are* + Subjekt + *present participle*	Is Peter reading?/What is he reading? *Liest Peter gerade?/Was liest er?*
Bildung der Verneinung im *present progressive* *am not/isn't/aren't + present participle*	Peter isn't reading. *Peter liest gerade nicht.*

Verwendung Mit dem *present progressive* drückt man aus, dass etwas **gerade passiert** und **noch nicht abgeschlossen** ist. Es wird daher auch als **Verlaufsform** der Gegenwart bezeichnet. Signalwörter: *at the moment, now*	At the moment, Peter is drinking a cup of tea. *Im Augenblick trinkt Peter eine Tasse Tee. [Er hat damit angefangen und noch nicht aufgehört.]*

Simple Past

Bildung Regelmäßige Verben: Infinitiv + *-ed*	walk → walk<u>ed</u>
Beachte: • stummes *-e* entfällt	hop<u>e</u> → hop<u>ed</u>
• Bei Verben, die auf Konsonant + *-y* enden, wird *-y* zu *-i-*.	carr<u>y</u> → carr<u>ied</u>
• Nach betontem Vokal wird der Schlusskonsonant verdoppelt.	st<u>op</u> → sto<u>pped</u>
Unregelmäßige Verben: siehe Liste S. G 31 f.	be → was have → had
Bildung von Fragen im *simple past* (Fragewort +) *did* + Subjekt + Infinitiv	(<u>Why</u>) <u>Did</u> <u>he</u> <u>look</u> out of the window? *(Warum) Sah er aus dem Fenster?*
Beachte: Die Umschreibung mit *did* wird nicht verwendet, • wenn nach dem Subjekt gefragt wird (mit *who, what, which*),	<u>Who</u> <u>paid</u> the bill? *Wer zahlte die Rechnung?* <u>What</u> <u>happened</u> to your friend? *Was ist mit deinem Freund passiert?*
• wenn die Frage mit *was/were* gebildet wird.	<u>Were</u> you happy? *Warst du glücklich?*
Bildung der Verneinung im *simple past* *didn't* + Infinitiv	He <u>didn't</u> <u>call</u> me. *Er rief mich nicht an.*

Verwendung Das *simple past* beschreibt Handlungen und Ereignisse, die **in der Vergangenheit passierten** und **bereits abgeschlossen** sind. Signalwörter: z. B. *yesterday, last week/year, two years ago, in 2008*	Last week, he <u>helped</u> me with my homework. *Letzte Woche half er mir bei meinen Hausaufgaben. [Die Handlung fand in der letzten Woche statt, ist also abgeschlossen.]*

Past Progressive / Past Continuous

Bildung *was/were + present participle*	watch → was/were watching
Verwendung Die **Verlaufsform** *past progressive* verwendet man, wenn **zu einem bestimmten Zeitpunkt** in der Vergangenheit eine **Handlung ablief**, bzw. wenn eine **Handlung** von einer anderen **unterbrochen** wurde.	Yesterday at 9 o'clock I was still sleeping. *Gestern um 9 Uhr schlief ich noch.* I was reading a book when Peter came into the room. *Ich las (gerade) ein Buch, als Peter ins Zimmer kam.*

Present Perfect (Simple)

Bildung *have/has + past participle*	write → has/have written
Verwendung Das *present perfect* verwendet man,	
• wenn ein Vorgang **in der Vergangenheit begonnen** hat und **noch andauert**,	He has lived in London since 2008. *Er lebt seit 2008 in London.* *[Er lebt jetzt immer noch in London.]*
• wenn das Ergebnis einer vergangenen Handlung **Auswirkungen auf die Gegenwart** hat.	I have just cleaned my car. *Ich habe gerade mein Auto geputzt.* *[Man sieht evtl. das saubere Auto.]*
Signalwörter: z. B. *already, ever, just, how long, not … yet, since, for*	Have you ever been to Dublin? *Warst du schon jemals in Dublin?*
Beachte: • *have/has* können zu *'ve/'s* verkürzt werden.	He's given me his umbrella. *Er hat mir seinen Regenschirm gegeben.*
• Das *present perfect* wird oft mit *since* und *for* verwendet („seit"). – ***since*** gibt einen **Zeitpunkt** an:	Ron has lived in Sydney since 2007. *Ron lebt seit 2007 in Sydney.*
– ***for*** gibt einen **Zeitraum** an:	Sally has lived in Berlin for five years. *Sally lebt seit fünf Jahren in Berlin.*

Present Perfect Progressive / Present Perfect Continuous

Bildung *have/has + been + present participle*	write → has/have been writing
Verwendung Die **Verlaufsform** *present perfect progressive* verwendet man, um die **Dauer einer Handlung** zu **betonen**, die in der Vergangenheit begonnen hat und noch andauert.	She has been sleeping for ten hours. *Sie schläft seit zehn Stunden.*

Past Perfect (Simple)

Bildung *had + past participle*	write → had written
Verwendung Die Vorvergangenheit *past perfect* verwendet man, wenn ein Vorgang in der Vergangenheit **vor einem anderen Vorgang in der Vergangenheit abgeschlossen** wurde.	He had bought a ticket before he took the train to Manchester. *Er hatte eine Fahrkarte gekauft, bevor er den Zug nach Manchester nahm. [Beim Einsteigen war der Kauf abgeschlossen.]*

Past Perfect Progressive / Past Perfect Continuous

Bildung *had + been + present participle*	write → had been writing
Verwendung Die **Verlaufsform** *past perfect progressive* verwendet man für **Handlungen**, die in der Vergangenheit **bis zu dem Zeitpunkt andauerten**, zu dem eine neue Handlung einsetzte.	She had been sleeping for ten hours when the doorbell rang. *Sie hatte seit zehn Stunden geschlafen, als es an der Tür klingelte. [Das Schlafen dauerte bis zu dem Zeitpunkt an, als es an der Tür klingelte.]*

Will-future

Bildung *will* + Infinitiv	buy → will buy
Bildung von Fragen im *will-future* (Fragewort +) *will* + Subjekt + Infinitiv	What will you buy? *Was wirst du kaufen?*
Bildung der Verneinung im *will-future* *won't* + Infinitiv	She won't come to our party. *Sie wird nicht zu unserer Party kommen.*

Verwendung Das *will-future* verwendet man, wenn ein Vorgang **in der Zukunft stattfinden** wird:	
• bei Vorhersagen oder Vermutungen,	The weather will be fine tomorrow. *Das Wetter wird morgen schön (sein).*
• bei spontanen Entscheidungen.	*[doorbell]* "I'll open the door." *"Ich mache die Tür auf."*

Going-to-future

Bildung *am/is/are* + *going to* + Infinitiv	find → am/is/are going to find

Verwendung Das *going-to-future* verwendet man, wenn man ausdrücken will:	
• was man für die Zukunft **plant** oder **zu tun beabsichtigt**.	I am going to work in England this summer. *Diesen Sommer werde ich in England arbeiten.*
• dass ein **Ereignis bald eintreten wird**, da bestimmte **Anzeichen** vorhanden sind.	Look at those clouds. It's going to rain soon. *Schau dir diese Wolken an. Es wird bald regnen.*

Simple Present und *Present Progressive* zur Wiedergabe der Zukunft

Verwendung

- Mit dem ***present progressive*** drückt man **Pläne** für die Zukunft aus, für die bereits **Vorkehrungen** getroffen wurden.
- Mit dem ***simple present*** wird ein zukünftiges Geschehen wiedergegeben, das **von außen festgelegt** wurde, z. B. Fahrpläne, Programme, Kalender.

We are flying to New York tomorrow.
Morgen fliegen wir nach New York.
[Wir haben schon Tickets.]

The train leaves at 8.15 a.m.
Der Zug fährt um 8.15 Uhr.

The play ends at 10 p.m.
Das Theaterstück endet um 22 Uhr.

Future Progressive / Future Continuous

Bildung
will + be + present participle

work → will be working

Verwendung
Die **Verlaufsform** *future progressive* drückt aus, dass ein **Vorgang** in der Zukunft zu einem bestimmten Zeitpunkt **gerade ablaufen wird**.

Signalwörter: *this time next week / tomorrow, tomorrow* + Zeitangabe

This time tomorrow I will be sitting in a plane to London.
Morgen um diese Zeit werde ich gerade im Flugzeug nach London sitzen.

Future Perfect (Future II)

Bildung
will + have + past participle

go → will have gone

Verwendung
Das *future perfect* drückt aus, dass ein **Vorgang** in der Zukunft **abgeschlossen sein wird** (Vorzeitigkeit in der Zukunft).

Signalwörter: *by then, by* + Zeitangabe

By 5 p.m. tomorrow I will have arrived in London.
Morgen Nachmittag um fünf Uhr werde ich bereits in London angekommen sein.

11 Passiv – *Passive Voice*

Bildung

Form von *(to) be* in der entsprechenden Zeitform + *past participle*

The bridge was finished in 1894.
Die Brücke wurde 1894 fertiggestellt.

Bsp. für verschiedene Zeitformen:

• *simple present*	*Aktiv:*	Joe buys the milk.
	Passiv:	The milk is bought by Joe.
• *simple past*	*Aktiv:*	Joe bought the milk.
	Passiv:	The milk was bought by Joe.
• *present perfect*	*Aktiv:*	Joe has bought the milk.
	Passiv:	The milk has been bought by Joe.
• *past perfect*	*Aktiv:*	Joe had bought the milk.
	Passiv:	The milk had been bought by Joe.
• *will-future*	*Aktiv:*	Joe will buy the milk.
	Passiv:	The milk will be bought by Joe.

Aktiv → Passiv

- Das Objekt des Aktivsatzes wird zum Subjekt des Passivsatzes.
- Soll das Subjekt des Aktivsatzes im Passivsatz angegeben werden, wird es als *by-agent* angeschlossen.

Aktiv:	Joe *Subjekt*	buys	the milk. *Objekt*
Passiv:	The milk *Subjekt*	is bought	by Joe. *by-agent*

- Stehen im Aktiv **zwei Objekte**, lassen sich zwei verschiedene Passivsätze bilden. Ein Objekt wird zum Subjekt des Passivsatzes, das zweite bleibt Objekt.

Aktiv:	They *Subjekt*	gave	her *ind. Obj.*	a ball. *dir. Obj.*
Passiv:	She *Subjekt*	was given		a ball. *dir. Obj.*

oder:

Aktiv:	They *Subjekt*	gave	her *ind. Obj.*	a ball. *dir. Obj.*
Passiv:	A ball *Subjekt*	was given		to her. *ind. Obj.*

Beachte:
Das indirekte Objekt muss im Passivsatz mit *to* angeschlossen werden.

Passiv → Aktiv

- Der mit *by* angeschlossene Handelnde *(by-agent)* des Passivsatzes wird zum Subjekt des Aktivsatzes; *by* entfällt.
- Das Subjekt des Passivsatzes wird zum Objekt des Aktivsatzes.
- Fehlt im Passivsatz der *by-agent*, muss im Aktivsatz ein Handelnder als Subjekt ergänzt werden, z. B. *somebody, we, you, they.*

Passiv:	The milk *Subjekt*	is bought	by Joe. *by-agent*
Aktiv:	Joe *Subjekt*	buys	the milk. *Objekt*

Passiv:	The match *Subjekt*	was won.	
Aktiv:	They *(ergänztes) Subjekt*	won	the match. *Objekt*

Der Satz im Englischen

12 Wortstellung – *Word Order*

Im Aussagesatz gilt die Wortstellung
Subjekt – **Prädikat** – **O**bjekt
(subject – verb – object):

- Subjekt: Wer oder was tut etwas?
- Prädikat: Was wird getan?
- Objekt: Worauf/Auf wen bezieht sich die Tätigkeit?

Für die Position von Orts- und Zeitangaben vgl. S. G 4 f.

Cats catch mice.
Katzen fangen Mäuse.

13 Konditionalsätze – *Conditional Sentences*

Ein Konditionalsatz (Bedingungssatz) besteht aus zwei Teilen: einem Nebensatz *(if-clause)* und einem Hauptsatz *(main clause)*. Im ***if*-Satz** steht die **Bedingung** *(condition)*, unter der die im **Hauptsatz** genannte **Folge** eintritt. Man unterscheidet drei Arten von Konditionalsätzen:

Konditionalsatz Typ I

Bildung	
• *if*-Satz (Bedingung): *simple present*	If you read this book, *Wenn du dieses Buch liest,*
• Hauptsatz (Folge): *will-future*	you will learn a lot about music. *erfährst du eine Menge über Musik.*
Der *if*-Satz kann auch nach dem Hauptsatz stehen. In diesem Fall entfällt das Komma:	
• Hauptsatz: *will-future*	You will learn a lot about music *Du erfährst eine Menge über Musik,*
• *if*-Satz: *simple present*	if you read this book. *wenn du dieses Buch liest.*
Im Hauptsatz kann auch	
• ein modales Hilfsverb (z. B. *can, must, may*) + Infinitiv	If you go to London, you must visit me. *Wenn du nach London fährst, musst du mich besuchen.*
• sowie der Imperativ	If it rains, take an umbrella. *Wenn es regnet, nimm einen Schirm mit.*
stehen.	

Verwendung
Bedingungssätze vom Typ I verwendet man, wenn die **Bedingung erfüllbar** ist. Man gibt an, was unter bestimmten Bedingungen **geschieht** oder **geschehen kann**.

Konditionalsatz Typ II

Bildung	
• *if*-Satz (Bedingung): *simple past*	If I went to London, *Wenn ich nach London fahren würde,*
• Hauptsatz (Folge): *conditional I* = *would* + Infinitiv	I would visit the Tower. *würde ich mir den Tower ansehen.*

Verwendung
Bedingungssätze vom Typ II verwendet man, wenn die **Bedingung nur theoretisch erfüllt** werden kann oder **nicht erfüllbar** ist.

Konditionalsatz Typ III

Bildung
- *if*-Satz (Bedingung): *past perfect*

If I had gone to London,
Wenn ich nach London gefahren wäre,

- Hauptsatz (Folge): *conditional II = would + have + past participle*

I would have visited the Tower of London.
hätte ich mir den Tower of London angesehen.

Verwendung
Bedingungssätze vom Typ III verwendet man, wenn sich die **Bedingung auf die Vergangenheit bezieht** und deshalb **nicht mehr erfüllbar** ist.

14 Relativsätze – *Relative Clauses*

Ein Relativsatz ist ein Nebensatz, der sich **auf eine Person oder Sache** des Hauptsatzes **bezieht** und diese **näher beschreibt**:

The boy who looks like Jane is her brother.
Der Junge, der Jane ähnlich sieht, ist ihr Bruder.

- Hauptsatz:
- Relativsatz:

The boy … is her brother.
… who looks like Jane …

Bildung
Haupt- und Nebensatz werden durch das Relativpronomen verbunden.
- ***who*** (Nominativ oder Akkusativ),

Peter, who lives in London, likes travelling.
Peter, der in London lebt, reist gerne.

whose (Genitiv) und

whom (Akkusativ) beziehen sich auf **Personen**,

Sam, whose mother is an architect, is in my class.
Sam, dessen Mutter Architektin ist, geht in meine Klasse.

Anne, whom/who I like very much, is French.
Anne, die ich sehr mag, ist Französin.

- ***which*** bezieht sich auf **Sachen**,

The film "Dark Moon", which we saw yesterday, was far too long.
Der Film „Dark Moon", den wir gestern sahen, war viel zu lang.

- ***that*** kann sich auf **Sachen** und auf **Personen** beziehen und wird nur verwendet, wenn die **Information** im Relativsatz **notwendig** ist, um den ganzen Satz zu verstehen.

The film that we saw last week was much better.
Der Film, den wir letzte Woche sahen, war viel besser.

Verwendung
Mithilfe von Relativpronomen kann man **zwei Sätze miteinander verbinden**.

London is England's biggest city. London is very popular with tourists.
London ist Englands größte Stadt.
London ist bei Touristen sehr beliebt.

London, which is England's biggest city, is very popular with tourists.
London, die größte Stadt Englands, ist bei Touristen sehr beliebt.

Beachte:
Man unterscheidet zwei Arten von Relativsätzen:

- **Notwendige Relativsätze** *(defining relative clauses)* enthalten Informationen, die **für das Verständnis** des Satzes **erforderlich** sind.

The man who is wearing a red shirt is Mike.
Der Mann, der ein rotes Hemd trägt, ist Mike.

Hier kann das Relativpronomen entfallen, wenn es Objekt ist; man spricht dann auch von *contact clauses*.

The book (that) I bought yesterday is thrilling.
Das Buch, das ich gestern gekauft habe, ist spannend.

- **Nicht notwendige Relativsätze** *(non-defining relative clauses)* enthalten **zusätzliche Informationen** zum Bezugswort, die für das Verständnis des Satzes nicht unbedingt notwendig sind. Dieser Typ von Relativsatz wird **mit Komma** abgetrennt.

Sally**,** who went to a party yesterday**,** is very tired.
Sally, die gestern auf einer Party war, ist sehr müde.

15 Indirekte Rede – *Reported Speech*

Die indirekte Rede verwendet man, um **wiederzugeben**, **was ein anderer gesagt** oder **gefragt hat**.

Bildung
Um die indirekte Rede zu bilden, benötigt man ein **Einleitungsverb**.
Häufig verwendete Einleitungsverben sind:

to say, to tell, to add, to mention, to think, to ask, to want to know, to answer

In der indirekten Rede verändern sich die **Pronomen**, in bestimmten Fällen auch die **Zeiten** und die **Orts-** und **Zeitangaben**.

- Wie die Pronomen sich verändern, hängt vom jeweiligen **Kontext** ab.

direkte Rede	**indirekte Rede**
Bob says to Jenny: "I like <u>you</u>." *Bob sagt zu Jenny:* *„Ich mag dich."*	Jenny tells Liz: "Bob says that he likes <u>me</u>." *Jenny erzählt Liz:* *„Bob sagt, dass er mich mag."*
Aber:	Jenny tells Liz that Bob likes <u>her</u>. *Jenny erzählt Liz, dass Bob sie mag.*

- **Zeiten**:
  Keine Veränderung, wenn das Einleitungsverb im *simple present,* im Futur oder im *present perfect* steht:

direkte Rede	**indirekte Rede**
Bob <u>says</u>, "I <u>love</u> dancing." *Bob sagt: „Ich tanze sehr gerne."*	Bob <u>says</u> (that) he <u>loves</u> dancing. *Bob sagt, er tanze sehr gerne.*

Die Zeit der direkten Rede wird in der indirekten Rede normalerweise **um eine Zeitstufe zurückversetzt**, wenn das **Einleitungsverb** im ***past tense*** oder ***past perfect*** steht:	Bob said, "I love dancing." *Bob sagte: „Ich tanze sehr gerne."*	Bob said (that) he loved dancing. *Bob sagte, er tanze sehr gerne.*
simple present → *simple past*	Joe: "I like it."	Joe said he liked it.
simple past → *past perfect*	Joe: "I liked it."	Joe said he had liked it.
present perfect → *past perfect*	Joe: "I've liked it."	Joe said he had liked it.
will-future → *conditional I*	Joe: "I will like it."	Joe said he would like it.
• **Zeitangaben** verändern sich, wenn der Bericht zu einem späteren Zeitpunkt erfolgt, z. B.:	now → today → yesterday → tomorrow →	then, at that time that day, yesterday the day before the following day
• Welche **Ortsangabe** verwendet wird, hängt davon ab, wo sich der Sprecher im Moment befindet.	here →	here *[noch am selben Ort]*/there *[anderer Ort]*

Bildung der indirekten Frage Häufige Einleitungsverben für die indirekte Frage sind:	to ask, to want to know, to wonder	
• **Fragewörter** bleiben in der indirekten Rede **erhalten**. Die **Umschreibung** mit *do/does/did* **entfällt** in der indirekten Frage.	Tom: "When did they arrive?" *Tom: „Wann sind sie angekommen?"*	Tom asked when they had arrived. *Tom fragte, wann sie angekommen seien.*
• Enthält die direkte Frage **kein Fragewort**, wird die indirekte Frage mit ***whether*** oder ***if*** eingeleitet:	Tom: "Are they staying at the hotel?" *Tom: „Übernachten sie im Hotel?"*	Tom asked if/whether they were staying at the hotel. *Tom fragte, ob sie im Hotel übernachten.*

Befehle/Aufforderungen in der indirekten Rede Häufige Einleitungsverben sind:	to tell, to order, to ask	
In der indirekten Rede steht hier **Einleitungsverb + Objekt + *(not) to* + Infinitiv**.	Tom: "Leave the room." *Tom: „Verlass den Raum."*	Tom told me to leave the room. *Tom forderte mich auf, den Raum zu verlassen.*

Anhang

16 Liste wichtiger unregelmäßiger Verben – *List of Irregular Verbs*

Infinitive	Simple Past	Past Participle	*Deutsch*
be	was/were	been	*sein*
begin	began	begun	*beginnen*
blow	blew	blown	*wehen, blasen*
break	broke	broken	*brechen*
bring	brought	brought	*bringen*
build	built	built	*bauen*
buy	bought	bought	*kaufen*
catch	caught	caught	*fangen*
choose	chose	chosen	*wählen*
come	came	come	*kommen*
cut	cut	cut	*schneiden*
do	did	done	*tun*
draw	drew	drawn	*zeichnen*
drink	drank	drunk	*trinken*
drive	drove	driven	*fahren*
eat	ate	eaten	*essen*
fall	fell	fallen	*fallen*
feed	fed	fed	*füttern*
feel	felt	felt	*fühlen*
find	found	found	*finden*
fly	flew	flown	*fliegen*
get	got	got	*bekommen*
give	gave	given	*geben*
go	went	gone	*gehen*
grow	grew	grown	*wachsen*
hang	hung	hung	*hängen*
have	had	had	*haben*
hear	heard	heard	*hören*
hit	hit	hit	*schlagen*
hold	held	held	*halten*
keep	kept	kept	*halten*
know	knew	known	*wissen*

Infinitive	**Simple Past**	**Past Participle**	***Deutsch***
lay	laid	laid	*legen*
leave	left	left	*verlassen*
let	let	let	*lassen*
lie	lay	lain	*liegen*
lose	lost	lost	*verlieren*
make	made	made	*machen*
meet	met	met	*treffen*
pay	paid	paid	*bezahlen*
put	put	put	*stellen/setzen*
read	read	read	*lesen*
ring	rang	rung	*läuten/anrufen*
run	ran	run	*rennen*
say	said	said	*sagen*
see	saw	seen	*sehen*
send	sent	sent	*schicken*
show	showed	shown	*zeigen*
sing	sang	sung	*singen*
sit	sat	sat	*sitzen*
sleep	slept	slept	*schlafen*
smell	smelled/smelt	smelled/smelt	*riechen*
speak	spoke	spoken	*sprechen*
spend	spent	spent	*ausgeben/ verbringen*
stand	stood	stood	*stehen*
steal	stole	stolen	*stehlen*
swim	swam	swum	*schwimmen*
take	took	taken	*nehmen*
teach	taught	taught	*lehren*
tell	told	told	*erzählen*
think	thought	thought	*denken*
throw	threw	thrown	*werfen*
wake	woke	woken	*aufwachen*
wear	wore	worn	*tragen*
win	won	won	*gewinnen*
write	wrote	written	*schreiben*

Abschlussprüfung an Realschulen: Englisch 2017
Written Test: Shakespeare – "Not Of An Age But For All Time" (Ben Jonson)

Part I: Reading

TEXT 1: SHAKESPEARE LIVES

Shakespeare lives

Last year marked the 400th anniversary of Shakespeare's death. His work has impressed artists from a diverse cultural spectrum. It has had an impact not only on the development of drama and literature, but also on our language, thoughts and ideas. Ask the first person you meet in the street "What comes into your mind when I say 'Shakespeare'?" and there's a good chance they will cite the famous line "To be or not to be – that is the question". Shakespeare's anniversary has led to fireworks of cultural events and artistic activity. **[1]** So what exactly are the reasons why Shakespeare is still relevant today?

There are numerous situations in Shakespeare's plays which show different facets of the human character. **[2]** Shakespeare's characters fall in love and out of it, take a dislike to each other, betray and misunderstand each other, argue and fight each other, are angry, sad, happy, jealous, unfaithful, irresponsible, forgiving … **[3]** This is why people from all four corners of the Earth easily identify with the people in his plays. The social topics of Shakespeare's time which appear in the plays – like racism, sexuality, intolerance, the role of women, crime, death, disease – are still burning issues in today's global society.

What about Shakespeare himself? What about his personality? Was he similar to modern people? **[4]** He left his wife and family behind in Stratford to have a career in London. In his thirties he may have gone through an identity crisis; he was a practical man of the theatre, knowing what and what not to do to attract a paying audience, and generating his own profitable 'market'. He socialised in the pub with his friends and colleagues. At the same time he was successful enough to gain the favour of the Queen. He certainly knew how to please audiences of all social classes. It's just that, while living life to the full, he also had the magical ability to pen the most amazing plays to entertain his contemporaries. Even today his plays are still entertaining people, whether in historical performances or modern interpretations on stage, or in film and TV adaptations throughout the world.

And what about all the fantasy stuff in Shakespeare? **[5]** We only have to look at today's TV schedules to grasp that the supernatural is still a very popular subject. There's a boom industry in ghost walks, books, and TV series giving you the shivers in the same way as the appearance of ghosts on stage at the Globe Theatre scared Shakespeare's first audiences. **[6]** In films Shakespeare's plays have been presented in a modern format, too. **[7]** Today, Shakespeare's ideas are reaching millions of people in the comfort of their own living-rooms.

Adapted from: "Shakespeare: Our contemporary?" by Gill Stoker, 27. 10. 2005, http://www.open.edu/openlearn/history-the-arts/culture/literature-and-creative-writing/literature/shakespeare-our-contemporary

TASK 1

Read the text '**Shakespeare lives**' (page 1).
Are sentences 1–10 *"True"* (T) or *"False"* (F)? Choose *"Not in the text"* (N) if there is not enough information to answer *"True"* or *"False"*.
Tick (✓) the correct answer.

		T	F	N
1	Shakespeare was born exactly 400 years ago.			
2	His work influenced modern people's way of expressing themselves.			
3	Artists created an anniversary edition of Shakespeare's dramas.			
4	People worldwide can connect with the characters in Shakespeare's plays.			
5	Shakespeare's family visited him in London.			
6	Shakespeare knew how to make money.			
7	Shakespeare did not care much about meeting other people.			
8	Above all educated people were fond of Shakespeare's plays.			
9	Recently a historical documentary about Shakespeare's life has been made.			
10	Audiences were frightened by Shakespeare's supernatural elements on stage.			

10

TASK 2

Look at the text '**Shakespeare lives**' (page 1).
Five sentences have been removed from the text. Choose the correct gap (**1–7**) in the text for each of the sentences below (**A–E**). **Write the correct number of the gap behind each sentence.** Be careful: There are **two gaps** which you do **not need to use**.

A We're living in a scientific age now, and ghosts are no longer relevant, are they? ☐

B Their plots are about human nature, which apparently never changes from century to century, or country to country, despite all the differences in knowledge and culture. ☐

C Well, from the little we know about him, he was surely what today we would call 'driven'. ☐

D This modern medium has helped introducing them to a much wider audience than even Shakespeare himself would ever have imagined. ☐

E They experience practically every human emotion you can think of, and every human situation. ☐

5

TASK 3

In 2016 Shakespeare was celebrated worldwide. Read the following reports and **match them with the statements 1–7 below**. Choose the correct report (A–D) and **write its letter in the box**. The reports may be chosen **more than once**.
There is one example (**0**) at the beginning.

A The Complete Works of William Shakespeare – all 37 plays in 97 minutes!
A cheeky, fast-paced tour through the Bard's plays, *The Complete Works of William Shakespeare (abridged)* was London's longest-running comedy with nine years of performances. Thousands joined these mad men in tights as they weaved their wicked way through all of Shakespeare's Comedies, Histories and Tragedies in one wild ride that left them breathless and helpless with laughter. The *Reduced Shakespeare Company* is a three-man comedy troupe that takes long, serious subjects and reduces them to short, sharp comedies. Since 1981, they have created nine stage shows, two television specials, and numerous radio pieces – all of which have been performed and seen the world over.

B To tweet or not to tweet – Shakespeare Plays Retold
Amy Helmes and Kim Askew catapulted Shakespeare's plays into the 21st century and summed up the legendary playwright's works in "twitter speak" of 140 characters or less. Keeping it short and simple was the motto. Samples like the following were texted to other users:

Romeo and Juliet: "Big Love + nasty family conflict + nosy monk + chemically-induced sleep = tragedy."

The Tempest: "Girl finds #truelove on semi-deserted island after dad argues with ship-wrecked enemies. Fairy and hairy brute join in the fun!"

C Sonnets for the Horn of Africa
In the last week of April the British Council hosted a unique project in the Horn of Africa. The programme used Shakespeare's lyrical works as a starting point to look at the lives and experiences of people living in the UK, Sudan, South Sudan and Ethiopia today. It explored Shakespeare's language, images and ideas through workshops with spoken word poets. Participants from the region came together in Khartoum, creating original poetry and performance pieces that take inspiration from life in the region today and Shakespeare's poetry written over 400 years ago. This culminated in a final performance by the participants in front of a thousand-strong audience. Highlights of the project and performance have been turned into a documentary film.

D #ShakespeareNoFilter
The British Council Europe retold three of Shakespeare's most iconic plays through the lens of an online picture diary. In the original play of *A Midsummer Night's Dream,* four lovers have an argument in the woods near Athens at midnight. They are confused by fairies who are only trying to help. Magic, action and love are the ingredients of this unforgettable spell. In the new adaptation of the plot the main characters form the UK indie band *The Biologicals,* playing gigs and festivals on their journey from London to Athens. The story is captured on camera by the self-appointed public relations girl Helena along with roadie Puck, the party-loving dating specialist. To get inspired follow @britishcouncileurope!

When celebrating Shakespeare in 2016 …

0	**his complex plots were reduced to a handful of letters.**	**B**
1	adaptations of his plays were uploaded as a modern photo story.	
2	his poetic works were the basis for seminars.	
3	the audience was taken on a crazy trip through several Shakespearean plays.	
4	summaries of his work were sent as a text message.	
5	the worlds of music and literature were brought together.	
6	actors reduced his dramatic works into funny entertainment.	
7	his verses together with everyday life experience were used to motivate new poems.	

7

TASK 4

Verwenden Sie die Informationen aus folgendem Text.
Bearbeiten Sie die Aufgaben (1–5) stichpunktartig auf Deutsch. Es ist keine wörtliche Übersetzung nötig, die Aspekte müssen <u>inhaltlich</u> jedoch <u>vollständig</u> erfasst sein. Einzelwörter genügen nicht als Antwort.

Anne Hathaway's Cottage

© Tony Hisgett/wikimedia, CC BY 2.0

The world-famous Anne Hathaway's Cottage is situated one mile from Stratford-upon-Avon and was the childhood home of Shakespeare's wife. Young Shakespeare is said to have fallen in love with Anne here. The beautiful thatched house was occupied by members of the Hathaway family until its purchase by the *Shakespeare Birthplace Trust*[1] in 1892. It still contains items of furniture that date back to Anne Hathaway's time.

Anne Hathaway's Cottage is set in a nine-acre garden where visitors can enjoy a delicious English afternoon tea in the garden café. The grounds are a perfect place to enjoy a picnic lunch or tea. Dogs are welcome in the gardens at Anne Hathaway's Cottage, provided they are accompanied by an adult and kept on the lead at all times.

The Cottage can be accessed via a pleasant, well-signposted footpath. Please note that wheelchairs are not suitable for use within the cottage due to the narrow halls and the lack of turning space. An interactive virtual presentation of the cottage is available from visitor reception. Large print guides are available.

1 You do not have to translate the name.

1. Was hat *Anne Hathaway's Cottage* mit dem Leben Shakespeares zu tun? **(2 Details)**

____

____

____ 2

2. Was passierte im Jahr 1892 mit *Anne Hathaway's Cottage?*

____ 1

3. Was können Besucher heute in den Räumen des *Anne Hathaway's Cottage* besichtigen?

____ 1

4. Unter welchen **beiden** Bedingungen dürfen Hunde mit in den Garten des *Anne Hathaway's Cottage?*

____

____

____ 2

5. Was macht die Besichtigung von *Anne Hathaway's Cottage* für Rollstuhlfahrer schwierig? **(2 Details)**

____

____

____ 2

Part II: Use of English

TASK 1

Look at **text 1** (page 1). **Find a word or expression which means <u>the same as</u> each of the words (1–5) below.** The lines where you can find the words or expressions are indicated in brackets. There is one example (**0**) at the beginning.

0.	**(to) indicate**	**→**	(to) mark	**(l. 1–15)**
1.	(to) fascinate	→	__________	(l. 1–15)
2.	(to) quote	→	__________	(l. 1–15)
3.	urgent	→	__________	(l. 16–30)
4.	(to) write	→	__________	(l. 31–52)
5.	(to) realise	→	__________	(l. 53–66)

5

TASK 2

Look at **text 1** (page 1). What do the following words mean? **Match** the expressions (A–F) **<u>as used in the text</u>** with their corresponding definitions (0–7).
Write the correct numbers in the grid below. Be careful: There are two definitions that you do not need. One definition (**0**) has already been matched correctly.

A impact (l. 4)
B **identity (l. 36)**
C favour (l. 42)
D contemporary (l. 47)
E shiver (l. 58)
F format (l. 63)

0 **the fact or feeling of being who or what a person is**
1 a trembling movement as a result of being cold, frightened or excited
2 the liking or support of someone
3 the plan, style or type of something
4 the influence or effect on something or somebody
5 the fact of being annoyed or irritated by something
6 an act of kindness in order to help someone
7 a person living at the same time as somebody else

A	B	C	D	E	F
	0				

5

TASK 3

Use the word given in capitals at the end of some of the lines to **form a word of the same word family** that fits in the space in the same line.
There is one example (**0**) at the beginning.

Sir Tony Shopkins on playing Shakespeare's character of King Lear

0	"<u>Unlike</u> many experienced actors, Tony Shopkins says	LIKELY
1	he had an uneasy ____________ with the work of William	RELATION
2	Shakespeare. He once admitted he was not ____________	SATISFACTION
	with his stage performance of Shakespeare's King Lear. That's why	
	he turned to making movies fulltime. Thirty years later he said he now	
3	understands the man: "Lear was hardly a ____________	FRIENDSHIP
4	fellow. There's something ____________ about him. I'm	AGGRESSION
5	looking forward to ____________ him again – now I'd do	PLAYER
	him like Mike Tyson."	

5

TASK 4

Complete the second sentence so that it has a similar meaning to the first sentence, using the KEY WORD given in brackets. **Do not change the KEY WORD given.** You must use **between two and five words including the KEY WORD**. There is one example (**0**) at the beginning.

Example

0. The Globe Theatre burnt down because of the incorrect firing of a theatre cannon by employees. **(HAD)**

(1) (2) (3) (4)

The Globe Theatre burnt down because ___employees had not fired___ a theatre cannon correctly.

1. In 1614 the *King's Men Playing Company* rebuilt the theatre. **(WAS)**
In 1614 the theatre ______________________________
the *King's Men Playing Company*. 1

2. The Puritans closed it down as they didn't enjoy watching such entertainment. **(WORTH)**
The Puritans closed it down because for them such entertainment __________
______________________________. 1

3. Using various sources of information for the reconstruction of the new Globe Theatre, the design team made sure it would look like the original. **(ORDER)**
The design team used various sources of information for the reconstruction of the new Globe Theatre ______________________________
it would look like the original. 1

4. Although designers tried to keep to old building techniques, modern extras like fire exits had to be included. **(NECESSARY)**
Although designers tried to keep to old building techniques, ______________
______________________________ modern extras like fire exits. 1

5. The first time visitors came to the new Globe Theatre was in 1997. **(COME)**
Since 1997 ______________________________ to the new Globe Theatre. 1

TASK 5

Complete the following text. Use the correct forms of the words in brackets and find words of your own to replace the question marks. There is one example (**0**) at the beginning.

Christopher Marlowe and William Shakespeare – Rivals and Collaborators

The Elizabethan playwright Christopher Marlowe **(0)** *has been named* **(name)** as one of William Shakespeare's major rivals for a long time. But scholars now believe that the links with Shakespeare run even deeper. Dr Gary Taylor, a Shakespeare expert, said, "Last month we **(1)** ~~will be able~~ were able to **(able)** clearly verify Marlowe's presence in the three parts of *Henry VI*. As well as influencing one another, they also worked together. Rivals sometimes collaborate."

Christopher Marlowe **(2)** ____________ **(lead)** a short, but intriguing life. He was born in the same year **(3)** ____________ **(???)** Shakespeare. Marlowe was **(4)** ____________ **(extreme)** talented and studied at Cambridge University. He was absent from university much more often **(5)** ____________ **(???)** allowed by the college and he spent lots of money on food and drink. This caused speculations. Theories suggest that Marlowe could not have afforded his lifestyle if he **(6)** ____________ **(not have)** a second source of income. He **(7)** ____________ **(may earn)** extra money for secret government work. In 1593 he was arrested. Shortly **(8)** ____________ **(???)** he had been released, Marlowe died under mysterious circumstances. It **(9)** ____________ **(believe)** by academics today that Marlowe was killed in a tavern because a fight had broken out over the bill. Christopher Marlowe, **(10)** ____________ **(???)** life came to an abrupt end at the age of 29, produced celebrated masterpieces of English literature such as *The Tragical History of Doctor Faustus.* 10

Part III: Guided Writing

You only have to do **one** of the following two tasks.
Important: First read both tasks, then decide whether you want to do Task A or Task B. You can write down your ideas on your extra sheet before you do the task on your exam paper.

TASK A

Every year, your school organizes a **THEATRE PROJECT**. Write an **e-mail** to inform your English friend about this year's event.

Include the following information:

- why you took part in the project
- what your task was
- one problem and how you solved it
- your plans for next year's project

Find a suitable beginning and ending.
Write about 200 words.

TASK B

You take part in an English writing competition.

Write a **story** and include the following aspects:

- friends on holiday
- problem
- one additional aspect
- happy ending

Find a suitable beginning and ending.
Write about 200 words.

TASK ☐
(Write A or B in the box.)

Lösung

Part I: Reading

Allgemeine Hinweise: *Nach dem* ***Speaking Test*** *und dem* ***Listening Test*** *bildet der* ***Written Test*** *den letzten Teil der Abschlussprüfung. Er umfasst neben Aufgaben zum* ***Leseverstehen****, zum* ***Wortschatz*** *und zu* ***grammatischen Strukturen*** *auch eine* ***Mediationsaufgabe*** *und eine* ***Schreibaufgabe (guided writing****). Die im* ***Speaking Test*** *und* ***Hörverstehenstest*** *erzielten Punkte fließen direkt in das Gesamtergebnis der Abschlussprüfung ein. Insgesamt gibt es höchstens 150 Punkte. In den Bereichen Speaking, Listening, Reading, Use of English und Guided Writing kannst du jeweils maximal 30 Punkte bekommen.*
Der ***Written Test 2017*** *beleuchtet verschiedene Facetten des berühmten Schriftstellers* ***William Shakespeare:*** *sein* ***Leben****, seine* ***Werke****, sein* ***Umfeld*** *sowie seine* ***Bekanntschaften****,* ***Freunde*** *und* ***Feinde****. Der Untertitel „not of an age but for all time" von Ben Jonson bedeutet, dass Shakespeare nicht nur für eine kurze Zeit eine überragende Bedeutung hatte, sondern immer eine prägende Gestalt bleiben wird.*
Es macht nichts, wenn du von William Shakespeare bislang noch nicht viel gelesen hast. Das Englisch der damaligen Zeit ist ja auch nicht ganz einfach zu verstehen. Aber du weißt sicherlich, dass Shakespeare einer der größten englischen Schriftsteller war und kannst so das Thema der Prüfung bereits gut einordnen.

Task 1: Richtig, falsch oder nicht im Text?

Hinweis: *Für die folgenden Aufgaben musst du den Text auf Seite 1, „****Shakespeare lives****", lesen. Du sollst entscheiden, ob die zehn Aussagen auf dem Aufgabenblatt* ***richtig*** *oder* ***falsch*** *sind, oder ob der Text keine Informationen zu der jeweiligen Aussage enthält (****nicht im Text****). Dafür musst du die vorgegebenen Aussagen genau durchlesen. Suche dann im Text nach Informationen, die die Sätze bestätigen oder sie widerlegen. Meistens sind die Aufgaben in derselben Reihenfolge angeordnet wie die Hinweise im Text.*

1. Shakespeare was born exactly 400 years ago. ✓ **False**
   Hinweis: *Textstelle: "Last year marked the 400th anniversary of Shakespeare's death." (Z. 1/2)*
   Aussage 1 ist falsch. Im letzten Jahr wurde der 400. Todestag Shakespeares gefeiert, nicht sein Geburtstag. „Last year" (Z. 1) weist außerdem darauf hin, dass sich der Todestag im vergangenen Jahr zum 400. Mal gejährt hat, und nicht etwa in diesem Jahr. Satz 1 ist somit in zweifacher Hinsicht falsch.

2. His work influenced modern people's way of expressing themselves. ✓ **True**
   Hinweis: *Textstelle: "It has had an impact not only on the development of drama and literature, but also on our language, thoughts and ideas." (Z. 4–7)*
   Shakespeares Werk hat bis heute einen großen Einfluss („influence", „impact") auf andere Schriftsteller, aber auch auf die Sprache, Gedanken und (Wert-)Vorstellungen der Menschen im Allgemeinen. Aussage 2 ist also richtig.

3. Artists created an anniversary edition of Shakespeare's dramas. ✓ **Not in the text**
   Hinweis: *In den Zeilen 12 bis 14 werden viele künstlerische Aktivitäten und Feierlichkeiten erwähnt, die zu Ehren Shakespeares an seinem Jahrestag stattfinden. Es ist aber nicht davon die Rede, dass Künstler eine Jubiläumsausgabe seiner Theaterstücke zusammengestellt hätten.*

4. People worldwide can connect with the characters in Shakespeare's plays. ✓ **True**

Hinweis: Textstelle: "This is why people from all four corners of the Earth easily identify with the people in his plays." (Z. 23–26)
Auf der ganzen Welt können sich Leser und Zuschauer in die handelnden Personen in Shakespeares Stücken gut hineinversetzen. Es hilft ihnen, dass sie die dort beschriebenen Situationen, Gefühle und Probleme aus ihrem eigenen Alltag kennen.

5. Shakespeare's family visited him in London. ✓ **Not in the text**

Hinweis: *Textstelle: "He left his wife and family behind in Stratford to have a career in London." (Z. 33–35)*
Im Text wird nur berichtet, dass Shakespeare seine Familie in seiner Heimatstadt zurückließ, um selbst in London zu leben und zu arbeiten. Der Text gibt aber keinen Hinweis darauf, ob ihn seine Familie jemals in London besuchte.

6. Shakespeare knew how to make money. ✓ **True**

Hinweis: *Textstelle: "… he was a practical man of the theatre, knowing what and what not to do to attract a paying audience, and generating his own profitable 'market'." (Z. 36–39)*
Aus dem Text geht hervor, dass Shakespeare ein Gespür dafür hatte, wie man ein zahlendes Publikum anzieht und so gutes Geld verdient. Die hier unterstrichenen Begriffe sind die Schlüsselwörter für die richtige Lösung, da sie mit anderen Worten denselben Inhalt vermitteln wie Aussage 6.

7. Shakespeare did not care much about meeting other people. ✓ **False**

Hinweis: *Textstelle: "He socialised in the pub with his friends and colleagues." (Z. 40/41)*
Shakespeare suchte und pflegte offensichtlich sehr gerne Kontakt mit Freunden und Kollegen, so ging er mit ihnen zum Beispiel nach der Arbeit in englische Wirtshäuser („pubs"). Den Begriff „socialising" („to socialise" = unter die Leute gehen) hast du sicher schon öfter gehört.

8. Above all educated people were fond of Shakespeare's plays. ✓ **False**

Hinweis: *Textstelle: "He certainly knew how to please audiences of all social classes." (Z. 43/44)*
Es war überhaupt nicht so, dass Shakespeare nur oder vor allem von gebildeteren Menschen verehrt wurde. Seine Anhänger kamen aus allen Schichten der Gesellschaft.

9. Recently a historical documentary about Shakespeare's life has been made. ✓ **Not in the text**

Hinweis: *Textstelle: "Even today his plays are still entertaining people, whether in historical performances or modern interpretations on stage, or in film and TV adaptations throughout the world." (Z. 48–52)*
Der Text enthält keine Aussage darüber, ob kürzlich ein Dokumentarfilm über Shakespeare gedreht wurde. Es wird nur darüber berichtet, dass historische Aufführungen seiner Stücke immer noch populär sind.

10. Audiences were frightened by Shakespeare's supernatural elements on stage. ✓ **True**

Hinweis: *Textstelle: "There's a boom industry in ghost walks, books, and TV series giving you the shivers in the same way as the appearance of ghosts on stage at the Globe Theatre scared Shakespeare's first audiences." (Z. 57–61)*
Die Zuschauer wurden von den Geistern erschreckt, die Shakespeare in seinen Stücken eingebaut hatte. Sie reagierten ähnlich wie Menschen im 21. Jahrhundert, die sich zwar genauso Angst einjagen lassen, aber solch gruselige Situationen trotzdem faszinierend finden.

Task 2: Zuordnungsaufgabe 1

Hinweis: *Aus dem Text „**Shakespeare lives**" wurden insgesamt fünf Sätze (A–E) herausgenommen. Es gibt **sieben** Stellen im Text (1–7), an die diese Sätze passen könnten. Sie sind jeweils mit einer Ziffer, z. B. [1], gekennzeichnet. Wenn du den richtigen Satz für eine Lücke gefunden hast, musst du auf dem Aufgabenblatt die entsprechende Ziffer in das Kästchen hinter dem Satz schreiben. Den Text kennst du ja bereits von Task 1. Du weißt also schon, wovon „Shakespeare lives" handelt. Um die richtige Lösung zu finden, ist es manchmal sinnvoll, die Textstelle kurz vor der Ziffer und die kurz dahinter zu lesen. Hier sind nämlich oft Hinweise versteckt. Du sollst insgesamt **fünf Sätze** zuordnen. Zwei Stellen im Text bleiben also übrig.*

A. We're living in a scientific age now, and ghosts are no longer relevant, are they? **5**

Hinweis: *In der Textpassage nach Ziffer 5 wird ausgeführt, dass „ghost walks" ebenso wie Gruselgeschichten in Büchern und Fernsehserien gerade sehr in Mode sind. Es ist also keineswegs so, dass Geister in der modernen, naturwissenschaftlich aufgeklärten Welt ausgedient hätten. Das Schlüsselwort „ghost" aus der Aufgabe kommt auch im Text vor.*

B. Their plots are about human nature, which apparently never changes from century to century, or country to country, despite all the differences in knowledge and culture. **2**

Hinweis: *Im Satz vor Ziffer 2 wird berichtet, dass Shakespeares Werke ganz unterschiedliche Facetten des menschlichen Charakters aufgreifen. In Satz B wird diese Erkenntnis weiter ausgeführt. Dabei bezieht sich „[t]heir plots" aus Satz B auf „Shakespeare's plays" im Text (Z. 16/17).*

C. Well, from the little we know about him, he was surely what today we would call 'driven'. **4**

Hinweis: *Es gibt relativ wenig gesicherte und konkrete Informationen über Shakespeare. Dies kommt in Satz C deutlich zum Ausdruck. Dieser Satz passt ganz gut nach den drei Fragen zu Shakespeares Persönlichkeit vor Lücke 4 in den Text. Er gibt sozusagen die Antwort: Bei dem Schriftsteller handelt es sich um eine ehrgeizige und geschäftige Person, die aus einem starken inneren Antrieb heraus das beschauliche Stratford hinter sich lässt und nach London aufbricht.*

D. This modern medium has helped introducing them to a much wider audience than even Shakespeare himself would ever have imagined. **7**

Hinweis: *Der Ausdruck „this modern medium" im Satz D bezieht sich auf „films" in der Textstelle vor Ziffer 7. Auch „modern format" (Z. 63) ist ein Schlüsselwort und kann einen Hinweis auf die richtige Lösung geben. Im Satz nach Ziffer 7 wird „wider audience" noch konkreter ausgeführt („… reaching millions of people in the comfort of their own livingrooms", Z. 64–66). Mit Film und Fernsehen können heutzutage viel mehr Menschen erreicht werden als sich Shakespeare dies jemals hätte vorstellen können.*

E. They experience practically every human emotion you can think of, and every human situation. **3**

Hinweis: *Die unterschiedlichen Gefühle und Verhaltensweisen der Charaktere, die in den Werken Shakespeares vorkommen, werden in der Textstelle vor Ziffer 3 ausführlich beschrieben. Der Satz E schließt sich somit logisch an die Lücke im Text an. Shakespeare* *greift in seinen Stücken ganz gewöhnliche menschliche Gefühle auf. Das führt dazu, dass sich Menschen auf der ganzen Welt mit seinen Figuren verbunden fühlen, weil sie sie nur zu gut verstehen können. Dies wird im Satz nach der Ziffer 3 deutlich gemacht.*

Die Lücken bei den Ziffern 1 und 6 bleiben übrig.

Task 3: Zuordnungsaufgabe 2

Hinweis: *In der folgenden Aufgabe findest du vier kürzere Berichte („reports") über unterschiedliche* **Angebote** *zu und* **Aufführungen** *von* **Shakespeares Werken** *anlässlich der weltweiten Feierlichkeiten zum* ***400. Todestag*** *des Schriftstellers im* ***Jahre 2016****. Auf dem Aufgabenblatt sind sieben Aussagen vorgegeben, die du dem jeweils richtigen Text zuordnen sollst. Du musst gegebenenfalls manche Berichte mehrmals auswählen. Oft helfen dir beim Finden der Lösung* **Schlüsselwörter***, die sowohl in der Aufgabenstellung als auch in einem der Texte vorkommen. Am Anfang wird eine Beispiellösung vorgegeben. Verschaffe dir zunächst einen* **groben Überblick** *über die vier Berichte, bevor du versuchst, die Lösungen zu finden.*

When celebrating Shakespeare in 2016 …

1. adaptations of his plays were uploaded as a modern photo story. **D**

Hinweis: *Textstellen: "The British Council Europe retold three of Shakespeare's most iconic plays through the lens of an online picture diary."; „In the new adaptation …"*
Es ist nur in Text D die Rede von einem „online picture diary" und nur in Aussage 1 wird von einer „modern photo story" gesprochen. Die Schwierigkeit bei dieser Teilaufgabe liegt darin, dass der Begriff „adaptation", der sowohl in der Aufgabenstellung als auch im Text verwendet wird, erst später fällt.

2. his poetic works were the basis for seminars. **C**

Hinweis: *Textstellen: "The programme used Shakespeare's lyrical works as a starting point …"; "It explored Shakespeare's language, images and ideas through workshops with spoken word poets."*
Shakespeares Werke bildeten die Grundlage für eine genaue Auseinandersetzung mit den Lebensumständen und Erfahrungen der Menschen im Vereinigten Königreich bzw. in Afrika. Von einer wissenschaftlichen Arbeit in Seminaren („seminars") handelt keiner der anderen Texte.

3. the audience was taken on a crazy trip through several Shakespearean plays. **A**

Hinweis: *Textstellen: "A cheeky fast-paced tour through the Bard's plays,* The Complete Works of William Shakespeare (abridged) *was London's longest-running comedy …"; "… they weaved their wicked way through all of Shakespeare's Comedies, Histories and Tragedies in one wild ride …"*
Die drei Künstler der sogenannten Reduced Shakespeare Company *haben eine Aufführung entworfen, in der sie humorvoll an einem Abend alle Werke Shakespeares in verkürzter Form vorstellen. Die Ausdrücke „tour through the Bard's play" und „one wild ride" im Text sind Synonyme zu „a crazy trip through several Shakespearean plays".*

4. summaries of his work were sent as a text message. **B**

Hinweis: *Textstelle: "Amy Helmes and Kim Askew […] summed up the legendary playwright's works in 'twitter speak' of 140 characters or less."*
Der Schlüsselbegriff „twitter" gibt dir den entscheidenden Hinweis für die Lösung. Auch bei Twitter-Kurznachrichten handelt es sich um „text messages".

5. the worlds of music and literature were brought together. **D**

Hinweis: Textstelle: "In the new adaptation of the plot the main characters form the UK indie band The Biologicals, *playing gigs and festivals on their journey from London to Athens."*
In der neuen Variante von A Midsummer Night's Dream *spielt eine Band Konzerte auf dem Weg von London nach Athen. Musik und Literatur werden so auf eine neue Weise miteinander verbunden. In Text D ist also genauso von Musik und Literatur die Rede wie in Aussage 5.*

6. actors reduced his dramatic works into funny entertainment. **A**

Hinweis: Textstelle: "The Reduced Shakespeare Company *is a three-man comedy troupe that takes long, serious subjects and reduces them to short, sharp comedies."*
Die Theatergruppe kürzt die Stücke Shakespeares und bringt sie auf humorvolle Weise auf die Bühne. Dieser Inhalt wird bereits in Teilaufgabe 3 aufgegriffen. Hier geht es aber speziell um die lustige Unterhaltung, worauf „funny entertainment" in Satz 6 und „comedies" in Text A deutlich hinweisen.

7. his verses together with everyday life experience were used to motivate new poems. **C**

Hinweis: Textstelle: „... creating original poetry and performance pieces that take inspiration from life in the region today and Shakespeare's poetry written over 400 years ago."
In den im Text C beschriebenen Workshops haben die Teilnehmer eigene Gedichte verfasst. Inspiriert wurden sie dabei von den Werken Shakespeares und von den eigenen Lebenserfahrungen. Die Workshops wurden auch schon in Teilaufgabe 2 angesprochen. In dieser Aufgabe geht es nun darum, dass neue Texte geschrieben werden. Darauf deuten die Formulierungen „motivate new poems" (Satz 7) und „creating original poetry and performance pieces" in Text C hin.

Task 4: Sprachmittlung *(Mediation)*

***Hinweis:** Es ist deine Aufgabe, die **wesentlichen Informationen** des Textes über ein **Cottage** in der Nähe von **Stratford-upon-Avon** zu erfassen und Fragen zum Text **auf Deutsch** zu beantworten. Es geht nicht um eine wörtliche Übersetzung. Wesentlich ist, dass du die Inhalte im Deutschen wiedergeben kannst, die im englischen Text stehen, und so die Fragen zum Text richtig beantwortest. Auch später wirst du noch öfter in unterschiedlichen Situationen gefragt werden, was in diesem oder jenem englischsprachigen Text oder auf einer Homepage oder Website steht. Es handelt sich hier um eine typische **Mediationsaufgabe**.*

1. – Shakespeares Frau hat dort ihre Kindheit verbracht/ist dort aufgewachsen/hat in ihrer Kindheit dort gewohnt
   – Shakespeare verliebte sich dort (angeblich) in seine Frau

   Hinweis: Textstellen: „... was the childhood home of Shakespeare's wife ..." (Z. 2/3), "Young Shakespeare is said to have fallen in love with Anne here." (Z. 3–5)
   Es gibt hier zwei Punkte. Du musst also auch zwei Aspekte finden. Du bekommt nur dann beide Punkte, wenn du erwähnst, dass Anne Hathaway ihre Kindheit in dem Cottage verbracht hat (also nicht ihr ganzes Leben, sondern nur einen Teil davon). Außerdem ist das Cottage auch der Ort, an dem sich William Shakespeare in seine spätere Frau verliebt haben soll.

2. – der *Shakespeare Birthplace Trust* kaufte das Haus/die Familie Hathaway verkaufte das Haus

Hinweis: Textstelle: "The beautiful thatched house was occupied by members of the Hathaway family until its purchase by the Shakespeare Birthplace Trust *in 1892." (Z. 4–7)*
In der Frage wird das Jahr 1892 genannt. Nach dieser Jahreszahl musst du auch im Text suchen, um die richtige Textstelle zu finden. Es könnte sein, dass dir der Begriff „purchase" (= Kauf) nicht bekannt ist. Die Bedeutung dieses Wortes lässt sich aber aus dem Sinnzusammenhang erschließen: Das Haus geht an einen neuen Besitzer über. Es gehörte nur bis 1892 den Nachfahren von Anne Hathaway.

3. – Möbel/Einrichtungsgegenstände aus Anne Hathaways Zeit

Hinweis: Textstelle: "It still contains items of furniture that date back to Anne Hathaway's time." (Z. 7/8)
Es ist wichtig zu erwähnen, dass die Möbel oder Einrichtungsgegenstände noch aus der Zeit stammen, in der Anne Hathaway gelebt hat. Dies ist auch die einzige Information zu den Räumen im Haus.

4. – sie müssen von einem Erwachsenen begleitet werden
– sie müssen an der Leine sein/geführt werden

Hinweis: Textstelle: "Dogs are welcome in the gardens at Anne Hathaway's Cottage provided they are accompanied by an adult and kept on the lead at all times." (Z. 11/12)
Es wird erwartet, dass du hier beide Bedingungen herausfindest, unter denen die Mitnahme von Hunden in den Garten erlaubt ist. Dass mit „lead" die Leine gemeint ist, kannst du dir leicht aus dem Sinnzusammenhang erschließen. Du kennst auch schon das Verb „to lead" (= führen).

5. – es gibt enge Gänge/Flure
– es mangelt an/gibt nicht genügend/fehlen Wendemöglichkeiten

Hinweis: Textstelle: "Please note that wheelchairs are not suitable for use within the cottage due to the narrow halls and the lack of turning space." (Z. 13–15)
Die unterstrichenen Informationen sollten in deiner Antwort unbedingt enthalten sein. Der Begriff „hall" bedeutet im Englischen „Flur", nicht „Halle". Das würde auch nicht zu dem Adjektiv „narrow" (= eng) passen.

Part II: Use of English

Task 1: Ähnliche Bedeutungen *(Synonyms)*

*Hinweis: In der folgenden Aufgabe sollst du im Haupttext „**Shakespeare lives**" (Seite 1) nach Begriffen suchen, die eine **ähnliche Bedeutung** haben wie die Wörter auf deinem Aufgabenblatt. Damit du weißt, wo im Text du suchen musst, werden dir die Zeilen des jeweiligen Textabschnitts schon mit angegeben.*

1. (to) fascinate – **(to) impress/impressed**

Hinweis: Textstelle: "His work has impressed artists from a diverse cultural spectrum." (Z. 2–4)
Im Text wird das Verb „impress" im „present perfect" gebraucht. Du kannst hier entweder den Infinitiv oder auch das „past participle" (die 3. Form des Verbs; hier: „impressed") angeben. Wichtig ist zu erkennen, dass „to impress" in diesem Sinnzusammenhang dasselbe bedeutet wie „to fascinate".

2. (to) quote – **(to) cite**
__Hinweis:__ Textstelle: "... they will cite the famous line ..." (Z. 10)
Das deutsche Wort „zitieren" entspricht dem englischen „to cite". Es kann derselben Sprachfamilie zugeordnet werden. Du kannst hier die Wortbedeutung gut über das Deutsche erschließen.

3. urgent – **burning**
__Hinweis:__ Textstelle: „... are still burning issues in today's global society." (Z. 29/30)
Wir haben im Deutschen hier eine ähnliche Ausdrucksweise wie im Englischen. Wir sprechen zum Beispiel auch von „brennenden Fragen" oder „brennenden Problemen", wenn etwas sehr aktuell oder dringend ist.

4. (to) write – **(to) pen**
__Hinweis:__ Textstelle: "... he also had the magical ability to pen the most amazing plays ..." (Z. 45–47)
Es ist etwas ungewöhnlich, dass das Wort „pen" (im Sinne von „schreiben") als Verb vorkommt. Der Sinnzusammenhang lässt sich aber gut herstellen. Du kennst schon einige Nomen, in denen das Wort vorkommt. Immer haben sie etwas mit dem Schreiben zu tun, z. B. „pen" (= Stift, Füller), „pencil" (= Bleistift) oder „pen-friend" (= Brieffreund/in).

5. (to) realise – **(to) grasp**
__Hinweis:__ Textstelle: "We only have to look at today's TV schedules to grasp that the supernatural is still a very popular subject." (Z. 54–56)
Das Verb „to grasp" heißt in diesem Zusammenhang „verstehen", „erkennen", „realisieren". Wenn du das weißt, hast du die Teilaufgabe schon gelöst. Du kannst aber auch nach dem Ausschlussprinzip arbeiten. Es gibt im gesamten Absatz kein Verb außer „to grasp", das eine ähnliche Bedeutung wie „to realise" hat.

Task 2: Umschreibungen zuordnen

__Hinweis:__ Diese Aufgabe enthält einige Wörter aus dem Text „__Shakespeare lives__" (Seite 1). Dir wird nun eine Reihe von Definitionen zur Auswahl gestellt, die du diesen Wörtern zuordnen sollst und zwar in der Bedeutung, in der diese im Text vorkommen. Dazu suchst du am besten zunächst die entsprechende Textstelle – einen Hinweis darauf findest du in Klammern hinter dem gesuchten Wort. Dann weißt du schon, um was es in dem Textabschnitt geht und kannst die Auswahl leichter treffen. Zwei Nummern bleiben am Ende übrig. Für Buchstabe B wurde bereits die Lösung vorgegeben.

A	B	C	D	E	F
4	0	2	7	1	3

A **impact** – Lösung: **Nummer 4** (the influence or effect on something or somebody)
__Hinweis:__ Im Text ist davon die Rede, welchen Einfluss Shakespeare nicht nur auf die Entwicklung des Theaters und der Literatur, sondern auch auf die Sprache, Gedanken und Vorstellungen der Menschen hatte.

B **ist bereits vorgegeben**

C **favour** – Lösung: **Nummer 2** (the liking or support of someone)

__Hinweis:__ Der Ausdruck „to gain the favour“ bedeutet „das Wohlwollen gewinnen“. Genau das hat Shakespeare geschafft: Er hat die Gunst der Königin von England gewonnen. Vielleicht kennst du schon ein anderes Wort aus derselben Wortfamilie, z. B. „favourable“ (= vorteilhaft), „favourite“ (= Liebling/Lieblings-) oder „to do sb a favour“ (= jemandem einen Gefallen tun). Dann kannst du dir die Bedeutung von „to gain the favour“ leichter erschließen.

D **contemporary** – Lösung: **Nummer 7** (a person living at the same time as somebody else)

__Hinweis:__ Shakespeare wollte mit seinen Theaterstücken seine Mitmenschen, also seine Zeitgenossen, unterhalten. Nur Lösung 7 bezieht sich auf eine Person. Du musst bei dieser Teilaufgabe besonders aufpassen. „Contemporary“ kann nämlich auch ein Adjektiv sein, dann bedeutet es „zeitgenössisch“. Im Text kommt das Wort aber im Plural vor, jede Verwechslung ist so ausgeschlossen: es handelt sich um ein Nomen.

E **shiver** – Lösung: **Nummer 1** (a trembling movement as a result of being cold, frightened or excited)

__Hinweis:__ Der Begriff „shiver“ kann sowohl als Nomen als auch als Verb verwendet werden. Im Text wird „shivers“ als Nomen verwendet, das kannst du daran erkennen, dass vor dem Wort der Artikel „the“ steht. Die Phrase „giving you the shivers“ bringt zum Ausdruck, dass sich die Zuschauer erschrecken oder dass sie erschaudern.

F **format** – Lösung: **Nummer 3** (the plan, style or type of something)

__Hinweis:__ In modernen Filmen werden die Stücke Shakespeares in neuer Form (= „format“) oder in einem neuen Stil (= „style“) auf die Leinwand gebracht. So werden die Stücke in die moderne Zeit übertragen und an die Sehgewohnheiten der Menschen heute angepasst.

Die Lösungen 5 und 6 bleiben übrig.

Task 3: Wortfamilien

__Hinweis:__ In dem Lückentext der nächsten Aufgabe beschreibt der Schauspieler __Sir Tony Shopkins__, welche Schwierigkeiten er hatte, die Rolle von __King Lear__ in dem gleichnamigen Stück von __Shakespeare__ zu spielen. Bei den __Lücken 1 bis 5__ wird ein Wort aus derselben __Wortfamilie__ gesucht, aus dem auch der am Rand vorgegebene Begriff stammt. Es ist deine Aufgabe, dieses Wort richtig in den Satz einzusetzen. Je nachdem, an welcher Stelle im Satz die Lücke ist, wird ein Verb, ein Nomen, ein Adjektiv oder ein Adverb benötigt. Wenn du ein Verb einsetzen willst, dann ist es wichtig, die __richtige Form (Aktiv/Passiv bzw. Zeitform)__ zu verwenden. Bei Nomen musst du manchmal die __Pluralform__ bilden. Mitunter musst du entscheiden, ob du ein __Adverb__ oder ein __Adjektiv__ brauchst. Die __Wortbildungsregeln__ solltest du vor der Prüfung sicherheitshalber noch einmal wiederholen.

1. "… he had an uneasy **relationship** with the work of William Shakespeare."

   __Hinweis:__ Wenn aus konkret fassbaren Nomen wie „friend“ abstrakte Nomen wie „friendship“ gebildet werden, hängt man oft die Endung „-ship“ an den Wortstamm an. Das ist auch hier der Fall. Weitere Beispiele sind „apprentice<u>ship</u>“ und „companion<u>ship</u>“. Der vorausgehende unbestimmte Artikel „an“ und das Adjektiv „uneasy“ machen deutlich, dass in der Lücke ein Nomen folgen muss.
   __Wortfamilie:__ to relate – related – relative – relatively – relation – relationship – relativity

2. "He once admitted he was not **satisfied** with his stage performance …"

   __Hinweis:__ Auf den Ausdruck „to be satisfied“ folgt meist die Präposition „with“ (= zufrieden sein <u>mit</u>). Dabei handelt es sich um eine feststehende Redewendung. Du findest also

den entscheidenden Hinweis auf diese Wortverbindung vor und hinter der Lücke. Die richtige Form von „to be" (hier: „he was") ist bereits vorgegeben.
Wortfamilie: *to satisfy – to be satisfied with – satisfying – satisfactory – satisfaction*

3. "Lear was hardly a **friendly** fellow."
   Hinweis: *Vor der Lücke steht der unbestimmte Artikel „a" und hinter der Lücke das Nomen „fellow". In der Regel können nur Adjektive ein Nomen näher beschreiben. Du brauchst also ein Adjektiv.*
   Wortfamilie: *(un)friendly – friend – friendship – friendliness*

4. "There's something **aggressive** about him."
   Hinweis: *Man würde hier entweder übersetzen „Er hat etwas Aggressives an sich" oder „Er hat eine aggressive Seite an sich". Lass dich von der deutschen Übersetzung nicht verwirren. Du benötigst hier kein Nomen, sondern ein Adjektiv. Schließlich wird im Text der Charakter von König Lear beschrieben und dafür ist ein Adjektiv nötig.*
   Wortfamilie: *aggressive – aggressiveness – aggression – aggressor*

5. "I'm looking forward to **playing** him again …"
   Hinweis: *Der Ausdruck „to look forward to" (= sich freuen auf) zieht in den allermeisten Fällen die „-ing"-Form nach sich. Das ist auch hier der Fall. Diese Formulierung brauchst du oft am Ende eines Briefes oder einer E-Mail.*
   Wortfamilie: *to play – playful – player – playground – playing card – play-off – playing field*

Task 4: Umformulierung von Sätzen mit Schlüsselwörtern

Hinweis: *Bei dieser Aufgabe muss man im zweiten Satz den Inhalt des ersten Satzes auf andere Art ausdrücken. Du musst also die* ***Sätze umformulieren*** *und dabei das entsprechende* ***Schlüsselwort****, das in Klammern hinter dem ersten Satz steht, einbauen. Dieses* ***„key word"*** *darf nicht verändert werden. Zusätzlich darfst du nur* ***zwei bis fünf Wörter*** *einschließlich des „key word" in die Lücke im zweiten Satz einfügen. Rechtschreibfehler führen nur dann zu Punktabzug, wenn sie den Sinn des Wortes oder des Satzes verändern. Wenn die Lösung weniger als zwei bzw. mehr als fünf Wörter enthält, bekommst du keinen Punkt. Bei dieser Aufgabe kommen vor allem deine* ***Grammatikkenntnisse*** *und dein* ***Sprachgefühl*** *zum Tragen.*

1. In 1614 the theatre **was rebuilt by** the *King's Men Playing Company.*
   Hinweis: *Die* King's Men Playing Company *hat das Theater im Jahre 1614 neu aufgebaut. Im ersten Satz ist das Subjekt „the* King's Men Playing Company*" und das Objekt „the theatre". Im zweiten Satz haben Subjekt und Objekt die Plätze getauscht. Du musst das Verb also ins Passiv setzen. Dazu benötigst du die richtige Form von „to be" (hier: „was", da auch der erste Satz in der Zeitform „simple past" steht), das „past participle" (die 3. Form des Verbs; hier: „rebuilt") und die Präposition „by", um den „by-agent" („the* King's Men Playing Company*") an den Rest des Satzes anzuschließen.*

2. The Puritans closed it down because for them such entertainment **was not worth watching/enjoying**.
   Hinweis: *Die Konstruktion „to be worth" ist in der Regel mit der „-ing"-Form des entsprechenden Verbs verbunden. Die Zeitform „simple past" ist durch das vorangegangene Verb des Hauptsatzes, „closed", bereits vorgegeben. Du kannst als Verb entweder „watch" oder „enjoy" verwenden. Beides macht inhaltlich Sinn und ist somit richtig.*

3. The design team used various sources of information for the reconstruction of the new Globe Theatre **in order to make sure/in order that** it would look like the original.

   Hinweis: *Das Wort „order" wird in unterschiedlichen Zusammenhängen gebraucht. Hier kann eine der folgenden Verwendungen zum Tragen kommen: „in order that" (= damit); „in order to do sth" (= um etwas zu tun). Beide Varianten sind richtig und bringen zum Ausdruck, dass verschiedene Informationen eingeholt wurden, damit das neue Globe Theatre wie das Original aussieht.*

4. Although designers tried to keep to old building techniques, **it was necessary to include** modern extras like fire exits.

   Hinweis: *Das Gebäude wurde zwar mit alten Bautechniken errichtet. Dennoch war es notwendig, moderne Notausgänge zu installieren. Diesen Sinnzusammenhang musst du hier zum Ausdruck bringen. Wieder handelt es sich bei „to be necessary to do sth" um eine gebräuchliche Redewendung im Englischen.*

5. Since 1997 **visitors have come** to the new Globe Theatre.

   Hinweis: *„Since" und „for" sind Signalwörter für die Zeitform des „present perfect", das mit einer Form von „have" und dem „past participle" des jeweiligen Verbs gebildet wird. Das „present perfect" wird auch hier gebraucht, denn es handelt sich um einen Zeitraum, der in der Vergangenheit begonnen hat (im Jahr 1997) und bis jetzt andauert. Das Subjekt „visitors" wird bereits im ersten Satz vorgegeben und wird auch im zweiten Satz noch einmal benötigt.*

Task 5: Lückentext – Grammatik und Sprachgebrauch

Hinweis: *Über Shakespeare gibt es mittlerweile unzählige Bücher, die verschiedene Facetten seines Lebens und Wirkens beleuchten. Ein Aspekt, der hier immer wieder untersucht wird, ist das* ***Verhältnis zwischen*** *den Zeitgenossen* ***Shakespeare und Christopher Marlowe****. Beide waren große Schriftsteller. Sie haben bisweilen zusammengearbeitet, waren aber auch Konkurrenten. Dieses Thema wird in der „****Mixed Grammar****"-Aufgabe aufgegriffen. Hier sind im Text verschiedene Lücken, die du füllen sollst. Manchmal sind* ***Fragezeichen*** *angegeben. Dann musst du das* ***richtige Wort*** *selbst finden. Manchmal steht hinter der Lücke ein* ***Wort in Klammern****, dann musst du das Wort in die* ***richtige Form*** *bringen, sodass es in den jeweiligen Satz passt.*

1. **were able to**

   Hinweis: *Die Zeitangabe „[l]ast month" zu Beginn des Satzes ist ein Signalwort für das „simple past". Das Wort „able" ist bereits vorgegeben. Da dem Satz bisher ein Verb fehlt, musst du die Ersatzform von „can" (= „was/were able to") in die Lücke einsetzen. Das Subjekt „we" macht nur eine Lösung möglich.*

2. **led**

   Hinweis: *Der Text ist in weiten Teilen im „simple past" gehalten. Achtung: Bei „lead" handelt sich um ein unregelmäßiges Verb („to lead" – „led" – „led"). Die Liste der unregelmäßigen Verben ist aber begrenzt. Falls du dir hierbei unsicher bist, solltest du diese Wörter unbedingt noch einmal gut lernen.*

3. **as**

   Hinweis: *Christopher Marlowe und Shakespeare wurden im selben Jahr („same year") geboren. Wenn Menschen oder Dinge miteinander verglichen werden, benötigst du immer „as" als Vergleichspartikel, wie z. B. in „as big as" oder „as strong as". Das ist auch hier der Fall.*

4. **extremely**

__Hinweis:__ Hier wird das Adjektiv „talented" näher beschrieben. Die Wortart Adverb beschreibt Adjektive näher, so kann mit Adverbien z. B. angegeben werden, wie sehr jemand talentiert ist. Die Adverbien werden in der Regel mit „-ly" gebildet. „Extreme" ist hier keine Ausnahme.

5. **than**

__Hinweis:__ Die Wortverbindung „much more often" deutet darauf hin, dass in diesem Satz ein Vergleich bemüht wird. Im Deutschen könntest du etwa folgendermaßen übersetzen: „Marlowe fehlte öfter an der Universität als es erlaubt war." Vergleiche, die Steigerungen enthalten, kommen nicht ohne das Vergleichspartikel „than" aus (z. B. „faster than", „easier than", „much more often than"). Du darfst „than" allerdings nicht mit dem Zeitadverb „then" (= dann) verwechseln.

6. **had not had**

__Hinweis:__ Hier handelt es sich um ein reguläres „if"-Satz-Gefüge. Im Unterricht hast du drei verschiedene Typen von „if"-Sätzen (Bedingungssätzen) kennengelernt.
Typ I: if-clause: simple present; main clause: will-future
Typ II: if-clause: simple past; main clause: would/should/could + infinitive
Typ III: if-clause: past perfect; main clause: would/should/could + have + past participle
Die Zeitform im „main clause" ist „could not have afforded". In diesem Fall benötigst du im „if-clause" das „past perfect" („had" + „past participle" des Verbs „have"). Vergiss auch die Verneinung nicht.

7. **may / might have earned**

__Hinweis:__ Marlowe hat vermutlich Geld für geheime Arbeiten für die Regierung bekommen. Das ist aber nicht sicher. Die Unsicherheit der Aussage wird durch das Hilfsverb „may" ausgedrückt. Man würde es im Deutschen mit „vielleicht" übersetzen. An „may" (bzw. „might" in der unwahrscheinlicheren Form) muss dann das Verb „to earn" angeschlossen werden. Der Sachverhalt liegt in der Vergangenheit. Als Zeitform wird daher das „conditional II" benötigt (siehe „main clause", Bedingungssatz Typ III in Teilaufgabe 6).

8. **after**

__Hinweis:__ Der mit „shortly" eingeleitete Satz steht im „past perfect" („had been released"). Im Deutschen könnte er so übersetzt werden: „Kurz nachdem Marlowe entlassen worden war, starb er unter mysteriösen Umständen." Diesen Sachverhalt musst du mit „shortly after" (= kurz nachdem) ausdrücken.

9. **is believed**

__Hinweis:__ Der Lücke folgt der sogenannte „by-agent" („by academics"), der oft in Passivkonstruktionen vorkommt. Dies ist ein Signal, dass du das Passiv bilden musst. Das Adverb „today" gibt dir dabei den Hinweis für die richtige Zeitform: das „simple present". Das Passiv im „simple present" wird mit der entsprechenden Form von „to be" und dem „past participle" (= der 3. Form des Verbs; hier: „believed") gebildet.

10. **whose**

__Hinweis:__ Nach dem Subjekt folgt ein Relativsatz, der das Leben Christopher Marlowes näher beschreibt. Du musst das Relativpronomen „whose" (= dessen) einfügen, um den Bezug zum Subjekt des Satzes, „Christopher Marlowe", herzustellen.

Part III: Guided Writing – Schriftliche Sprachproduktion

Hinweis: *In den Themenstellungen zum „Guided Writing" geht es weiterhin um Shakespeare, das Theater und das Schreiben von Geschichten. Hier hast du* ***zwei unterschiedliche Aufgaben zur Auswahl****. Am besten liest du dir zunächst beide Aufgabenstellungen sorgfältig durch und entscheidest erst dann, welche du bearbeiten möchtest. Du solltest* ***ungefähr 200 Wörter*** *schreiben. Das ist etwa eine Seite. Du bekommst keinen Punktabzug, wenn du ein bisschen mehr schreibst. Wichtig ist, dass du* ***alle inhaltlichen Aspekte*** *der jeweiligen Aufgabe vollständig bearbeitest. Du darfst also keinen der vier Aspekte vergessen und solltest zu jedem Punkt drei Ideen finden, also etwa drei Sätze bzw. Teilsätze je Aspekt schreiben. Für das „Guided Writing" kannst du maximal 30 Punkte bekommen. Dein Text wird nach fünf Kriterien beurteilt: inhaltliche Vollständigkeit, logischer Aufbau, grammatikalische Richtigkeit, angemessener Ausdruck und Gesamteindruck des Textes.*

Task A

Hinweis: *In Task A schreibst du eine E-Mail über ein* ***Theaterprojekt****, das jedes Jahr an deiner Schule stattfindet. An dem diesjährigen Projekt hast du selbst teilgenommen und beschreibst es deiner englischen Freundin oder deinem englischen Freund. Gehe in deiner E-Mail darauf ein,* ***warum du teilgenommen hast*** *(❶) und was* ***deine Aufgabe in dem Projekt*** *war (❷). Außerdem sollst du ein* ***Problem*** *beschreiben, das während des Projekts aufgetreten ist, und auch erklären,* ***wie du es gelöst hast*** *(❸). Schließlich gehst du noch auf deine* ***Pläne für das Projekt im kommenden Jahr*** *ein (❹). Leite deine E-Mail mit einem passenden Anfang ein und beende sie mit einem angemessenen Schlusssatz.*

Dear Katie,	suitable beginning
Sorry for not having written for a while but I was really busy with our theatre project at school.	
You know I've always enjoyed acting and would love to be an actress one day. That's why I was really excited to take part in the project. What's more, my best friends are in the theatre group so I thought it would be great fun if I joined them.	❶ why you took part in the project
We decided to perform a modern version of *Romeo and Juliet* and the others really wanted me to play Juliet. So I had quite a few lines to study! I also helped to choose the costumes for the role and to design a poster to promote the play at our school.	❷ what your task was
You can imagine that I was quite nervous from the very beginning. Then the boy who was meant to play Romeo broke his arm in a football match and we were worried that he might not be able to come to rehearsals anymore. However, that was not a problem in the end. I visited him a couple of times at home and we practised there. In the end the play was a great success.	❸ one problem and how you solved it
For next year we are planning to perform the musical *Mamma Mia* but we want to include stories that are related to our school. We'd also like to work together with the school choir and rehearse with the school band. Let's see how far we get with this idea. I'll keep you informed.	❹ your plans for next year's project
I hope everything is fine with you and your family?	suitable ending
Hugs,	
Lydia	

Task B

***Hinweis:** In Task B geht es um einen englischen **Schreibwettbewerb**. Du sollst hierfür eine Geschichte erzählen, die **Freunde im Urlaub** erleben (❶). Denk dir ein **Problem** aus (❷) und gehe noch auf einen **weiteren inhaltlichen Aspekt** ein (❸); deine Geschichte soll aber auf jeden Fall **gut ausgehen** (❹). Außerdem braucht dein Text einen angemessenen Beginn und ein passendes Ende. Die Aufgabenstellung ist relativ offen. Du kannst deiner Fantasie ruhig freien Lauf lassen. Achte nur darauf, dass alle vier inhaltlichen Punkte in deinem Text Erwähnung finden und dass du zu jedem Aspekt drei Ideen oder Details anführst.*

Holidays in Majorca — suitable beginning

Last year I spent two weeks in Majorca together with my friends Tom and Betty.

Tom's parents have a flat near Palma and we were invited to stay there. It was not far away from the beach. We had great fun. We enjoyed the evenings on the beach and watched the stars. — ❶ friends on holiday

Unfortunately, on the third evening Tom couldn't find his bag with his mobile and his purse. He was sure he had lost it on the beach or that someone had stolen it. We searched for it everywhere but without success. — ❷ problem

Then Tom realised that he also had the flight tickets and the passport in his bag. At first, we didn't know what to do. Everyone was in a really bad mood. — ❸ one additional aspect

However, when we came back from the beach the next day there was the bag in front of the flat. An attached note said a young boy had found the bag while playing on the beach. We were so happy and invited him for a big ice cream the next day. — ❹ happy ending

We even exchanged addresses. So he and his family might visit us in Bavaria next year. This is how we made new friends on holiday! — suitable ending

Abschlussprüfung an Realschulen: Englisch 2017
Listening Test: You Are What You Eat

TEXT 1: Reasons to Cook

1 I'm a single parent with two children and can't afford going to restaurants so often. Cooking myself allows me to offer my kids a variety of different meals while keeping to the budget.

2 Cooking speaks to all my senses and is a chance to have a new experience. It has become my passion to combine different ingredients from all corners of the world and invent new recipes. It's a joy to surprise my family day after day.

3 On Saturdays, I often take time to choose groceries at the food market and enjoy chatting with the sellers. Back home, I put on music and prepare the meal. This works wonders for me and helps me to forget about a hard working week.

4 Preparing a meal is one of the most personal things you can do for your friends: You're providing nourishment made with your own hands. That way, eating unites people and encourages us to talk to one another in a personal environment.

5 If some foods don't agree with you, cooking for yourself is the ideal way to control every component of what you eat. I, for example, have to avoid eating peanuts because they give me health problems. Since I never know what ingredients restaurants use, cooking for myself is the best option.

TEXT 2: East is East and West is West

PRESENTER: When travelling to Asian countries you will see that there are quite a few differences between European and Asian culture. Our guest today is Howard Mason, Professor of Intercultural Studies at Reading University. Professor Mason, what are the main differences between Asians and Europeans?

MASON: Well, differences are visible in the way things work on both continents. In countries such as Japan, people are huge gift givers – so it's common to bring a small present if you're invited for a meal. But be careful. In the west, the favoured gifts to bring along to people's homes are bottles of wine or flowers. In Asia, not all people drink alcohol and not everyone will consider alcohol an appropriate gift. Flowers can also be a minefield – in some Asian countries, the types of flowers you give, their colour and even their arrangement may communicate specific meanings you do not intend to express.

PRESENTER: There are also differences in the way food is eaten, aren't there?

MASON: Yes, that's true. In Europe, it's common for people to eat only from their own plates. Everything is put on the plate beforehand and you eat the serving you are given. Across most of Asia, people usually eat together in groups. All the different dishes are put on the table and people help themselves to what they want. This way of eating has advantages. Everyone gets to try several dishes instead of having to choose just one. And one other thing … In big cities across Europe, eating in the streets is considered normal, whereas in countries such as Japan or Korea, eating while walking is considered rude.

PRESENTER: I think behaviour and gestures can also cause confusion.

MASON: In western countries, ‘Everything OK’ is shown with the sign of the thumb and forefinger forming an ‘O’, especially among pilots and divers. But if you want to show to your host that you like your food, don’t use this sign in Japan. There it means ‘Now we may discuss financial issues’. Perhaps everybody will start laughing. But whereas laughing expresses a form of happiness in most countries, in Japan it is often a sign of confusion or embarrassment.

PRESENTER: Is there any behaviour that Westerners should avoid when travelling to Asia?

MASON: They should always keep in mind that there can be noticeable differences between various forms of social behaviour. When sitting at a dinner table with Asians, Westerners usually speak directly about their problems in a straightforward manner. They are also comfortable displaying a full range of diverse emotions and their facial expressions often vary during conversations. Asians, however, discuss issues indirectly and try to avoid hurting other people’s feelings. They don’t like to express their emotions outwardly and their facial expressions change less often when they speak. They certainly don’t like to appear angry in public places such as bars or restaurants. That’s why travellers to Asia are advised to respect the Asian ways of behaving.

PRESENTER: Thank you, Professor Mason for giving us an introduction to cultural differences between Europe and Asia. And now back to the news …

TEXT 3: Artificial Food: Incredible or Inedible?

“Pass the salt. And the pepper. And while you’re at it, the ketchup, too”. These were among the reactions of the two expert “tasters” of a burger **grown** in a laboratory. It was earlier this month that they got a first **taste** of this potential food of the future. The project was funded by a science enthusiast.

Producing the amount of meat needed for one burger required **tens** of billions of cells grown in a laboratory. Plus egg powder, red vegetable juice, breadcrumbs, salt and saffron to add consistency, flavour and colour to the otherwise **white** meat. And $ 330,000.

The result? One taste tester said it was “close to meat, but not that juicy”. Another described it as “like an animal protein **cake**”.

There’s a reason why some people are pouring so much money into high-tech food projects: There will be 9 billion people **walking** on the earth by 2050 and with our current meat production systems we might not be able to feed them. But do we really have the appetite for artificial food? Technology is ready for it – are we, too?

TEXT 4: Cookery Radio Programme

JOHN BOYLE: Today we’re going to prepare some fish, that is an Alaska pollock – one of the recipes from my mother’s kitchen.

SANDRA POTTS: Well, though it’s not ready yet, it looks delicious. And Alaska pollock is not a dangerous fish, … like a shark, for example. I’m afraid of sharks, you know.

JOHN BOYLE: Yes, love, but we don’t do sharks. Back to the Alaska pollock, now. To add some extra flavour, I first rub some salt into the fish. I always use French sea salt, because its taste is unique. But any other kind will do, too. And now, as a second step I put some olives into the raw fish with this large needle.

SANDRA POTTS: In Singapore I met a man who was very good at cooking fish. He said that you’ve got to be careful when doing fish because it can fall to pieces so easily.

JOHN BOYLE: True, that's why I push the olives into the fish slowly and carefully. Yes, it does take a bit of time.

SANDRA POTTS: That's a nice tool you've got here! *(chuckling)*

JOHN BOYLE: Yes, but if you haven't got such a needle, you can use a sharp knife instead. Now I am putting rosemary and mixed herbs round the fish. It's a lovely combination, rosemary and Alaska pollock.

SANDRA POTTS: I do love the smell of rosemary! *(enthusiastic)* Use lots of it!

JOHN BOYLE: Then put some lemon juice over it all. As the lemon keeps the fish fresh, use enough lemon juice for all the fish and don't leave out any parts of it. And then add some melted butter. We use it because it stops the fish from drying out. You can also add some tomatoes if you want. Then put everything in the oven at 175 degrees Celsius for about 20 minutes.

SANDRA POTTS: Any recommendations for a side dish?

JOHN BOYLE: Well, most people prefer rice with fish. But today we'll have mashed potatoes. Boil the potatoes as usual, add some milk, and mash them with a little salt and pepper. To make the taste special, add three spoonfuls of cream. And don't forget to stir carefully.

SANDRA POTTS: There we are, all ready to go – smells delicious. If you want to try out this yummy dish yourself, you can download the recipe from our website using the following exclusive promotion code: XJYG8H-W. That's: XJYG8H-W. Thank you very much for listening and enjoy your meal.

TEXT 5: Cooking Club for Teens

INTERVIEWER: Here with me at *Berkeley Cooking Club for Teens* are Mrs Foster, an instructor for home economics, and Mr Fry, head of the cooking club.

ALL: Hi! / Good morning!

INTERVIEWER: Mr Fry, your cooking club started an organic and healthy food revolution in Berkeley. Please tell us more.

MR FRY: Certainly. Everything began two years ago. We were inspired by a campaign launched in Australia.

INTERVIEWER: And what's your concept all about?

MR FRY: Basically speaking, it includes a kitchen and a one-acre garden. After school and on weekends, the teenagers work in the garden. This way they literally get in touch with food.

INTERVIEWER: So you think kids lost connection with what they eat?

MR FRY: That's definitely the case. You know, nowadays a lot of teens have no idea where their food comes from. That's why in our club they plant and grow their own vegetables.

INTERVIEWER: And that's the moment when Mrs Foster takes over. Your course "You are what you eat" is a huge success.

MRS FOSTER: True, it's quite popular with teens. In my course they're taught how to prepare healthy dishes using the products grown in our own backyard. We also talk about the positive effects of healthy food on the human body.

INTERVIEWER: So, what sets your course apart from others?

MRS FOSTER: We also give the teenagers the opportunity to experience food production on a larger scale. We frequently go on excursions to local food production businesses. Next weekend, for example, we're visiting an organic bakery in our town. As a side-effect they gain some first-hand insight into food production, you know.

Interviewer: Sounds absolutely fabulous!

Mrs Foster: Right, but, you see, what is most important for our club is to make a fresh meal a part of each day. Of course, we use regional and seasonal food if possible.

Interviewer: But this alone doesn't make teenagers like the food, right?

Mrs Foster: Exactly. The trick is also to make the meals look, smell and taste so yummy that teens simply can't resist them.

Mr Fry: And it's not only what you eat that's important, but also what you drink. So we don't sell soft drinks at our club but we offer free bottled water instead.

Interviewer: This all sounds awesome. Your club has become really popular in the town of Berkeley, right?

Mr Fry: Yes, absolutely. Three years ago, we started the *Teenage Food Festival,* which quickly turned into a true highlight. No matter what food we offer, we're always completely sold out at the end of the day …

YOU ARE WHAT YOU EAT

TASK 1: Reasons to Cook

You will hear five statements why people cook. **What reasons** are the people talking about? **Write the correct numbers (1–5) in the boxes next to the categories (A–H).** Be careful: Use each number only once.
(You will have 5 seconds after the first listening and 5 seconds after the second listening.)

A	Connecting with friends	☐	**E**	Saving money	☐	
B	Helping the poor	☐	**F**	Avoiding allergies	☐	
C	Being creative	☐	**G**	Relaxing	☐	
D	Making money	☐	**H**	Celebrating special days	☐	5

TASK 2: East is East and West is West

You will hear a conversation about cultural differences between Asia and Europe.
One ending to each of the following sentences (1–4) is correct.
Tick (✓) A, B, C or D.
(You will have 5 seconds after the first listening and 5 seconds after the second listening.)

1. In Asia it is generally a good idea to …
   A ☐ give your host a huge gift.
   B ☐ take rice wine to your host.
   C ☐ buy flowers rather than wine.
   D ☐ choose gifts very carefully.

2. When eating together, people in Asia …
   A ☐ have their own dish only.
   B ☐ take food from each others' plates.
   C ☐ share several dishes.
   D ☐ hand plates around.

3. In Japan, forming an 'O' with your fingers means that you …
   A ☐ enjoy your food.
   B ☐ want to talk about money.
   C ☐ feel quite happy.
   D ☐ are a bit confused.

4. In Asia, Westeners are advised to …
   A ☐ openly speak about problems.
   B ☐ hide very strong feelings.
   C ☐ change facial expressions more often.
   D ☐ discuss difficult topics in public places. 4

TASK 3: Artificial Food: Incredible or Inedible?

You will hear a radio report about artificial food. **Underline the wrong words in the text and write the correct version in the space provided.**
(You will have 10 seconds after the first listening and 15 seconds after the second listening.)

Artificial Food: Incredible or Inedible?

"Pass the salt. And the pepper. And while you're at it, the ketchup, too". These were among the reactions of the two expert "tasters" of a burger shown in a laboratory. It was earlier this month that they got a first test of this potential food of the future. The project was funded by a science enthusiast.

Producing the amount of meat needed for one burger required tons of billions of cells grown in a laboratory. Plus egg powder, red vegetable juice, breadcrumbs, salt and saffron to add consistency, flavour and colour to the otherwise tight meat. And $ 330,000. The result? One taste tester said it was "close to meat, but not that juicy". Another described it as "like an animal protein fake". There's a reason why some people are pouring so much money into high-tech food projects: There will be 9 billion people working on the earth by 2050 and with our current meat production systems we might not be able to feed them. But do we really have the appetite for artificial food? Technology is ready for it – are we, too?

6

TASK 4: Cookery Radio Programme

You will hear a small section of a British cookery radio programme.
Listen and **take notes**. You do not have to write complete sentences but **one word is not enough**.
(You will have 10 seconds after the first listening and 20 seconds after the second listening.)

Today's Recipe

© Madartists/ Dreamstime.com

0 Name of fish: *Alaska pollock*

Recipe from: *cook's mother*

1 First two steps of preparation: 1) ________________ 1

2) ________________ 1

2 Instruments used: needle or ________________ 1

3 Reason for using lemon juice: ________________ 1

4 Reason for using melted butter: ________________ 1

5 Ingredients for the mashed potatoes:

- potatoes
- some milk
- a little salt
- a little pepper
- three ________________ 1

6 Promotion code: ________________-W 1

TASK 5: Cooking Club for Teens

You will hear an interview with two people at *Berkeley Cooking Club for Teens* in California.
Listen to the interview and take notes. Be careful, **one word is not enough**.
(You will have 30 seconds after the first listening and 90 seconds after the second listening.)

1. *Berkeley Cooking Club for Teens* was inspired by …

 ____

 ____ 1

2. By working in the garden the teenagers …

 ____

 ____ 1

3. The cooking club was created because many young people don't know …

 ____

 ____ 1

4. In the course "You are what you eat" teenagers learn …

 ____

 ____ 1

5. To get a better idea of food production the teens often visit …

 ____

 ____ 1

6. The cooking club's **main** aim is to …

 ____

 ____ 1

7. Instead of soft drinks the club offers …

 ____

 ____ 1

8. The club has been known in public since the club …

 ____

 ____ 1

Good luck!

Lösung

*Allgemeine Hinweise: Beim **Listening Test** in der Abschlussprüfung 2017 geht es um das Thema „**Ernährung**". Neben einem Kochrezept und einem Koch-Club für Teenager werden kulturelle Unterscheide zwischen Asien und Europa angesprochen. Künstlich erzeugte Nahrungsmittel spielen ebenso eine Rolle wie die Bedeutung des Kochens generell. Es kommen verschiedene Begriffe aus dem Ernährungsbereich vor, z. B. „cooking", „food", „groceries", „herbs", „ingredients", „juice", „meal", „meat", „nourishment", „organic food", „recipe", „sea salt" und „vegetable". Einige dieser Wörter sind dir sicher schon aus dem Unterricht bekannt. Aber auch wenn du ein paar Wörter noch nicht weißt, wirst du sehen, dass das kein allzu großes Problem ist. Vieles kannst du dir nämlich aus dem Sinnzusammenhang erschließen.*
*Die Hörverstehensprüfung umfasst insgesamt **fünf verschiedene Teile**. Alle Texte (z. B. Berichte, Radiosendungen, Dialoge oder Interviews) werden **zweimal vorgespielt** und du hast genügend Zeit zwischen den Hördurchgängen, um die Lösungen auf das Aufgabenblatt zu schreiben. Rechtschreib- und Grammatikfehler zählen nicht, sofern sie nicht sinnentstellend sind, d. h. man muss immer noch erkennen können, was du gemeint hast. Ist das nicht mehr möglich, kann kein Punkt vergeben werden. Die Gesamtpunktzahl der Abschlussprüfung ergibt sich aus den Punkten, die du insgesamt im Hörverstehenstest, im schriftlichen Teil („Written Test") und im „Speaking Test" erreicht hast. Im „Listening Test" kannst du höchstens 30 Punkte bekommen. Dies ist etwa ein Fünftel aller möglichen Punkte und entspricht ungefähr 1,5 Notenstufen.*

Task 1: Reasons to Cook

***Hinweis:** Die folgende Aufgabe besteht aus **fünf kurzen Texten**, in denen jeweils Gründe genannt werden, warum Menschen kochen. Auf dem Aufgabenblatt sind acht mögliche Antworten vorgegeben (A–H). Du sollst nun den Grund heraushören, der in jedem Hörtext für das Kochen zu Hause genannt wird. Dann schreibst du die entsprechende Ziffer des Hörtextes (1–5) in das Kästchen hinter die richtige Antwort auf dem Aufgabenblatt. Du darfst keine Ziffer zweimal verwenden. Drei Kästchen bleiben frei. Einzelne Stichwörter oder Begriffe im Text geben dir den Hinweis auf die richtige Lösung. Du musst also genau hinhören.*

A Connecting with friends **4**

***Hinweis:** Die entscheidende Passage kommt in Text 4 vor: "Preparing a meal is one of the most personal things you can do for your friends" (Z. 10). Die Lösung ist hier relativ einfach, weil die übrigen Texte keinen Hinweis auf Kochen mit Freunden oder für Freunde enthalten.*

B Helping the poor **–**

***Hinweis:** Der Ausdruck „helping the poor" würde zu einem Projekt passen, das ärmere Menschen in unserer Gesellschaft mit kostenlosem oder billigerem Essen unterstützt. Solche Initiativen gibt es mittlerweile in vielen Gemeinden und Städten. Diese Thematik wird aber in keinem der fünf Texte aufgegriffen.*

C Being creative **2**

***Hinweis:** In Text 2 wird ausgeführt, dass die Person gerne verschiedene Zutaten kombiniert und neue Rezepte erfindet: "It has become my passion to combine different ingredients from all corners of the world and invent new recipes" (Z. 4–6). Das passt am besten zu Lösung C. Vielleicht kanntest du die Begriffe „passion" (= Leidenschaft) und „ingredients" (= Zutaten) noch nicht. Ihre Bedeutung lässt sich aber gut aus dem Sinnzusammenhang erschließen.*

D Making money **–**

Hinweis: *Ein Hörtext für diese Lösung müsste Kochen als Geschäftsmodell vorstellen. Es könnte z. B. die Arbeit in einem Restaurant besprochen werden oder ein Food Blogger könnte über seine Erfolgsgeschichte sprechen. Einen solchen Hörtext gibt es aber in dieser Aufgabe nicht.*

E Saving money **1**

Hinweis: *Essen in einem Restaurant ist nicht ganz billig. Oft ist es günstiger, wenn man zu Hause kocht und das Essen selbst zubereitet. Dies trifft auf die Person in Text 1 zu, die ihre beiden Kinder alleine großziehen muss. Der Ausdruck „keeping to the budget" (Z. 2/3) macht klar, dass es für sie oft schwierig ist, mit dem zur Verfügung stehenden Haushaltsgeld auszukommen. Sie kocht also selbst, um Geld zu sparen.*

F Avoiding allergies **5**

Hinweis: *Relativ viele Menschen haben Probleme mit einzelnen Nahrungsmitteln, die bei ihnen Allergien verursachen. Um sicherzustellen, dass bestimmte Zutaten nicht verwendet werden, hilft es, wenn man selbst das Essen zubereitet. In Text 5 hat die Person eine Erdnussallergie: "I, for example, have to avoid eating peanuts because they give me health problems" (Z. 14/15). Hier kommt keine andere Lösung infrage.*

G Relaxing **3**

Hinweis: *Kochen kann auch zur Entspannung (= „relaxation") beitragen. Das wird nicht jeden Tag der Fall sein, aber z. B. am Wochenende bedeutet das Kochen für viele Menschen auch Erholung. Dies scheint auch auf die Person in Text 3 zuzutreffen: "Back home, I put on music and prepare the meal. This works wonders for me and helps me to forget about a hard working week." (Z. 8/9)*

H Celebrating special days **–**

Hinweis: *Fast könnte man meinen, dass auch hier Lösung 3 passt, weil der Samstag als besonderer Tag erwähnt wird, an dem die Person das Kochen ausführlich genießt und zelebriert (vgl. Z. 7–9). Mit dem Ausdruck „celebrating special days" sind aber besondere Festtage, wie z. B. Geburtstage oder Weihnachten, gemeint. Außerdem liegt der Fokus bei Text 3 auf der Erholung von einer harten Arbeitswoche. Deshalb gibt es hier keine passende Lösung.*

Task 2: East is East and West is West

Hinweis: *In diesem Prüfungsteil hörst du ein Gespräch zwischen einer* ***Radiomoderatorin*** *und* ***Professor Howard Mason****, der an der Universität Reading lehrt. Professor Mason erforscht die Unterschiede zwischen verschiedenen Kulturen. In dem Dialog geht es in erster Linie um europäische und asiatische Gebräuche rund um das Thema Essen. Auf dem Aufgabenblatt gibt es vier Satzanfänge, die mit jeweils einem von* ***vier möglichen Satzenden*** *(A, B, C oder D) verbunden werden sollen. Du musst entscheiden, welche der vier Endungen die richtige ist und dann den entsprechenden* ***Buchstaben*** *ankreuzen. Die Auswahlmöglichkeiten unterscheiden sich oft nur durch Kleinigkeiten in der Formulierung, du musst also zuerst die Satzenden genau lesen und dann ebenso konzentriert zuhören.*

1. In Asia it is generally a good idea to **choose gifts very carefully.**

   Hinweis: *Professor Mason macht deutlich, dass alkoholische Getränke als Gastgeschenk nicht immer willkommen sind, wenn man in Asien bei Einheimischen zum Essen eingeladen ist: "… not everyone will consider alcohol an appropriate gift" (Z. 9). Dasselbe gilt auch für Blumensträuße, denn die Wahl der Blumen oder deren Farbe könnte eine tiefere Bedeutung haben, die dem Gast aus Europa vielleicht nicht bewusst ist: "… the types of flowers you give, their colour and even their arrangement may communicate specific meanings you do not intend to express" (Z. 10/11). Damit scheiden die Satzenden B und C aus. Auch Antwort A trifft nicht zu: Mason weist darauf hin, dass die Japaner gerne schenken. Für eine Einladung zum Essen werden aber keine großen Geschenke erwartet: "In countries such as Japan, people are huge gift givers – so it's common to bring a small present if you're invited for a meal" (Z. 5–7). Inhaltlich ist also nur Antwort D richtig: Die Geschenke müssen in Asien sehr sorgfältig ausgewählt werden.*

2. When eating together, people in Asia **share several dishes.**

   Hinweis: *Mason hebt hier den Unterschied zwischen asiatischen und europäischen Essgewohnheiten hervor. Es sind die Europäer, die nur vom eigenen Teller essen: "In Europe, it's common for people to eat only from their own plates." (Z. 13/14) Antwort A ist also falsch. In Asien teilt man stattdessen die Gerichte miteinander, die auf den Tisch gestellt werden: "All the different dishes are put on the table and people help themselves to what they want." (Z. 15/16) Das heißt aber nicht, dass man die eigenen Teller weitergibt oder bei anderen Leuten mitisst. Die Satzenden B und D sind daher nicht richtig.*

3. In Japan, forming an 'O' with your fingers means that you **want to talk about money.**

   Hinweis: *Das Zeichen „O" kann in den unterschiedlichen Ländern grundverschiedene Bedeutungen haben. Während es im Westen oft „okay" oder „alles in Ordnung" bedeutet, signalisiert es im asiatischen Raum, dass man jetzt über Geld sprechen möchte: "There it means 'Now we may discuss financial issues'" (Z. 24/25). Du musst hier gut hinhören. Im Hörtext ist nämlich auch von „confusion" die Rede. Das könnte auf Lösung D hindeuten. Allerdings wird im Text davon gesprochen, dass Lachen in Japan ein Zeichen von Verwirrung sein kann: "… laughing expresses a form of happiness in most countries, in Japan it is often a sign of confusion or embarassment." (Z. 26/27)*

4. In Asia, Westerners are advised to **hide very strong feelings.**

   Hinweis: *In der Regel sind asiatische Menschen deutlich zurückhaltender als Europäer, wenn es darum geht, Gefühle zu zeigen. Zum Beispiel lassen sich Menschen aus Asien weniger anmerken, wenn sie sehr verärgert sind oder sich sehr freuen: "They don't like to express their emotions outwardly and their facial expressions change less often when they speak" (Z. 34/35). Du musst gut aufpassen, weil auch hier Begriffe aus den übrigen Lösungen im Hörtext vorkommen, z. B. „facial expressions" (Satzende C). Alle anderen Lösungsvorschläge beziehen sich aber auf ein Verhalten, das Europäer ohnehin an den Tag legen und gerade in Asien weniger deutlich zeigen sollten. Deswegen ist nur Antwort B richtig.*

Task 3: Artificial Food: Incredible or Inedible?

***Hinweis:** Im folgenden Text geht es um **künstlich erzeugtes Essen** („artificial food"). Konkret wird in einer Radiosendung von einem Testessen berichtet, bei dem zwei Personen die Qualität eines im Labor erzeugten **Burgers** beurteilen sollten. Die Idee, Essen künstlich herzustellen, entstand unter anderem deswegen, weil angenommen wird, dass im Jahr 2050 neun Milliarden Menschen die Erde bevölkern werden. Es ist nicht sicher, dass dann noch genug Essen für so viele Menschen auf herkömmliche Weise erzeugt werden kann.*

*Der Text auf dem Aufgabenblatt unterscheidet sich an **sechs Stellen** vom Hörtext. Du musst die **Unterschiede zwischen dem geschriebenen Text und dem Hörtext** heraushören, die falschen Wörter unterstreichen und sie anschließend am Rand verbessern. Für jeden richtig verbesserten Ausdruck bekommst du einen Punkt. Findest du mehr als sechs Fehler im Text, so wird für jeden Ausdruck, den du zu viel verbessert hast, ein Punkt abgezogen.*

Bei dieser Aufgabe musst du sehr genau zuhören. Oft klingen das richtige und das falsche Wort ziemlich ähnlich. Lies dir den Text am besten schon vor dem ersten Hördurchgang einmal ganz durch – du hast etwas Zeit, bevor dir der Text vorgespielt wird. Wenn dir klar ist, worum es im Text geht, kannst du vielleicht die eine oder andere Lösung aus dem Sinnzusammenhang erschließen. Wenn du beim ersten Hören noch nicht gleich alle falschen Wörter verbessern konntest, dann markiere dir Stellen, die merkwürdig klingen, oder schreibe dir ein Fragezeichen neben die jeweilige Zeile. Dann siehst du beim zweiten Hördurchgang auf einen Blick, wo du besonders genau zuhören musst.

shown	→	**grown**	„… of a burger **grown** in a laboratory." (Z. 2)
test	→	**taste**	„… that they got a first **taste** of this potential food of the future." (Z. 3)
tons	→	**tens**	„… one burger required **tens** of billions of cells grown in a laboratory." (Z. 5/6)
tight	→	**white**	„… and colour to the otherwise **white** meat." (Z. 7)
fake	→	**cake**	"Another described it as 'like an animal protein **cake**'." (Z. 8/9)
working	→	**walking**	„There will be 9 billion people **walking** on the earth by 2050 …" (Z. 11)

Task 4: Cookery Radio Programme

***Hinweis:** In dieser Aufgabe hörst du eine Kochsendung aus einem britischen Radioprogramm. Die Köche **John Boyle** und **Sandra Potts** bereiten ein Fischgericht vor, einen **„Alaska pollock"**. Das ist der amerikanische Begriff für Seelachs. Aber keine Sorge, auch wenn du das Wort „pollock" nicht kennst, kannst du die Aufgabe gut lösen. Es reicht für diese Aufgabe völlig aus, wenn dir klar ist, dass es sich dabei um eine Fischart handelt.*

*Du sollst nun die fehlenden Informationen auf dem Rezept ergänzen. Beachte, dass du mehr als ein Wort in jede Lücke auf dem vorgegebenen Formular schreiben musst. Auch hier gilt wie für den übrigen Test, dass du für Rechtschreibfehler keinen Punktabzug bekommst, solange sie nicht sinnentstellend sind. Anhand der Stichpunkte auf dem Aufgabenblatt kannst du erschließen, worauf du im Text besonders achten musst. Es werden insgesamt **sieben Details** gesucht. Du brauchst keine vollständigen Sätze zu schreiben.*

1. First two steps of preparation:
   - **(rub some) salt in/into (the) fish / salt (the) fish**
   - **(push/put) olives into (the) fish**

   ***Hinweis:** Hier musst du die ersten beiden Arbeitsschritte eintragen, mit denen John Boyle den Fisch zum Essen vorbereitet. Er nennt sie selbst: "To add some extra flavour, I first rub some salt into the fish. […] And now, as a second step I put some olives into the raw fish with this large needle." (Z. 6–8)*

2. Instruments used: needle or **(a) <u>sharp</u> knife**

   Hinweis: *Um diese Lücke richtig auszufüllen, musst du bereits vor der entscheidenden Stelle im Text gut zugehört haben. Die Nadel wird nämlich schon vorher erwähnt und dann wieder aufgegriffen, als John Boyle erklärt, was man machen kann, wenn man so eine Nadel nicht zur Verfügung hat: "... if you haven't got such a needle, you can use <u>a sharp knife</u> instead" (Z. 14). Das Adjektiv „sharp" muss in deiner Lösung enthalten sein.*

3. Reason for using lemon juice: **(the lemon) keeps fish fresh**

   Hinweis: *John Boyle nennt den Grund für den Einsatz des Zitronensafts – der Fisch bleibt so länger frisch: "As the lemon <u>keeps the fish fresh</u>, use enough lemon juice for all the fish ..." (Z. 18/19). Wenn du auf das Stichwort „lemon (juice)" hörst, kannst du die entscheidende Stelle im Text gar nicht verpassen.*

4. Reason for using melted butter: **stops (the) fish from drying out**

   Hinweis: *Vielleicht kennst du das Wort „melted" noch nicht. Aus dem Sinnzusammenhang lässt es sich aber gut erschließen („melted butter" = geschmolzene Butter). Vielleicht ist dir das Wort auch in anderen Zusammenhängen schon einmal begegnet (z. B. „melted ice"). Du kannst die Aufgabe aber auch lösen, wenn du nur auf das Stichwort „melted butter" hörst, denn im folgenden Satz steckt die richtige Lösung: "And then add some melted butter. We use it because <u>it stops the fish from drying out</u>." (Z. 19/20)*

5. Ingredients for the mashed potatoes: three **spoonfuls of cream**

   Hinweis: *Fast alle Zutaten für den Kartoffelbrei („mashed potatoes") sind bereits vorgegeben. Die Zahl „three" im Hörtext kann dir den Hinweis geben, dass nun gleich die entscheidende Information folgt: "To make the taste special, add three spoonfuls of cream." (Z. 26)*

6. Promotion code: **XJYG8H-W**

   Hinweis: *Der letzte Teil des Codes ist schon angegeben. Für diese Lücke bekommst du den Punkt nur, wenn du die Buchstaben und die Zahl richtig heraushörst. Der Code wird zweimal buchstabiert: "... you can download the recipe from our website using the following exclusive promotion code: <u>XJYG8H</u>-W. That's <u>XJYG8H</u>-W." (Z. 29/30) In nahezu jeder Hörverstehensprüfung musst du eine ähnliche Aufgabe lösen. Übe daher das Alphabet und auch die englischen Zahlen noch einmal, wenn du dir hier unsicher bist. Oft bereiten gerade die Buchstaben „J", „G" und „H" Schwierigkeiten, da sie im „spelling alphabet" recht ähnlich klingen – diese Buchstaben solltest du also noch einmal gesondert wiederholen.*

Task 5: Cooking Club for Teens

Hinweis: *In der folgenden Aufgabe hörst du ein Interview mit zwei Mitarbeitern des* Berkeley Cooking Club for Teens *in Kalifornien. Die Gesprächsteilnehmer sind neben der Interviewerin selbst* ***Frau Foster****, eine Lehrerin für Hauswirtschaft, und* ***Herr Fry****, der den Koch-Club leitet. Insgesamt musst du also zwischen drei Sprechern unterscheiden. Im Gespräch geht es um die Ziele und Aufgaben des Clubs und darum, was Jugendliche hier alles lernen können.*
Für diese Aufgabe sind bereits ***acht Satzanfänge*** *vorgegeben, die du vervollständigen musst. Allerdings sind keine Lösungsmöglichkeiten vorhanden, du musst* ***die Satzenden also selbst schreiben****. Dafür brauchst du die entsprechenden Informationen aus den Antworten von Herrn Fry und Frau Foster. Wie bei Aufgabe 4 sind manchmal mehrere Lösungen möglich. Diese werden als zusätzliche Varianten mit angegeben. Die unterstrichenen Begriffe müssen in deiner Antwort enthalten sein, damit du den jeweiligen Punkt bekommst.*

1. **… a campaign (launched) <u>in Australia</u>.**
   Hinweis: *"We were inspired by a campaign launched in Australia." (Z. 6/7). Die Information „Australia" muss in deiner Antwort enthalten sein, sonst bekommst du den Punkt nicht.*

2. **… get in touch with food.**
   Hinweis: *Du musst hier das Stichwort „work in the garden" heraushören. Dann ist die Lösung nicht mehr schwer: "After school and on weekends, the teenagers work in the garden. This way they literally get in touch with food." (Z. 9–11)*

3. **… where (their) food comes from.**
   Hinweis: *Die Jugendlichen sollen lernen, wo das Essen herkommt und was für den Anbau bestimmter Pflanzen notwendig ist. Nach Ansicht von Herrn Fry ist dieses Wissen zunehmend weniger vorhanden: "You know, nowadays a lot of teens have no idea where their food comes from. That's why in our club they plant and grow their own vegetables." (Z. 13/14)*

4. **… (how) to prepare healthy dishes.** *oder:* **about (the) positive effects of healthy food.**
   Hinweis: *Frau Foster beschreibt zwei Dinge, die Teilnehmer des Kurses "You are what you eat" lernen können: "… they're taught how to prepare healthy dishes …" (Z. 17/18); "We also talk about the positive effects of healthy food on the human body" (Z. 18/19). Es gibt hier wie bei den anderen Antworten nur einen Punkt. Es reicht also eine der beiden aufgeführten Antworten.*

5. **… <u>local</u> (food production) businesses** *oder:* **(local) <u>food production</u> businesses**
   Hinweis: *Wieder zahlt es sich aus, auf Schlüsselwörter zu hören. Das Stichwort „food production" ist sowohl im Satzanfang 5 enthalten als auch in dem Satz im Hörtext, auf den die entscheidende Information von Frau Foster folgt: "We frequently go on excursions to local food production businesses" (Z. 22). Hier bekommst du den Punkt, wenn einer der unterstrichenen Aspekte in deiner Antwort enthalten ist.*

6. **… make a <u>fresh</u> meal (a part of) each day.**
   Hinweis: *Es wird nach dem Hauptziel des Clubs gesucht. Deshalb ist „**main** (aim)" in der Aufgabe sogar fett gedruckt. Dies soll dir zeigen, dass du hier genau aufpassen musst: Du darfst nicht irgendein Ziel nennen, sondern musst das wichtigste herausfinden. Der Superlativ „<u>most</u> important" gibt dir den entscheidenden Hinweis: "… what is most important for our club is to make a fresh meal a part of each day" (Z. 26/27).*

7. **… <u>free</u> water.** *oder:* **<u>bottled</u> water.**
   Hinweis: *"So we don't sell soft drinks at our club but we offer free bottled water instead." (Z. 31/32) Hier musst du dich genau ausdrücken: Die Antwort „water" reicht hier nicht aus, um den Punkt zu bekommen.*

8. **… started (the Teenage) <u>Food</u> Festival.**
   Hinweis: *Der Club wurde mit dem* Teenage Food Festival *so richtig bekannt: "Three years ago, we started the* Teenage Food Festival, *which quickly turned into a true highlight." (Z. 35/36) Der Zusatz „food" muss in deiner Antwort enthalten sein. Es ist ja nicht von irgendeinem Fest für Jugendliche die Rede.*

Abschlussprüfung an Realschulen: Englisch 2018
Written Test: The Victorian Age

Part I: Reading

TEXT 1: HISTORY PROJECT: QUEEN VICTORIA AND HER TIME

Lewis Carroll Secondary School   Search …   GO

Home   News   Information ▾   Prep School 2-11 ▾   Senior School ▾   Sixth Form ▾   Boarding ▾   Events   Contact

▸ class projects

History Project: Queen Victoria and her Time

Have you seen the film 'Victoria & Abdul'? It tells the true story of an unusual friendship between Queen Victoria and her servant, Abdul Karim. Or maybe you watched the series 'Victoria' on TV? **[1]** Our students have worked on a history project about this remarkable woman. People all over the world know her name; she's probably the most famous queen in history. Victoria was the ruler of a vast empire as well as of Britain. And a long period of history is named after her – the Victorian Age. Read on to learn more about her …

On May 24, 1819, Victoria was born at Kensington Palace in London. She lived the life of a young royal and her mother was extremely watchful. This meant that Victoria had little contact with other children, spending most of her days with her friendly German governess and playing with dolls when she was young. She grew up speaking German as well as English. Victoria also enjoyed painting, drawing, and writing in her diary. When she was born, she was fifth in line for the crown of England. **[2]** However, after several deaths in her family she became heir to the throne of William IV, the king at that time.

In 1837, eighteen year-old Victoria was crowned Queen of the United Kingdom. She was determined to be a good queen and to restore the faith of the people of the United Kingdom in the monarchy. **[3]** This impressed her people, who liked her from the start. Victoria was not familiar with political issues. However, she had a good friend and tutor in Lord Melbourne, the Prime Minister at the time. Melbourne advised Victoria on politics and had considerable influence over her for several years.

On October 10, 1839, her German cousin, Prince Albert of Saxe-Coburg and Gotha came to visit the royal court. Victoria immediately fell in love with him. Five days later, they were engaged to be married. **[4]** Victoria enjoyed married life. At times their marriage was turbulent with furious confrontations between two extremely strong personalities. However the couple were intensely devoted to each other and had nine children. Albert also helped Victoria find her way around British politics.

When Prince Albert suddenly died on December 14, 1861, Victoria sank into deep depression. **[5]** The Queen decided to wear black for the rest of her life. Until 1866 she rarely appeared in public. There was a time at which many people questioned her ability to rule. Eventually Victoria recovered and began to take a great interest in the British Empire and the colonies, especially India, and was given the title "Empress of India".

Many of Victoria's nine children were married off into other royal families of Europe. Her first-born daughter became the wife of the Emperor of Germany. **[6]** Queen Victoria, the "Grandmother of Europe" as she was called, had thirty-seven great-grandchildren.

Victorian Achievements

The time of Victoria's reign was a period of prosperity and peace for Great Britain. Rapid advances in science and steam-technology meant countless inventions, leading to the development of railway engines, bridges and power distribution networks. People had their photos taken for the first time, had electric lights in their homes, made the first phone calls and went on their first car rides. There was incredible wealth but also extreme poverty. **[7]** One of the great events of the time was the Great Exhibition of 1851, where Britain's technological achievements and the art of engineering were displayed. Victoria's husband took part in the organisation and it was a huge success. **[8]**

Interesting facts

- At an advanced age, Queen Victoria started learning Urdu and Hindustani through communicating with her servant Abdul Karim.
- In 1837, Victoria ruled over 16 million subjects in Britain. When she passed away in 1901, there were 41 million.

Adapted from:
Biography.com. "Queen Victoria" [online available on: https://www.biography.com];
BBC. "Primary History – Famous People" [online available on: http://www.bbc.co.uk]

POINTS

TASK 1

Read the text *History Project: Queen Victoria and her Time* (page 1/2).
Are sentences 1–8 *"True"* (T) or *"False"* (F)? Choose *"Not in the text"* (N) if there is not enough information to answer *"True"* or *"False"*.
Tick (✓) the correct answer.

		T	F	N
1	Young Victoria spoke two languages.			
2	Victoria knew a lot about politics before she became queen.			
3	Lord Melbourne introduced Victoria to numerous foreign statesmen.			
4	It was Victoria who asked Albert to marry her.			
5	The royal couple had heated arguments.			
6	The Great Exhibition focused on Victorian paintings and sculptures.			
7	In later life, Queen Victoria became interested in exotic languages.			
8	The population of Great Britain more than doubled during her reign.			

8

TASK 2

Look at the text *History Project: Queen Victoria and her Time* (page 1/2).
Six sentences have been removed from the text. Choose the correct gap (**1–8**) in the text for each of the sentences below (**A–F**). **Write the correct <u>number</u> of the gap behind each sentence.** Be careful: There are **two gaps** which you do **not need to use**.

A One of the first things the newly crowned monarch did was to pay off her father's debts.

B For socially disadvantaged people, housing conditions in the over-crowded cities were disastrous.

C All this shows a renewed interest in the person and times of Queen Victoria.

D Other children of hers married royals from all over Europe including Russia.

E At that time, it seemed unlikely that Victoria would ever be queen.

F She had lost her most trusted adviser in politics.

6

TASK 3

Here are four texts about great achievements of the Victorian Age. Read them and **match them with the statements 1–6 below**. Choose the correct text (**A–D**) and **write its letter in the box**. The texts may be chosen **more than once**.
There is one example (**0**) at the beginning.

A The opening of the Stockton & Darlington Line in 1825 marked the start of the modern railway age. With its ability to haul a train at over 30 miles per hour, Robert Stephenson's Rocket locomotive set the standard for engine design. By 1845, almost 2,500 miles of railway were open and 30 million passengers were being transported. Short trips to seaside towns with their pleasure piers became a familiar part of social life for Britons of all classes. Queen Victoria made her first train journey on June 13, 1842 and then became a regular passenger. By the end of the 19th century, trains ran at speeds in excess of 70 miles per hour.

B The incandescent light bulb, as it was initially called, has become synonymous with Thomas Edison. But actually, a scientist called Joseph Swan was the first to demonstrate a more-or-less workable version of this remarkable creation in 1878. Swan's electric bulb burned out quickly, lasting just about 13 1/2 hours. It was clear that in order to be truly successful the bulb would need to burn longer. This meant the end of Swan's dreams. Then Edison stepped in to improve Swan's creation. From 1879 on, he produced bulbs which lasted 1,500 hours. That – along with a talent for self-promotion – is why Edison became credited with inventing the first light bulb.

C The Crystal Palace was a huge glass and iron structure. It was originally built in 1851 for the Great Exhibition held in London's Hyde Park. The Palace, thought up by Prince Albert and designed by Sir Joseph Paxton, was enormous – 1,848 feet long and 408 feet wide including two huge towers and numerous fountains. The site fascinated two million international visitors a year and was also home to displays, festivals and music shows. However, after being moved to the suburbs of London, the Palace was a financial failure. A huge fire broke out in the night of November 30, 1936, spelling the end of this historic building. By morning the Palace was a burnt-out ruin.

D The spread of the railway in Victorian Britain was closely linked to the development of the electric telegraph. In 1837, Cooke and Wheatstone installed the electric telegraph system which linked Euston Train Station and Camden Town Station, and from there it spread all over the railway network. The technology of the telegraph expanded fast, making mass communication possible on both a national and a global scale. A telegraph cable was laid across the Channel in 1851. In 1866, a durable telegraph cable was laid across the Atlantic. Despite many problems, the global network grew rapidly.

Adapted from:
Atterbury, Paul. "Victorian Technology" [online available on: http://www.bbc.co.uk/history]; Ganapati, Priya. "Dec. 18, 1878: Let there be Light – Electric Light" [online available on: https://www.wired.com]; BBC London. "Crystal Palace: A History" [online available on: http://www.bbc.co.uk/london]

0	**Travel speed more than doubled within the same century.**	**A**
1	It made communication between two railway stations possible.	
2	The main problem at the beginning was its short life.	
3	Although it attracted global attention, the project was an economic disaster.	
4	The ordinary worker as well as the royal family used it.	
5	It took nearly thirty years to establish intercontinental connections.	
6	The original invention was only acceptable after an improvement had been made.	

6

TASK 4

Verwenden Sie die Informationen aus folgendem Text.
Bearbeiten Sie die Aufgaben (1–6) stichpunktartig auf Deutsch. Es ist keine wörtliche Übersetzung nötig, die Aspekte müssen inhaltlich jedoch vollständig erfasst sein. Einzelwörter genügen nicht als Antwort.

Facts you might not know about Buckingham Palace

You have seen it in movies and on postcards, but how much do you actually know about Buckingham Palace? The original building, called Buckingham House, was built by John Sheffield as his London residence in 1703. Sheffield had been made the Duke of Buckingham shortly before, consequently he named the house after his new title. In the 1820s, Buckingham House, which had been purchased by King George III, was greatly enlarged into the palace we know today. Three weeks after she came to the throne in 1837 Queen Victoria declared the place her official residence. Queen Victoria's new palace was far from perfect: the bells could not be heard in the servants' rooms and airing the bathrooms was almost impossible. Other weak points of the palace as a family home were revealed when Victoria married Prince Albert in 1840. There was no satisfactory heating in the children's rooms and not enough space suitable for overnight visitors.

Today, Buckingham Palace is Queen Elizabeth's London residence. You can visit it during the absence of the royal family in summer – unless you are lucky enough to be invited to one of the royal receptions that take place throughout the year. People can tell whether the Queen is at home by the flag flying from the mast: if the Royal Standard is flying, it means the Queen is in residence, and at all other times the Union Jack will fly instead.

Adapted from:
Abrahams, Luke. "11 Things We Bet You Didn't Know About Buckingham Palace" [online available on: https://theculturetrip.com]; Royal UK. "Royal Residences: Buckingham Palace" [online available on: https://www.royal.uk/royal-residences-buckingham-palace]; History Extra. "9 Facts about Buckingham Palace" [online available on: https://www.historyextra.com]

1. Warum nannte Sheffield sein neues Haus „Buckingham House“?

____

______________________________ 1

2. Wie wurde aus „Buckingham House“ ein königlicher Palast? **(2 Details)**

____

____

______________________________ 2

3. Welche Probleme mit dem Palast gab es zu Beginn von Viktorias Regentschaft? **(2 Details)**

____

____

______________________________ 2

4. Welche weiteren Schwächen des Palastes zeigten sich nach der Hochzeit? **(2 Details)**

____

____

______________________________ 2

5. Bei welchen Gelegenheiten kann man den Palast von innen sehen? **(2 Details)**

____

____

______________________________ 2

6. Was bedeutet es, wenn der Union Jack über dem „Buckingham Palace“ weht?

______________________________ 1

Part II: Use of English

TASK 1

Look at **text 1** (page 1/2). **Find a word or expression which means <u>the same as</u> each of the words (1–5) below.** The lines where you can find the words or expressions are indicated in brackets. There is one example (**0**) at the beginning.

0. huge → vast **(l. 1–9)**
1. protective → ______________ (l. 10–24)
2. (to) bring back → ______________ (l. 25–36)
3. seldom → ______________ (l. 49–59)
4. (to) get well → ______________ (l. 49–59)
5. unbelievable → ______________ (l. 67–78) 5

TASK 2

Look at **text 1** (page 1/2). What do the following words mean? **Match** the expressions (**A – F**) **as used in the text** with their corresponding definitions (1–7). **Write the correct numbers in the grid below.** Be careful: There are two definitions that you do not need. One definition (**0**) has already been matched correctly.

A **period (l. 8)**
B governess (l. 16)
C heir (l. 23)
D influence (l. 36)
E prosperity (l. 69)
F distribution (l. 73)

0 **a length of time in the history of a country**
1 success, especially in making money
2 a group of people leading a country
3 the delivery of items to a number of people
4 a person who receives a dead person's money or title
5 the effect someone has on the way a person thinks or acts
6 a woman employed to teach the children of a rich family
7 something that a person owns

A	B	C	D	E	F
0					

5

TASK 3

Use the word given in capitals at the end of some of the lines to **form a word of the same word family** that fits in the space in the same line.
There is one example (**0**) at the beginning.

0	Looking at 19th century English literature, one quickly (0) ***realizes***	REAL
1	that this period is inseparably connected to the name of	CONNECTION
2	one author: Charles Dickens. His many volumes include	INCLUSIVE
	works such as *A Christmas Carol* and *Oliver Twist.* Dickens enjoyed	
3	great popularity during his lifetime. He was admired for	POPULAR
4	strongly criticizing Britain's social system. Finally, in March	STRENGTH
5	1870, three months before his death, Queen Victoria received	RECEIPT
	him at Buckingham Palace.	

Adapted from:
Lehner, Sebastian. "David Copperfield as an example of the Victorian socio-critical novel" [online available on: https://www.ellopos.net/dickens]

5

TASK 4

Complete the second sentence so that it has a similar meaning to the first sentence, using the KEY WORD given in brackets. **Do not change the KEY WORD given.** You must use **between two and five words including the KEY WORD**. There is one example (**0**).

0. In Victorian times people dreamed of travelling to the seaside every year. **(WISHED)**

   (1) (2) (3) (4)

   In Victorian times people wished they could travel to the seaside every year.

1. Victorian girls did not get a proper education if they did not come from a rich home. **(UNLESS)**

   ______________________________ a rich home, Victorian girls did not get a proper education. 1

2. During the Industrial Revolution, it was possible for the middle classes to invest in the decor of their homes for the first time. **(WERE)**

   During the Industrial Revolution, the middle classes ______________ ______________ in the decor of their homes for the first time. 1

3. Pollution in the cities was a problem and light dresses turned grey, so that women wore dark colours. **(INSTEAD)**

   ______________________________ which turned grey, women wore dark clothes, as pollution in the cities was a problem. 1

4. Doctors said they would manage to cure patients by giving them electrical shocks. **(SUCCEED)**

   Doctors said they would ______________________________ by giving them electrical shocks. 1

5. The royal family published a picture showing them celebrating Christmas the German way, so the Christmas tree was introduced in England. **(HOW)**

   The royal family published a picture showing ______________ ______________ the German way, so the Christmas tree was introduced in England. 1

(5)

TASK 5

Complete the following text. Use the correct forms of the words in brackets and find words of your own to replace the question marks. There is one example (**0**).

Florence Nightingale was a revolutionary figure **(0)** _in_ **(???)** nursing who reformed 19th and 20th century public health care. She is known for her night rounds to aid the wounded, establishing her image as the "Lady with the Lamp". Florence Nightingale, **(1)** _whose_ **(???)** work made nursing one of the most regulated and respected professions in the world, was born into an upper-class British family in May 1820. Women of her time and her class **(2)** _were expected_ **(expect)** to marry and maintain a lovely home. But Nightingale's plans and ambitions were very different from those imagined for her **(3)** _by_ **(???)** her parents. Though nursing was not a valued profession at the time, the 24-year-old woman fought very **(4)** _hard_ **(hard)** to become a nurse. She left England for Düsseldorf where she enjoyed **(5)** _doing_ **(do)** her studies at a hospital. Back in London she was soon promoted to head of nursing. Florence Nightingale improved sanitary conditions **(6)** _enormously_ **(enormous)**. She insisted on **(7)** _having_ **(have)** fresh air, water and healthy food for her patients' recovery. And if it **(8)** _hadn't be_ **(not be)** for her, diseases would not have been statistically documented at the time. Nightingale wrote more **(9)** _than_ **(???)** 60 books. Since that time, her hygienic procedures and lessons for hospital safety **(10)** _have influenced_ **(influence)** nursing.

Adapted from: Biography.com. "Florence Nightingale" [online available on: https://www.biography.com]

10

Part III: Guided Writing

You only have to do **one** of the following two tasks.
Important: First read both tasks, then decide whether you want to do Task A or Task B. You can write down your ideas on your extra sheet before you do the task on your exam paper.

TASK A

Café Assistant

We offer a part-time job in our Museum Garden Café during the summer season. Some experience in serving guests as well as interest in 19th century literature and Victorian lifestyle are required. We will provide training in hygiene and food safety standards. Your ideas are welcome for this year's youth garden party!
If this sounds like you, please send us your application.

Adapted from: https://dickensmuseum.com/pages/vacancies-at-the-dickens-museum/ (12/12/17)
Picture: Donald Judge/flickr, CC BY 2.0

Write a **letter of application** for the job offered above.

Include the following aspects:

- say why you want to work in the café
- explain what job experience you have gained so far
- ask questions about job details not mentioned in the ad
- describe your ideas for the youth garden party

Find a suitable beginning and ending. **Write about 200 words.** You need not write any addresses.

TASK B

In Victorian times, more and more people noted down their personal experiences, thoughts and feelings in their diaries. This year, the V & A Museum of Childhood in London has asked young people all over the world to describe online what their daily lives in the 21st century are like. You are taking part in this project.

Adapted from: http://www.vam.ac.uk/moc/exhibitions/the-great-diary-project/ (12/12/17)

Write a **personal text** for the museum's online project, describing your way of life.

Include the following information:

- a description of your social life at present
- an important event in your personal past
- thoughts and wishes about your life in the future
- if you think keeping a diary or writing blogs is important and why (not)

Find a suitable beginning and ending. **Write about 200 words.**

TASK ☐

(Write A or B in the box.)

Lösung

Part I: Reading

Allgemeine Hinweise:
Der ***Written Test*** *besteht aus drei Teilen. Im Bereich „****Reading****“ wird dein Leseverstehen in verschiedenen Aufgaben geprüft. Außerdem musst du im Rahmen einer Mediationsaufgabe die wesentlichen Inhalte eines englischen Textes auf Deutsch wiedergeben. Der Bereich „****Use of English****“ umfasst Aufgaben zum Wortschatz und zur Grammatik. Beim „****Guided Writing****“ musst du schließlich selbst einen zusammenhängenden englischen Text verfassen. In jedem dieser Bereiche kannst du bis zu* ***30 Punkte*** *erzielen. Dein Ergebnis wird anschließend mit deinen Punkten aus dem Speaking Test (maximal 30 Punkte) und Listening Test (ebenfalls bis zu 30 Punkte) zusammengerechnet und so dein Gesamtergebnis ermittelt.*
Im ***Written Test 2018*** *ist das* ***Viktorianische Zeitalter*** *das übergreifende Thema. Es ist nach der Regierungszeit von Queen Victoria (von 1837–1901) benannt und war eine entscheidende Phase in der Geschichte Großbritanniens. Im Haupttext „****Queen Victoria and her Time****“ wird neben dem Leben Victorias und der „Royal Family“ auch die* ***wirtschaftliche, technologische*** *und* ***gesellschaftliche Entwicklung*** *Großbritanniens in dieser Epoche näher beschrieben.*
Falls du bei einer Aufgabe größere Schwierigkeiten hast, solltest du zunächst die anderen Aufgaben bearbeiten, damit du nicht zu viel Zeit verlierst. Achte aber darauf, dass du diese Aufgabe am Ende nicht vergisst!

Task 1: Richtig, falsch oder nicht im Text?

Hinweis: *Für die folgende Aufgabe musst du den Text „****History Project: Queen Victoria and her Time****“ (Seite 1/2) lesen. Du sollst herausfinden, ob die acht vorgegebenen Aussagen* ***richtig*** *oder* ***falsch*** *sind. Lies dir die Sätze aus Task 1 genau durch und durchforste dann den Text nach Informationen zu den jeweiligen Aussagen. Enthält der Text keine Informationen, mit denen du die Aussagen bestätigen oder widerlegen kannst, musst du „****Not in the text****“ auswählen.*

1. Young Victoria spoke two languages. ☑ **True**

   Hinweis: *Textstelle: “She grew up speaking German as well as English.” (Z. 17/18)*
   Da Queen Victoria von einer deutschen Gouvernante („governess“) erzogen wurde, ist sie zweisprachig aufgewachsen. Eine Gouvernante muss man sich dabei fast wie eine Ersatzmutter vorstellen. Am englischen Hof wurden zumindest früher die Kinder nie von den eigenen Eltern betreut.
   Die Wendung „as well as“ (= genauso wie, sowohl … als auch) ist sehr wichtig. Du kannst sie sowohl im mündlichen Englisch als auch im Guided Writing oft verwenden.

2. Victoria knew a lot about politics before she became queen. ☑ **False**

   Hinweis: *Textstelle: “Victoria was not familiar with political issues.” (Z. 31/32)*
   Da Victoria eigentlich erst die Fünfte in der Thronfolge war, wurde sie zunächst nicht mit politischen Themen konfrontiert. Der Ausdruck „to be familiar with“ (= vertraut sein mit) stammt aus derselben Wortfamilie wie „familiarity“ und „family“.

3. Lord Melbourne introduced Victoria to numerous foreign statesmen. ☑ **Not in the text**

   Hinweis: *Textstelle: “Melbourne advised Victoria on politics and had considerable influence over her for several years.” (Z. 34–36)*
   Lord Melbourne führte Victoria zwar in die wichtigsten Politikbereiche ein und war sicherlich einer ihrer bedeutendsten Ratgeber. Im Text wird aber nichts darüber gesagt, ob er sie ausländischen Politikern vorstellte.

4. It was Victoria who asked Albert to marry her. ☑ **Not in the text**

   Hinweis: *Textstelle: "Victoria immediately fell in love with him." (Z. 39/40)*
   Victoria verliebte sich auf der Stelle in Prince Albert. Es ist aber sehr unwahrscheinlich, dass sie selbst um die Hand von Prince Albert anhielt. In der damaligen Zeit war das eigentlich den Männern vorbehalten. Für dich ist entscheidend, dass im Text hierzu keine Aussage getroffen wird.

5. The royal couple had heated arguments. ☑ **True**

   Hinweis: *Textstelle: "At times their marriage was turbulent with furious confrontations between two extremely strong personalities." (Z. 42–45)*
   Prince Albert und Victoria waren starke Persönlichkeiten, die beide ihre eigene Meinung und eigenen Vorstellungen hatten. Demzufolge gab es teilweise heftige Diskussionen und Auseinandersetzungen zwischen ihnen. Der Begriff „argument" ist ein sogenannter „false friend": Man könnte meinen, er bedeutet „Argument" wie im Deutschen, das ist aber nicht der Fall. Vielmehr ist die richtige Übersetzung „Streit" oder „Auseinandersetzung".

6. The Great Exhibition focused on Victorian paintings and sculptures. ☑ **False**

   Hinweis: *Textstelle: "One of the great events of the time was the Great Exhibition of 1851, where Britain's technological achievements and the art of engineering were displayed." (Z. 79–82)*
   Die „Great Exhibition" hatte als Fokus technologische Errungenschaften und Ingenieurskunst. Es wurden also keine viktorianischen Gemälde oder Skulpturen ausgestellt. Wichtig ist hier, dass du den Begriff „art" nicht als „Kunst" im Sinne von künstlerischen Werken interpretierst. Das könnte dich auf die falsche Fährte locken.

7. In later life, Queen Victoria became interested in exotic languages. ☑ **True**

   Hinweis: *Textstelle: "At an advanced age, Queen Victoria started learning Urdu and Hindustani through communicating with her servant Abdul Karim." (Z. 86–89)*
   Die besondere Beziehung von Queen Victoria zu Abdul Karim ist bereits in vielen Büchern und Filmen beleuchtet worden. Durch ihn lernte sie trotz ihres fortgeschrittenen Alters noch zwei exotische neue Sprachen.

8. The population of Great Britain more than doubled during her reign. ☑ **True**

   Hinweis: *Textstelle: "In 1837, Victoria ruled over 16 million subjects in Britain. When she passed away in 1901, there were 41 million." (Z. 90–92)*
   Zu Beginn von Victorias Regentschaft bestand die Bevölkerung Großbritanniens aus 16 Millionen Menschen, am Ende waren es 41 Millionen. Es ist also richtig, dass sich die Bevölkerung während ihrer Regentschaft mehr als verdoppelte. Der Begriff „subjects" im Sinne von „Untertanen" ist dir vermutlich so nicht geläufig. Die Bedeutung lässt sich aber aus dem Zusammenhang erschließen.

Task 2: Zuordnungsaufgabe 1

Hinweis: *Aus dem Text „**History Project: Queen Victoria and her Time**" wurden **sechs Sätze (A–F)** herausgenommen. Im Text sind **acht Stellen** markiert (**1–8**), an die diese Sätze passen könnten. Du sollst nun die jeweils richtige Ziffer in die Kästchen hinter den Sätzen eintragen – zwei Ziffern bleiben am Ende übrig. Den Text kennst du ja bereits aus Task 1 – du weißt also schon, worum es darin geht. Um herauszufinden, welcher Satz an welche Stelle gehört, ist es aber sinnvoll, dass du dir gezielt die **Textstellen kurz vor und kurz nach den Ziffern** noch einmal durchliest. Hier sind nämlich oft Hinweise für den jeweiligen Satz versteckt.*

A. One of the first things the newly crowned monarch did was to pay off her father's debts. **3**

Hinweis: *In der Textpassage vor Ziffer 3 ist davon die Rede, dass Victoria im Alter von 18 Jahren zur Königin gekrönt wurde ("… eighteen year-old Victoria was crowned Queen …", Z. 25/26) – dazu passt „newly crowned" aus Satz A. Das Thema des Textabschnitts wird in Satz A also fortgeführt und vertieft, indem deutlich gemacht wird, dass Victoria als frisch ernannte Königin sofort die Finanzen in Ordnung bringen wollte und die Schulden ihres Vaters zurückzahlte.*

B. For socially disadvantaged people, housing conditions in the overcrowded cities were disastrous. **7**

Hinweis: *Im Absatz vor Ziffer 7 wird erwähnt, wie sich die häusliche Situation der Bevölkerung durch die allmähliche Verbreitung von Elektrizität und elektrischem Licht veränderte. Es wird aber auch beschrieben, dass es eine tiefe Kluft zwischen Arm und Reich gab: "There was incredible wealth but also extreme poverty." (Z. 77/78). Satz B passt gut an diese Stelle, da darin erläutert wird, dass die Wohnsituation für die armen Bevölkerungsschichten weiterhin katastrophal war.*

C. All this shows a renewed interest in the person and times of Queen Victoria. **1**

Hinweis: *Im Abschnitt vor Ziffer 1 wird von dem Film „Victoria & Abdul" und auch von der Fernsehserie „Victoria" berichtet. Satz C ist sozusagen die Schlussfolgerung daraus: Der Film und die Fernsehserie deuten auf ein wiedererwachtes Interesse („renewed interest") an der Person Victorias und ihrer Zeit hin.*

D. Other children of hers married royals from all over Europe including Russia. **6**

Hinweis: *Im Abschnitt ab Zeile 60 geht es darum, dass Victorias neun Kinder, so wie es damals üblich war, in andere europäische Königshäuser verheiratet wurden („… were married off into other royal families of Europe.", Z. 60/61). Dieses Thema wird in Satz D weiter vertieft und zusätzlich erwähnt, dass diese Heiratspolitik auch Russland mit einschloss.*

E. At that time, it seemed unlikely that Victoria would ever be queen. **2**

Hinweis: *Im Satz vor Ziffer 2 wird ausgesagt, dass Victoria in der Erbfolge ursprünglich auf Rang 5 rangierte ("… she was fifth in the line for the crown of England.", Z. 21/22). Es war also eigentlich sehr unwahrscheinlich, dass sie jemals Königin werden würde. Satz E passt daher inhaltlich gut in diese Lücke.*

F. She had lost her most trusted adviser in politics. **5**

Hinweis: *Kurz vor Lücke 5 wird beschrieben, dass Prince Albert nicht nur Victorias Ehemann, sondern auch ihr wichtigster Berater war: "Albert also helped Victoria find her way around British politics." (Z. 47/48). Als er plötzlich starb, fiel Victoria in eine tiefe Depression ("When Prince Albert suddenly died […] Victoria sank into deep depression.", Z. 49–51). Satz F greift diese beiden Aspekte auf.*

Die Lücken bei den Ziffern 4 und 8 bleiben übrig.

Task 3: Zuordnungsaufgabe 2

Hinweis: *In der folgenden Aufgabe sind* ***vier kürzere Texte*** *vorgegeben, in denen* ***große Errungenschaften*** *(„great achievements") des Viktorianischen Zeitalters beschrieben werden. Auf dem Angabenblatt sind* ***sechs Aussagen*** *vorgegeben, die du den jeweiligen Texten zuordnen sollst, indem du den passenden Buchstaben (****A–D****) in die Kästchen schreibst. Es ist sinnvoll, dass du dir zunächst einen* ***groben Überblick*** *über den Inhalt der vier Texte verschaffst. Lies dir dann die einzelnen Sätze der Reihe nach durch und überlege, zu welchem Text sie passen könnten. Oft helfen dir* ***Schlüsselwörter****, die sowohl in der Aufgabenstellung als auch im Text vorkommen, beim Finden der richtigen Lösung. Beachte, dass die einzelnen Texte auch mehrfach ausgewählt werden können.*

1. It made communication between two railway stations possible. **D**

   Hinweis: *Textstelle: "… Cooke and Wheatstone installed the electric telegraph system which linked Euston Train Station and Camden Town Station …"*
   Sowohl in Text A als auch in Text D wird von Errungenschaften im Zusammenhang mit der Eisenbahn berichtet. Aber nur in Text D wird die Kommunikation zwischen zwei Bahnhöfen erwähnt, die durch die Erfindung des Telegrafen möglich wurde.

2. The main problem at the beginning was its short life. **B**

   Hinweis: *Textstellen: "Swan's electric bulb burned out quickly, …"; "… in order to be truly successful the bulb would need to burn longer."*
   Die kurze Lebensdauer („short life") einer Erfindung wird nur in Text B angesprochen. Es geht darin um die Entwicklung der Glühbirne. Die Versuche von Joseph Swan waren zwar erfolgreich, hatten aber das Problem, dass die Glühbirnen nur etwa einen halben Tag lang brannten. Erst Edisons Weiterentwicklungen führten zu einer Lebensdauer von 1500 Stunden.

3. Although it attracted global attention, the project was an economic disaster. **C**

   Hinweis: *Textstellen: "The site fascinated two million international visitors a year …"; "However, after being moved to the suburbs of London, the Palace was a financial failure."*
   Der Crystal Palace wurde im Jahre 1851 für die Great Exhibition gebaut. Für die damaligen Verhältnisse war das Gebäude mit seinen Ausmaßen herausragend. Auch die Anzahl der Besucher aus dem In- und Ausland war bemerkenswert. Nachdem die Great Exhibition aber aus dem Zentrum Londons wegverlagert wurde, führte das zu einem finanziellen Desaster. Hinzu kam später ein großer Brand, der von dem Palast nur noch Ruinen übrig ließ.

4. The ordinary worker as well as the royal family used it. **A**

   Hinweis: *Textstellen: "Short trips to seaside towns with their pleasure piers became a familiar part of social life for Britons of all classes."; "… Queen Victoria made her first train journey … and then became a regular passenger."*
   Dieser Satz kann nur zu Text A passen. Darin wird beschrieben, dass die Eisenbahn schnell zu einem Transportmittel für alle Gesellschaftsschichten wurde. Es wird auch erwähnt, dass die Queen die Eisenbahn regelmäßig benutzte.

5. It took nearly thirty years to establish intercontinental connections. **D**

__Hinweis:__ Textstelle: "In 1837, Cooke and Wheatstone installed the electric telegraph system which linked Euston Train Station and Camden Town Station …"; "In 1866, a durable telegraph cable was laid across the Atlantic."
Nur in Text D findet eine Zeitspanne von fast („nearly") 30 Jahren Erwähnung. Im Jahr 1837 wurde eine Telegrafenverbindung zwischen zwei Bahnhöfen eingerichtet. Erst ungefähr 30 Jahre später (1866) gelang dann die Verbindung über den Atlantik.

6. The original invention was only acceptable after an improvement had been made. **B**

__Hinweis:__ Textstelle: "Then Edison stepped in to improve Swan's creation."
Dieser Satz bezieht sich auf denselben inhaltlichen Zusammenhang wie schon Satz 2, nämlich die Entwicklung der Glühbirne. Joseph Swans Erfindung war noch nicht sehr erfolgreich, weil die Glühbirne nur eine sehr kurze Lebensdauer hatte. Erst die Verbesserung bzw. Weiterentwicklung durch Edison brachte den Durchbruch. Das Schlüsselwort hier ist „improvement" in der Angabe. Es wird als Verb auch in Text B verwendet.

Task 4: Sprachmittlung *(Mediation)*

__Hinweis:__ Der __Buckingham Palace__ ist dir sicher aus dem Unterricht und von Bildern bekannt. Vielleicht warst du ja selbst schon einmal in London und hast dieses beeindruckende Gebäude gesehen. Der Text zu Task 4 enthält einige interessante Informationen über den Buckingham Palace, der ursprünglich Buckingham House genannt wurde.
Du sollst nun die __wesentlichen Informationen__ des Textes erfassen und die Fragen auf dem Angabenblatt __auf Deutsch__ beantworten. Es handelt sich hier um eine typische __Mediationsaufgabe__, d. h., es ist keine wörtliche Übersetzung erforderlich. Auch später wirst du noch öfter in unterschiedlichen Situationen gefragt werden, was in diesem oder jenem englischsprachigen Text oder auf einer Website steht.

1. – weil er zum Duke of/Herzog von Buckingham ernannt worden war / wegen seines neuen Titels

__Hinweis:__ Textstelle: "Sheffield had been made the Duke of Buckingham shortly before, consequently he named the house after his new title." (Z. 3/4)
Eine der angegebenen Antworten genügt. Es muss deutlich werden, dass der Herzog das Haus nach seinem neuen Titel benannte.

2. – King/König George III. kaufte das Haus
– (das) Haus wurde stark erweitert
– Victoria erklärte es zu ihrem offiziellen Amtssitz/zu ihrer offiziellen Residenz

__Hinweis:__ Textstellen: „… which had been purchased by King George III …" (Z. 5); „… was greatly enlarged into the palace we know today." (Z. 5/6); "… Queen Victoria declared the place her official residence." (Z. 6/7)
Der Ausdruck „greatly enlarged" bedeutet hier soviel wie „stark erweitert/vergrößert". Du kannst „greatly" in diesem Fall also nicht mit „großartig" übersetzen.

3. – Klingeln/Glocken in (den) Räumen der Diener/Angestellten nicht hörbar
– Lüften der Badezimmer fast unmöglich

__Hinweis:__ Textstelle: "… the bells could not be heard in the servants' rooms and airing the bathrooms was almost impossible." (Z. 7/8)
Die unterstrichenen Aspekte müssen mit in deiner Antwort enthalten sein, sonst kann kein Punkt gegeben werden. Du musst aber nicht genau dasselbe Wort oder denselben Begriff verwenden. Wenn du den gleichen Inhalt anders wiedergibst, ist das auch in Ordnung.

4. – keine zufriedenstellende/ausreichende Heizung in den Kinderzimmern
   – nicht genügend geeigneter Platz für Übernachtungsgäste

   Hinweis: *Textstelle: "There was no satisfactory heating in the children's rooms and not enough space suitable for overnight visitors." (Z. 10/11)*
   Auch hier gilt, dass die unterstrichenen Begriffe in deiner Antwort enthalten sein müssen. Da es zwei Punkte gibt, musst du zwei Aspekte nennen.

5. – wenn die königliche Familie im Sommer abwesend ist
   – bei (Einladungen zu) königlichen Empfängen

   Hinweis: *Textstelle: "You can visit it during the absence of the royal family in summer – unless you are lucky enough to be invited to one of the royal receptions ..." (Z. 12–14)*
   Der Zusatz „im Sommer" muss mit angegeben werden, sonst ist die Antwort nicht ganz richtig. Das restliche Jahr über kann der Palast nämlich auch während einer Abwesenheit der königlichen Familie nicht von innen besichtigt werden. Das Wort „reception" musst du hier mit „Empfang" wiedergeben. Der ähnlich lautende Begriff im Deutschen, „Rezeption", würde in diesem Zusammenhang nicht passen.

6. – dass die Queen/Königin nicht in ihrer Residenz/zuhause/anwesend ist

   Hinweis: *Textstelle: "... if the Royal Standard is flying, it means the Queen is in residence, and at all other times the Union Jack will fly instead." (Z. 15/16)*
   Nur wenn als Flagge der „Royal Standard" gehisst ist, ist die Königin anwesend. Das heißt im Umkehrschluss, dass sie eben nicht zuhause ist, wenn der Union Jack weht. Du musst also die Frage genau lesen.

Part II: Use of English

Task 1: Ähnliche Bedeutungen *(Synonyms)*

Hinweis: *In der folgenden Aufgabe sollst du im Haupttext „**History Project: Queen Victoria and her Time**" nach Wörtern suchen, die eine **ähnliche Bedeutung** in dem jeweiligen Kontext haben wie die vorgegebenen Begriffe. Damit du nicht immer den ganzen Text durchsuchen musst, ist jeweils in Klammern angegeben, in welchem Textabschnitt du die Lösung findest.*

1. protective – **watchful**

   Hinweis: *Textstelle: "... her mother was extremely watchful." (Z. 12/13)*
   Hier musst du nach einem Adjektiv suchen, das eine ähnliche Bedeutung hat wie „protective" (= beschützend, behütend) – im angegebenen Textabschnitt kommt dafür nur „watchful" infrage. Du kannst die Bedeutung des Wortes auch aus dem Textzusammenhang erschließen. Es wird nämlich ausgeführt, dass Victoria wenig Kontakt mit anderen Kindern hatte und von der deutschen Kinderfrau in einer sehr behüteten Atmosphäre erzogen wurde.

2. (to) bring back – **(to) restore**

   Hinweis: *Textstelle: "She was determined to be a good queen and to restore the faith of the people of the United Kingdom in the monarchy." (Z. 27–29)*
   Victoria wollte den Glauben der Bevölkerung an die Monarchie wiederherstellen. Es gibt viele Verben in der englischen Sprache mit der Vorsilbe „re-" (z. B. „remind", „repeat", „remake", ...). Oft ist damit die Bedeutung „wieder" verbunden.

3. seldom – **rarely**

   Hinweis: *Textstelle: "Until 1866 she rarely appeared in public." (Z. 52/53)*
   Der Begriff „rarely" ist ein unbestimmtes Zeitadverb mit der Bedeutung „selten" oder „kaum". Da Queen Victoria nach Alberts Tod unter Depressionen litt, trat sie in dieser Zeit nur selten in der Öffentlichkeit auf.

4. (to) get well – (**to**) **recover / recovered**
Hinweis: Textstelle: "Eventually Victoria recovered and began to take a great interest in the British Empire and the colonies ..." (Z. 55–57)
Auch hier kommt im Text ein Verb mit der Vorsilbe „re-" vor, wie schon bei Nummer 2. Victorias Gesundheit wurde wiederhergestellt, d. h., sie erholte sich und es ging ihr besser.

5. unbelievable – **incredible**
Hinweis: Textstelle: "There was incredible wealth but also extreme poverty." (Z. 77/78)
Die Vorsilben „un-" oder „in-" drücken oft das Gegenteil der ursprünglichen Wortbedeutung aus (vgl. „believable" – „unbelievable", „credible" – „incredible"). Beim Vokabellernen sind solche Wortbildungsregeln sehr hilfreich – häufig kannst du dadurch von einem Wortstamm auf viele weitere Begriffe schließen.

Task 2: Umschreibungen zuordnen

***Hinweis:** In der folgenden Aufgabe sind einige Wörter aus dem Haupttext „**History Project: Queen Victoria and her Time**" vorgegeben. Dir wird nun eine Reihe von **Umschreibungen** zur Auswahl gestellt, die du diesen Begriffen zuordnen sollst. Dazu musst du die passenden Nummern in die Tabelle eintragen. Die Zeilenangabe zeigt dir jeweils, wo die Begriffe im Text vorkommen. Achte darauf, **in welcher Bedeutung die Wörter im Text** verwendet werden – lies dir also auch die Sätze vor und nach dem Wort immer genau durch, um die richtige Definition zuordnen zu können. Zwei Umschreibungen bleiben am Ende übrig. Für Buchstabe A wurde die Lösung bereits als Beispiel vorgegeben.*

A	B	C	D	E	F
0	6	4	5	1	3

B **governess** – Lösung: **Nummer 6** (a woman employed to teach the children of a rich family)
***Hinweis:** Der Ausdruck „governess" ist dir vielleicht nicht geläufig. Wahrscheinlich kennst du eher die Begriffe „government" und „to govern" aus dem Bereich der Politik und bist daher unsicher, ob du die Nummer 2 auswählen sollst. Wenn du aber die zugehörige Textstelle liest, wird deutlich, dass das nicht richtig sein kann. In dem Abschnitt geht es nämlich um eine (Einzel-)Person (nicht eine Personenengruppe), die sich um die Kinder und um deren Erziehung kümmert (und nicht darum, ein Land zu führen). Die richtige Lösung ist also die Nummer 6.*

C **heir** – Lösung: **Nummer 4** (a person who receives a dead person's money or title)
***Hinweis:** Man kann sowohl Geld und Vermögen als auch Titel erben, wie das speziell in der Monarchie der Fall ist. Victoria war eigentlich die Fünfte in der Rangfolge. Aufgrund mehrerer Todesfälle in der Familie wurde sie dennoch Thronfolgerin: "... she became heir to the throne of William IV ..." (Z. 23/24).*

D **influence** – Lösung: **Nummer 5** (the effect someone has on the way a person thinks or acts)
***Hinweis:** Die Bedeutung von „influence" kannst du gut vom deutschen Wort „Einfluss" ableiten. Melbourne beriet Victoria in allen wichtigen Dingen und übte daher einen großen Einfluss auf sie aus.*

E **prosperity** – Lösung: **Nummer 1** (success, especially in making money)

Hinweis: Das Viktorianische Zeitalter brachte deutliche Verbesserungen für die Bevölkerung, wenn auch nicht alle davon profitierten. Es war ein Zeitalter von relativem Wohlstand (= „prosperity"). Vielleicht kennst du bereits die Begriffe „to prosper" (= gedeihen, wachsen) oder „prosperous" (= wohlhabend) aus derselben Wortfamilie.

F **distribution** – Lösung: **Nummer 3** (the delivery of items to a number of people)

Hinweis: Im Textabschnitt, in dem dieser Begriff vorkommt, geht es um die technologischen Errungenschaften der Epoche. Dazu gehört auch die Entwicklung von Stromnetzen, mithilfe derer der elektrische Strom zu den Menschen transportiert und entsprechend verteilt werden konnte („power distribution networks", Z. 73/74). Du kannst hier auch nach dem Ausschlussprinzip vorgehen – von den vorgegebenen Definitionen passt nur Nummer 3 in den Sinnzusammenhang.

Die Lösungen 2 und 7 kommen nicht zur Anwendung und bleiben übrig.

Task 3: Wortfamilien

*Hinweis: Das **19. Jahrhundert** war nicht nur geprägt von technischem Fortschritt, sondern war auch eine Blütezeit der Literatur. Einer der bekanntesten Schriftsteller der Epoche war **Charles Dickens** – der Text zu Task 3 gibt dir einige Einblicke in sein **Leben und Werk**.*
*Deine Aufgabe besteht nun darin, den jeweils passenden Begriff in die **Lücken 1–5** einzusetzen. Das gesuchte Wort muss dabei aus derselben **Wortfamilie** stammen wie der am Rand vorgegebene Begriff. Aus dem Satzzusammenhang kannst du erschließen, welche Wortart benötigt wird, d. h., ob du ein Adjektiv, ein Adverb, ein Verb oder ein Nomen einsetzen musst. Achte bei Verben darauf, dass du die **richtige Form** verwendest (**Aktiv/Passiv bzw. Zeitform**). Bei Substantiven kann es sein, dass du den **Plural** bilden musst. Bei manchen Lücken musst du dich auch entscheiden, ob ein **Adjektiv** oder ein **Adverb** erforderlich ist.*

1. "… this period is inseparably **connected** to the name of one author: …" (connection)
   Hinweis: Vor der Lücke steht hier eine Form von „to be" (in diesem Fall „is"). Das könnte darauf hindeuten, dass in dem Satz eine Passivkonstruktion vorliegt. Auch inhaltlich ergibt diese Möglichkeit am meisten Sinn („to be connected to" = verbunden sein mit). Um die Passivform zu vervollständigen, musst du in der Lücke also noch das „past participle" des Verbs („connected") ergänzen.
   ***Wortfamilie:** to connect – connected – connecting – connective – (in) connection (with)*

2. "His many volumes **include/included** works such as …" (inclusive)
   Hinweis: Wenn du dir den Satz mit der Lücke 2 durchliest, merkst du, dass hier noch das Verb fehlt. Achte darauf, die richtige Zeitform einzusetzen. In diesem Fall ist sowohl das „simple present" als auch das „simple past" möglich.
   ***Wortfamilie:** to include – including – included – inclusive – inclusion*

3. "Dickens enjoyed great **popularity** during his lifetime." (popular)
   Hinweis: Das Adjektiv „great" vor der Lücke gibt dir hier den Hinweis, dass du ein Substantiv einsetzen musst. In der Regel beschreiben Adjektive ein Substantiv näher.
   ***Wortfamilie:** (to be) popular / unpopular (with) – popularity – pop star*

4. "He was admired for **strongly** criticizing Britain's social system." (strength)
   Hinweis: Das gesuchte Wort hat hier die Funktion, das nachfolgende Verb „criticizing" zu verstärken. Immer wenn eine Verbform näher bestimmt wird, benötigst du ein Adverb. Es wird in der Regel durch Anhängen der Endung „-ly" an das Adjektiv gebildet.
   ***Wortfamilie:** to strengthen – strong – strongly – strength*

5. "Queen Victoria **received** him at Buckingham Palace." (receipt)

   Hinweis: *Wie bei Nummer 2 fehlt auch in diesem Satz noch ein Verb. Da es im Text um vergangene Ereignisse geht, die bereits abgeschlossen sind, benötigst du das „simple past".*
   Wortfamilie: *to receive – receptive – receiver – receipt – reception – receptionist*

Task 4: Umformulierung von Sätzen mit Schlüsselwörtern

Hinweis: *Bei dieser Aufgabe sollst du den jeweils zweiten Satz so ergänzen, dass er denselben Inhalt hat wie der vorgegebene erste Satz. Du musst also die Sätze umformulieren und dabei das vorgegebene* ***Schlüsselwort (key word)*** *verwenden. Beachte aber, dass du nur* ***zwei bis fünf Wörter*** *einschließlich des „key word" in die Lücke schreiben darfst. Wenn deine Lösung weniger als zwei bzw. mehr als fünf Wörter enthält, bekommst du keinen Punkt. Rechtschreibfehler führen nur dann zu einem Punktabzug, wenn sie sinnentstellend sind.*

1. **Unless they came from/Unless coming from** a rich home, Victorian girls did not get a proper education.

   Hinweis: *Die Konjunktion „unless" bedeutet soviel wie „wenn nicht/falls nicht". Sie leitet einen Nebensatz ein, den du in der verkürzten Fassung mit einer „-ing"-Form oder in der längeren Version mit einem Subjekt und Verb bilden kannst. Der Inhalt ist klar: Wenn man in der damaligen Zeit als Mädchen aus armen Verhältnissen kam, hatte man kaum eine Chance auf eine ordentliche Schulbildung.*

2. During the Industrial Revolution, the middle classes **were able to invest** in the decor of their homes for the first time.

   Hinweis: *Überlege dir, wie du diesen Satz auf Deutsch ausdrücken könntest: „Die mittleren Gesellschaftsschichten <u>waren</u> erstmals <u>in der Lage</u> / <u>konnten</u> erstmals in die Inneneinrichtung ihrer Häuser investieren". Da als Schlüsselwort „were" vorgegeben ist, musst du hier die Konstruktion „were able to" (als Ersatzform des Hilfsverbs „can") verwenden, auf die dann ein Infinitiv folgt.*

3. **Instead of** (**wearing**) **light dresses** which turned grey, women wore dark clothes, as pollution in the cities was a problem.

   Hinweis: *Wenn du hier das Verb „to wear" verwenden möchtest, musst du die „-ing"-Form einsetzen, da nach „instead of" das Gerund folgt. Du kannst die Lücke aber auch ohne ein Verb vervollständigen („Die Frauen trugen dunkle Kleidung <u>anstatt</u> heller Kleider"). Beide Varianten sind richtig.*

4. Doctors said they would **succeed in curing patients** by giving them electrical shocks.

   Hinweis: *Auch auf das Verb + Präposition „succeed in" folgt immer die „-ing"-Form. Am besten prägst du dir solche Ausdrücke mithilfe eines Beispielsatzes ein.*

5. The royal family published a picture showing **how they celebrated Christmas/how Christmas was celebrated** the German way, so the Christmas tree was introduced in England.

   Hinweis: *Du kannst hier sowohl die aktive als auch die passivische Form wählen. Der Inhalt bleibt gleich. Es geht darum, wie die Royals Weihnachten nach deutschen Traditionen feierten. Das Schlüsselwort „how" leitet den Nebensatz ein.*

Task 5: Lückentext – Grammatik und Sprachgebrauch

Hinweis: *In der vorliegenden Aufgabe geht es um* ***Florence Nightingale****, die sich intensiv um kranke Menschen kümmerte und ihrer Zeit weit voraus war. Sie hat die* ***Krankenpflege*** *revolutioniert,* ***Hygienestandards*** *eingeführt und über* ***60 Bücher*** *geschrieben.*
*Der Text dieser sogenannten „****Mixed Grammar****"-Aufgabe enthält insgesamt zehn Lücken, die du füllen sollst. In den meisten Fällen ist in der Klammer hinter der Lücke ein Wort angegeben, das du in die* ***richtige Form*** *bringen musst. Manchmal sind aber auch nur* ***Fragezeichen*** *angegeben – dann musst du das* ***richtige Wort*** *selbst finden.*

1. **whose**

   Hinweis: *Das Komma nach „Florence Nightingale" signalisiert, dass hier ein eingeschobener Nebensatz folgt. Inhaltlich wird in diesem Nebensatz die Person Nightingale näher beschrieben. Es handelt sich also um einen Relativsatz, der hier mit „whose" eingeleitet wird, da nach der Lücke ein Substantiv folgt („Florence Nightingale, whose work …" = Florence Nightingale, <u>deren</u> Arbeit …).*

2. **were expected**

   Hinweis: *Von den damaligen Frauen <u>wurde erwartet</u>, dass sie sich um ein gemütliches Zuhause kümmern. Du benötigst hier das Passiv. Es wird gebildet mit der richtigen Form von „to be" (in diesem Fall brauchst du das „simple past") und der dritten Form des Verbs, dem „past participle".*

3. **by**

   Hinweis: *Hier liegt eine Passivkonstruktion vor („… those [plans and ambitions] imagined […] by her parents"). Das Subjekt „her parents" muss also als „by-agent" angeschlossen werden. Florence Nightingale hatte andere Pläne und Ziele, als die, die sich ihre Eltern für sie vorgestellt hatten.*

4. **hard**

   Hinweis: *Hier musst du gut aufpassen, denn das Adverb zum Adjektiv „hard" wird unregelmäßig gebildet – genauer gesagt, hat es dieselbe Form wie das Adjektiv. Wenn du die Endung „-ly" anhängen würdest, wie das eigentlich bei der Bildung von Adverben der Fall ist, ergäbe sich eine komplett andere Bedeutung:*
   „fought … <u>hard</u>" = kämpfte… <u>hart</u>/<u>schwer</u> vs. „fought … <u>hardly</u>" = kämpfte … <u>kaum</u>
   Es gibt mehrere Adjektive, die sich ähnlich verhalten oder die andere Ausnahmen bilden. Wenn du dir hier unsicher bist, solltest du dieses Grammatikthema noch einmal wiederholen.

5. **doing**

   Hinweis: *Bestimmte Verben (wie etwa „to enjoy") ziehen grundsätzlich die „-ing"-Form nach sich. Lerne sie am besten auswendig und präge dir einen Beispielsatz dazu ein.*

6. **enormously**

   Hinweis: *Hier wird das Verb „improve" verstärkt ("… Nightingale improved sanitary conditions enormously.") und damit näher beschrieben. Du benötigst daher ein Adverb. In diesem Fall erfolgt die Bildung nach der herkömmlichen Regel – du musst also nur die Endung „-ly" an das Adjektiv anhängen.*

7. **having**

   Hinweis: *Viele Verben ziehen eine Präposition nach sich, wie hier z. B. „on". In der Regel folgt auf diese Verben die „-ing"-Form. Das ist auch hier der Fall.*

8. **had not been / hadn't been**
Hinweis: *Hier liegt ein „if"-Satzgefüge vor. Im Unterricht hast du bereits die drei verschiedenen Typen von Bedingungssätzen kennengelernt:*
Typ I: if-clause: simple present; main clause: will-future
Typ II: if-clause: simple past; main clause: would/could/should + infinitive
Typ III: if-clause: past perfect; main clause: would/could/should + have + past participle
Natürlich gibt es auch zahlreiche Mischformen und Ausnahmen. Im vorliegenden Fall handelt es sich aber um ein reguläres Satzgefüge vom Typ III. Du benötigst daher im „if-clause" das „past perfect". Vergiss auch die Verneinung nicht.

9. **than**
Hinweis: *Vor der Lücke steht die Steigerungsform „more" – es fehlt hier also noch das Vergleichswort „than". Florence Nightingale hat mehr als 60 Bücher geschrieben.*
Steigerung: much/many – more (Komparativ) – most (Superlativ)
Die Steigerung der Adjektive solltest du gut beherrschen. Achte auch darauf, dass du „than" nicht mit der Zeitangabe „then" (= dann) verwechselst.

10. **have influenced / have been influencing**
Hinweis: *Das Signalwort „since" (= seit) deutet fast immer darauf hin, dass du das „present perfect" verwenden musst. Es geht hier um einen Vorgang, der in der Vergangenheit begonnen hat und noch nicht abgeschlossen ist („Seit dieser Zeit haben die Hygienestandards von Florence Nightingale einen Einfluss auf die Krankenpflege …"). Du kannst entweder das „present perfect simple" oder das „present perfect progressive" verwenden – beides ist richtig.*

Part III: Guided Writing – Schriftliche Sprachproduktion

*Hinweis: Beim sogenannten „Guided Writing" kannst du zwischen zwei Aufgaben wählen – beide führen das Rahmenthema „**Victorian Age**" fort. Lies dir Task A und Task B zunächst genau durch und entscheide dich dann für die Aufgabe, die dir besser liegt. Deine Lösung sollte ungefähr 200 Wörter umfassen – du bekommst aber keinen Punktabzug, wenn du etwas mehr schreibst. Entscheidend ist, dass du **alle in der Aufgabe geforderten Aspekte** vollständig bearbeitest. Du solltest zu jedem der vier „prompts" aus der Aufgabenstellung drei Ideen bzw. Details schreiben.*

Folgende Kriterien spielen bei der Bewertung deiner Lösung eine Rolle: inhaltliche Vollständigkeit, logischer Aufbau, grammatikalische Richtigkeit, angemessener Ausdruck und Gesamteindruck deines Textes.

Task A

*Hinweis: Bei **Task A** sollst du ein **Bewerbungsschreiben** für einen **Teilzeitjob im Sommer** im **Museum Garden Café** verfassen. Du sollst begründen, **warum** du dort arbeiten möchtest (❶) und deutlich machen, welche **Berufs- bzw. Praktikumserfahrungen** du bislang schon gesammelt hast (❷). Darüber hinaus sollst du einige **Fragen** zu dieser Arbeitsstelle formulieren (❸) und Ideen für die geplante „**youth garden party**" beschreiben (❹). Du benötigst zudem einen **passenden Anfang** und einen **geeigneten Schluss**. Insgesamt ist es wichtig, dass du wirklich zu allen vier vorgegebenen Aspekten etwas schreibst. Die Anzeige des **Charles Dickens Museum** gibt dir bereits wertvolle Hinweise und Impulse.*

Dear Sir or Madam,	suitable beginning
My name is Katharina Meier. I am very interested in the position of café assistant as advertised on your website.	
By summer I will have passed my GCSE exams. I love literature, especially Charles Dickens, who is my favourite writer, and I also enjoy talking to people and being sociable. Therefore, I think the Museum Garden Café must be a wonderful place. I assume you have a lot of international guests, which will also be very fascinating for me.	❶ why you want to work in the café
During my previous holidays I worked in a café in my home town and I liked the job, the people and the atmosphere. I enjoy it when guests get the feeling that they are well looked after. In addition to serving drinks and snacks, I also helped to organise poetry readings at the café.	❷ job experience you have gained so far
Since the school year ends quite late in Bavaria, I would be available from August to October. Would that work for you? Could you please tell me how many hours per week the job would involve and whether you might be able to help me with accommodation?	❸ questions about job details not mentioned in the ad
For the youth garden party my suggestion would be to organise a drama competition with short performances based on books by Charles Dickens. I could help the youngsters with preparing the project as I have been a member of the school drama group for many years.	❹ your ideas for the youth garden party
I would be very happy if I could join your team in the summer and look forward to hearing from you soon.	suitable ending
Yours faithfully,	
Katharina Meier	

Task B

Hinweis: *Im Viktorianischen Zeitalter haben die Menschen zunehmend ihre persönlichen* ***Erfahrungen****,* ***Gedanken*** *und* ***Gefühle*** *in Tagebüchern festgehalten. In Anlehnung an diese Entwicklung geht es in Task B um ein Projekt, bei dem junge Menschen auf der ganzen Welt gebeten werden, darzustellen, wie sich ihr Leben im 21. Jahrhundert gestaltet. Du sollst hierfür zunächst dein gegenwärtiges* ***Sozialleben*** *beschreiben (❶) und ein wichtiges* ***Ereignis aus deiner Vergangenheit*** *erwähnen (❷). Außerdem sollst du darauf eingehen, wie du dir dein Leben in der* ***Zukunft*** *vorstellst (❸) und ob du meinst, dass* ***Tagebücher*** *oder regelmäßige* ***Blogeinträge*** *wichtig sind oder nicht (❹). Natürlich benötigst du für deinen Projektbeitrag auch einen* ***passenden Beginn*** *und einen* ***geeigneten Schluss****. Was du schreibst, muss nicht unbedingt der Realität entsprechen – du kannst dir zu den einzelnen Aspekten also auch einfach etwas ausdenken. Wichtig ist, dass du dir überlegst, was du auch sprachlich gut ausdrücken kannst.*

Hello,

suitable beginning

I am quite fascinated by your project that deals with personal experiences of young people at present.

When organising my social life, my smartphone plays an important role. I use social networks and messenger apps to keep in touch with friends or to arrange meetings. During the school week, we often go to the cinema or simply meet in town. At weekends, we sometimes go on mountain bike tours together.

❶ a description of your social life at present

Last year I had an accident when I was biking. My friends sent me positive messages and short video clips every day while I was in hospital. This was great and helped me a lot in this difficult time.

❷ an important event in your personal past

In the future I would like to get a job that makes the world a little bit better. I could well imagine myself working as a nurse, for example. And of course I hope I will have a family of my own at some point.

❸ thoughts / wishes about your life in the future

I think it is a good idea to keep a diary because it helps you reflect about your life. Moreover, it allows you to save memories of special events and of your feelings at a certain time. I don't write a blog, however, because I usually prefer to keep my thoughts to myself or share them only with close friends.

❹ if you think keeping a diary or writing blogs is important and why (not)

Well, I hope this gives you an idea of my personal life and that many young people will take part in the project.

suitable ending

Abschlussprüfung an Realschulen: Englisch 2018
Listening Test: Aloha Hawaii

TEXT 1: Reasons for visiting Hawaii

1 If tourists are looking for paradise on earth, Hawaii is the closest thing. The islands have a drier season and a wetter season, but the temperature remains relatively steady throughout the year.

2 At every vacation destination you can find a number of people who dislike tourists. Hawaii, though, is attractive for tourists because most Hawaiians promote the Aloha spirit of peace and love.

3 In addition to the original Hawaiians, the sunny islands have attracted immigrants from around the world including Chinese, Japanese, Filipinos and many more. That's why the islands are a melting pot which makes for a very different society to most of the US.

4 For most of the last century, tourists had to rely on Asians to get their plates filled. Everything changed in 1991 when twelve chefs established Hawaii Regional Cuisine, a culinary movement that combines international recipes with the islands' diverse ethnic flavors.

5 No Hawaiian island is like any other. Kaua'i is mostly green with amazing sea cliffs, whereas the Big Island has its beautiful volcanic landscapes, stunning waterfalls and the Waipio Valley, where you can experience a tropical rainforest and the Black Sand Beach.

Adapted from: Fischer, John. "The Top 10 Reasons to Visit Hawaii"
[online available on: https://www.tripsavvy.com]

TEXT 2: At Hawaii Volcanoes National Park

Receptionist: Welcome to Hawaii Volcanoes National Park. How can I help you?

Tourist: Hello, we have two days to explore the National Park. Could you tell us about the highlights?

Receptionist: Sure. You'll get an overview here at the Visitor Center. You know, our National Park is the most spectacular sight on the island of Hawaii. It offers dramatic volcanic landscapes as well as glimpses of rare flora and fauna.

Tourist: Fantastic. Where should we start?

Receptionist: If you follow Crater Drive westwards, you'll see the large parking area at Steam Vents to your left. Leave your car there and walk about a hundred meters to the viewing platform. From there, you can see the spectacular craters. The view is similar to that found at the Jaggar Museum, which is located at the western end of Crater Drive.

Tourist: Is it worth visiting?

Receptionist: Definitely! The museum offers information on volcanology and working seismographs. It's got a restaurant that gives you a sheltered view of the main crater when the weather is nasty. You know, Kīlauea is one of the world's most active volcanoes.

Tourist: That's awesome! I'd like to take close-ups of the eruptions!

Receptionist: Sure, you can take fantastic snapshots. But be aware that the rest of the road is closed to visitors. It is dangerous to go there due to high levels of toxic gases, such as sulphur dioxide. They can damage your health. So do not enter the south-west of the park.

Tourist: Ok, we'll keep that in mind. What other interesting places are here?

Receptionist: Well, I can recommend the impressive lava cave. It was formed by solidified streams of lava, and you can explore its fantastic colors and stalactites.

Tourist: Wow! How can we get there?

Receptionist: Follow the Crater Drive in the opposite direction. You'll pass Kīlauea Iki Crater. The cave is the next place of interest. If you drive on, you'll eventually get to Rift Road.

Tourist: Where can we spend the night?

Receptionist: There's a camping ground for mobile homes on Highway 11.

Tourist: We'd rather stay at a hotel, if possible.

Receptionist: Well, there are many inexpensive and nice motels outside the park in nearby Volcano Village along Highway 11.

Tourist: Actually, we'd rather go for a place nearer to the craters.

Receptionist: Sure. There's the Volcano Hotel opposite the Visitor Center. I'm sure they'll have rooms available.

Tourist: Great, thanks a lot.

Receptionist: You're welcome. Enjoy your stay.

Adapted from: National Park Service. "Hawaii Volcanoes. Plan your Visit"
[online available on: https://www.nps.gov]

TEXT 3: Kamakawiwo'ole Israel

Kamakawiwo'ole Israel, known to his fans as Iz, a singer and a musician as well as a campaigner for Hawaiian culture, **rights** and way of life, was born in Honolulu, Hawaii, in May 1959. At the age of six, Iz learned to master the ukulele by watching others play. He first performed publicly at around age ten, when he was **called** up to the stage at Steamboats, a popular Waikiki nightclub. In the 1970s Iz dropped out of high school. When his brother Skippy and other aspiring Hawaiian musicians formed a band in 1976, Iz was the band's first **voice**. In the 1980s, after the death of his beloved older brother, Kamakawiwo'ole began to be the star of the band. In 1993, seventeen years later, he launched a solo career. Shortly afterwards, the airing of his version of "Somewhere over the Rainbow" by a DJ on a California radio show catapulted Iz onto the world stage. His **mission** was to find and play music that connected to and represented the true spirit of Hawaii. When he passed away in 1997, the state honored the man and the legend: the Hawaiian flag was **flown** at half-mast.

Adapted from: Holub, Rona L. "Kamakawiwo'ole, Israel Ka'ano'i"
[online available on: http://www.anb.org]

TEXT 4: Corals of Hawaii

Mrs. Oyster: Hawaii Oceanic Research Center, how can I help you?

Journalist: Are you Dr. Pearl Oyster, the specialist on Hawaiian wildlife?

Mrs. Oyster: Yes, what can I do for you?

Journalist: I'm Ed Young from "Youth & Nature" magazine. We're currently doing a cover story on Hawaii. Can you tell me how climate change affects Hawaiian animals?

Mrs. Oyster: Err, yes, above all corals are affected.

Journalist: Corals?

Mrs. Oyster: Yes. Most people think corals are minerals. That's because they can't move like land animals and also because they are rock-like structures. But actually, corals are endangered animals.

Journalist: Tell me more.

Mrs. Oyster: We estimate that almost half of Hawaii's coral reefs are dying due to changing weather patterns.

Journalist: Terrible, could you explain this in more detail?

Mrs. Oyster: One reason for this is the rising sea level because of melting polar ice. The water rises faster than the corals are able to grow, and they can only live close to the water surface.

Journalist: I see.

Mrs. Oyster: But this is not the only problem for the corals. The second point is the warming of the sea water. Normally, there are useful algae living inside the corals. They need the algae for many reasons. But when the water temperature rises, these tiny plants start producing poison and turn toxic.

Journalist: Oh.

Mrs. Oyster: Now, the corals get rid of the algae because it's the only way they can protect themselves.

Journalist: That sounds serious. And what does that mean for the corals?

Mrs. Oyster: When they lose the algae, they don't get enough oxygen. As a consequence, they turn white and begin to die.

Journalist: That's a nightmare.

Mrs. Oyster: And unfortunately, around Hawaii, we have a unique problem that makes things even worse. An invasive sea-plant has spread from Asia to Hawaii. It grows incredibly fast, so it further endangers the corals. We developed the "Cliff-Cleaner", a kind of ship-based vacuum cleaner. It collects the sea-plants. This system has proved very valuable.

Journalist: So there is some light at the end of the tunnel. Is there anything our young readers can do to help?

Mrs. Oyster: Yes, indeed. They can support the Hawaiian Youth Congress member, Lynn Areccawi. At her official website you'll find everything about her projects.

Journalist: That's Lynn who …?

Mrs. Oyster: Let me spell that: A–R–E–double C–A–W–I. Have you got that?

Journalist: Yes, I think so. May I read it back to you?

Mrs. Oyster: Sure.

Journalist: A–R–E–double C–A–W–I.

Mrs. Oyster: Perfect.

Journalist: Thank you for your time. You'll find my article in our next issue.

Mrs. Oyster: Glad I could help, bye.

Journalist: Bye.

Adapted from: Ward, Tim. "5 Questions about Climate Change and Coral Reefs for Dr. Emily Darling" [online available on: https://www.huffingtonpost.com]; Pierre-Louis, Kendra. "Hawaii's most popular coral reefs are in big trouble" [online available on: https://www.popsci.com]

TEXT 5: The Hawaiian Language

Presenter: Our topic today is the Hawaiian language, how it almost died out and why it is still spoken today. With me in the studio are Mrs. Palakiko, Professor of Linguistics, and Pauahi, a student from a Hawaiian immersion school at Honolulu. Pauahi, your name sounds typically Hawaiian. Does it have a particular meaning?

Pauahi: Yes, it's the name of a crater located on the Big Island of Hawaii, meaning "fire is over".

Presenter: Wow, that's a cool name! Now, Professor Palakiko, is it correct to say that Hawaiian started to disappear, but was then revived thanks to the efforts of its speakers?

Prof. Palakiko: Absolutely. By the early 1980s, fewer than 50 people under age 18 could speak Hawaiian fluently. Colonialism and its consequences had nearly wiped out the language. Until the mid-1980s Hawaiian was still forbidden at school. But in the last decades we have been taking great efforts to keep our language alive. Now it is protected by law and promoted in what is known as "Hawaiian immersion schools".

Presenter: Pauahi, you attend one of these immersion schools. In what way is your school different from other American schools?

Pauahi: Well, the classroom language is Hawaiian. Our teachers motivate us to use it in everyday situations. I feel like a true Hawaiian person again, because our traditional language is part of my everyday life.

Presenter: Professor Palakiko, as you said before, a few decades ago Hawaiian was in danger of dying out. When exactly do we speak of endangered languages?

Prof. Palakiko: A language is in danger of dying out when it is spoken by less than 1,000 speakers on a regular basis.

Presenter: But in a large place like Hawaii why would the Hawaiian community stop speaking their native language?

Prof. Palakiko: Imagine your kids at school have to speak the language of a larger group of people. You will soon start to speak this 'larger' language at home because you want your kids to be good at school. So it's the influence of the surrounding 'larger' languages that makes the small languages gradually die out.

Presenter: Pauahi, in addition to the Hawaiian language, what else do you learn about the ways of your ancestors at school?

Pauahi: Well, to continue their traditions, we have optional subjects. My favourite one is surfing. It's one of the oldest sports practised on the planet. The first surfers were fishermen who used the boards to get their catch to the shore. Apart from surfing, I also attend a hula course.

Presenter: What's hula?

Pauahi: It's a dance, you know, movements that go with our traditional songs. These songs are often about important historical events in our culture. In order to dance the hula, it's essential to understand the words of the song.

Presenter: Pauahi, are there some Hawaiian phrases that you could teach our listeners?

Pauahi: I guess most people have heard of "Aloha!" Then there's the simple "Mahalo!" for "Thank you!". And "A hui hou!" can be used to say "See you later!"

Presenter: So, a big "Mahalo" to our guests for being here! And as always you can find a podcast of this broadcast on www …

Adapted from: Home, Adele. "Interview: Dr. Peter Ladefoged on Endangered Languages" [online available on: https://www.pbs.org/pov/tailenders]; Love, Bret. "Interview: Keali Reichel on Maui, Hula & Hawaiian Culture" [online available on: https://greenglobaltravel.com]

ALOHA HAWAII

TASK 1: Reasons for visiting Hawaii

You will hear five statements why people visit Hawaii. **What reasons** are described? **Write the correct numbers (1–5) in the boxes next to the categories (A–H).** Be careful: Use each number only once.
(You will have 5 seconds after the first listening and 5 seconds after the second listening.)

A	Tourist infrastructure	☐	**E**	Cultural variety	☐
B	Predictable weather	☐	**F**	Breathtaking geography	☐
C	Active volcanoes	☐	**G**	Surprising history	☐
D	Special food	☐	**H**	Friendly people	☐

5

TASK 2: At Hawaii Volcanoes National Park

You will hear a conversation at the Visitor Center at Hawaii Volcanoes National Park. Look at the points of interest in the park **(1–5)**. **Find their position on the map. Write the number in the correct boxes.** Be careful: Use each number only once. There is one example (0) at the beginning.
(You will have 5 seconds after the first listening and 5 seconds after the second listening.)

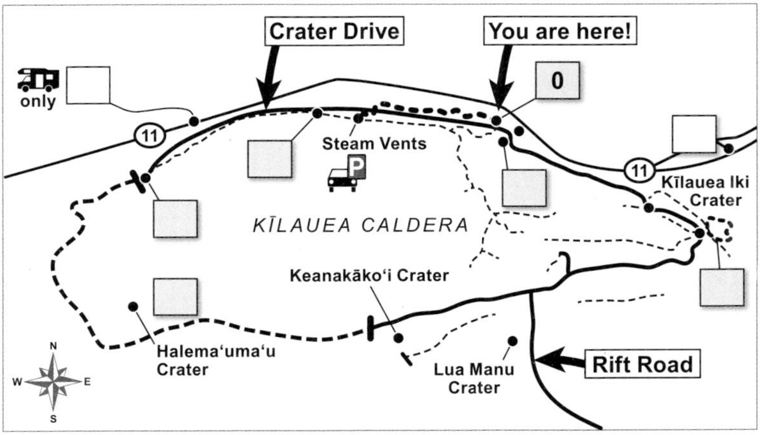

Points of interest:
(0) Visitor Center (EXAMPLE)
1 Viewing platform
2 Jaggar Museum
3 Closed zone
4 Lava cave
5 Volcano Hotel

5

TASK 3: Kamakawiwo'ole Israel

You will hear a radio report about Kamakawiwo'ole Israel, a famous Hawaiian musician. **Find the <u>five</u> wrong words in the text and write the correct version in the space provided.**
(You will have 10 seconds after the first listening and 15 seconds after the second listening.)

"Kamakawiwo'ole Israel"

Kamakawiwo'ole Israel, known to his fans as Iz, a singer and a musician as well as a campaigner for Hawaiian culture, sights and way of life, was born in Honolulu, Hawaii, in May 1959. At the age of six, Iz learned to master the ukulele by watching others play. He first performed publicly at around age ten, when he was hauled up to the stage at Steamboats, a popular Waikiki nightclub. In the 1970s Iz dropped out of high school. When his brother Skippy and other aspiring Hawaiian musicians formed a band in 1976, Iz was the band's first choice. In the 1980s, after the death of his beloved older brother, Kamakawiwo'ole began to be the star of the band. In 1993, seventeen years later, he launched a solo career. Shortly afterwards, the airing of his version of "Somewhere over the Rainbow" by a DJ on a California radio show catapulted Iz onto the world stage. His vision was to find and play music that connected to and represented the true spirit of Hawaii. When he passed away in 1997, the state honored the man and the legend: the Hawaiian flag was shown at half-mast.

5

TASK 4: Corals of Hawaii

You will hear a conversation between journalist Ed Young from "Youth & Nature" magazine and Dr. Pearl Oyster, who investigates the coral reefs of Hawaii.
Listen and **take notes**. You do not have to write complete sentences but **one word is not enough**.
(You will have 10 seconds after the first listening and 20 seconds after the second listening.)

Corals of Hawaii

1	Why people think corals are minerals:	• can't move like land animals • ______________________	1
2	Proportion of endangered corals in Hawai:	______________________	1
3	Changes to the sea that cause coral damage (2 details):	• ______________________ • ______________________	1 1
4	What happens to the corals without the algae:	• ______________________ • turn white and begin to die	1
5	How the "Cliff Cleaner" works:	______________________ ______________________	1
6	Write to:	Lynn ______________________	1

(7)

TASK 5: The Hawaiian Language

You will hear an interview about the Hawaiian language.
Listen to the interview and take notes. Be careful, **one word is not enough**.
(You will have 30 seconds after the first listening and 90 seconds after the second listening.)

1. The name Pauahi means …

   ____

   ______________________________ 1

2. Until the mid-1980s the Hawaiian language …

   ____

   ______________________________ 1

3. Pauahi feels truly Hawaiian because her …

   ____

   ______________________________ 1

4. A language is in danger of dying out when it is regularly used by …

   ____

   ______________________________ 1

5. People stop speaking their own language because of …

   ____

   ______________________________ 1

6. A long time ago fishermen used surf boards to …

   ____

   ______________________________ 1

7. In order to dance the hula, it is important to …

   ____

   ______________________________ 1

8. "A hui hou!" is the Hawaiian expression for the English …

   ____

   ______________________________ 1

(8)

Good luck!

Lösung

***Allgemeine Hinweise:** Das Thema des Listening Tests 2018 lautet „**Hawaii**". In den fünf Hörtexten werden verschiedene Bereiche dieser faszinierenden Inselgruppe behandelt, von **geografischen Besonderheiten** über die **Kultur** bis hin zur **Sprache**.*
*Alle Texte werden **zweimal vorgespielt.** Vor dem ersten Hören bekommst du jeweils etwas Zeit, um dich mit den Aufgabenstellungen vertraut zu machen. Insbesondere bei den Multiple-Choice-Aufgaben klingen die Auswahlmöglichkeiten oft recht ähnlich, sodass du ganz genau lesen musst. Auch zwischen den Hördurchgängen ist wieder eine kurze Pause, damit du die Lösungen auf das Angabenblatt schreiben kannst. Rechtschreibfehler und Grammatikfehler zählen in der Hörverstehensprüfung nicht, sofern sie nicht sinnentstellend sind. Die Lehrkraft muss immer erkennen können, was du gemeint hast, sonst kann kein Punkt gegeben werden.*
*Beim Hörverstehenstest 2018 kommen zahlreiche Begriffe aus dem geografischen Bereich vor (z. B. „sea cliffs", „volcanic landscapes", „crater", „seismographs", „lava", „coral reef", „melting polar ice"). Vielleicht sind dir einige davon aus dem Unterricht bekannt oder du kannst sie aus dem Sinnzusammenhang erschließen. Meist ist es aber gar nicht nötig, dass du jedes einzelne Wort verstehst – entscheidend ist, dass du die **grobe Aussage** eines Textes richtig erfasst.*

Task 1: Reasons for visiting Hawaii

***Hinweis:** Die folgende Aufgabe besteht aus **fünf kurzen Texten**, in denen jeweils Gründe beschrieben werden, warum Menschen nach Hawaii kommen. Du sollst diese Texte den möglichen Antworten auf dem Angabenblatt zuordnen, indem du die richtigen Ziffern (**1–5**) in die vorgegebenen Kästchen einträgst. Beachte, dass du jede Ziffer nur einmal vergeben darfst. Da es nur fünf Hörtexte gibt, aber acht Auswahlmöglichkeiten, bleiben am Ende drei Kästchen leer.*

A Tourist infrastructure **–**

***Hinweis:** Sowohl in Text 1 als auch in den Texten 2 und 4 ist von Touristen die Rede. In keinem dieser Texte wird jedoch thematisiert, welche touristischen Einrichtungen es auf Hawaii gibt bzw. wie die Inseln auf Touristen ausgerichtet sind. Die Überschrift „Tourist infrastructure" kann also nicht zugeordnet werden.*

B Predictable weather **1**

***Hinweis:** Textstelle: "… the temperature remains relatively steady throughout the year." (Z. 2/3). In Text 1 geht es um das Wetter auf Hawaii. Der Begriff „steady" bedeutet hier soviel wie „beständig" oder „gleichbleibend" und passt daher gut zu „predictable" (= vorhersehbar).*

C Active volcanoes **–**

***Hinweis:** In Text 5 ist zwar von „volcanic landscapes" (Z. 14) die Rede. Es werden aber keine <u>aktiven</u> Vulkane erwähnt. Du musst hier also ganz genau lesen bzw. zuhören.*

D Special food **4**

***Hinweis:** Textstelle: "… twelve chefs established Hawaii Regional Cuisine …" (Z. 11). In Text 4 wird ausführlich über das Essen gesprochen. Offensichtlich gab es früher vor allem asiatische Gerichte, bis im Jahre 1991 zwölf Köche regionale Speisen entdeckten und mit internationalen Rezepten kombinierten.*

E Cultural variety **3**

Hinweis: *Textstelle: "… the sunny islands have attracted immigrants from around the world …" (Z. 7/8).*
In Text 3 wird beschrieben, dass die Inseln von Hawaii ein Anziehungspunkt für Einwanderer aus der ganzen Welt sind. Dies führt zu einer großen kulturellen Vielfalt („cultural variety").

F Breathtaking geography **5**

Hinweis: *In Text 5 wird die atemberaubende Geografie Hawaiis beschrieben. Formulierungen wie „amazing sea cliffs", „beautiful volcanic landscapes" und „stunning waterfalls" (Z. 13/14) geben dir den Hinweis auf die richtige Lösung.*

G Surprising history **–**

Hinweis: *In den Texten 3 und 4 werden zwar Aussagen über die Vergangenheit Hawaiis gemacht. In Text 3 geht es aber darum, dass Hawaii schon immer ein Anziehungspunkt für Einwanderer aus verschiedenen Ländern war, und in Text 4 wird Bezug auf die Essgewohnheiten früher und heute genommen. Geschichtliche Aspekte werden dagegen nicht angesprochen.*

H Friendly people **2**

Hinweis: *Hier musst du wieder ganz genau hinhören. Im ersten Teil von Text 2 wird die Problematik dargestellt, dass es in jeder Urlaubsregion Menschen gibt, die Touristen nicht mögen. Dies wird aber als Gegensatz zur Situation in Hawaii beschrieben. Das entscheidende Wort hier ist „though" (= aber, jedoch): "Hawaii, though, is attractive for tourists because most Hawaiians promote the Aloha spirit of peace and love." (Z. 5/6). Die Überschrift „Friendly people" passt also gut zu Text 2.*

Task 2: At Hawaii Volcanoes National Park

Hinweis: *In Task 2 hörst du ein Gespräch zwischen einer Mitarbeiterin des Hawaii Volcanoes National Park und einem Touristen, der diesen Nationalpark erkunden möchte. Es werden die besonderen* ***Sehenswürdigkeiten*** *besprochen und der* ***Weg zu den einzelnen Plätzen*** *beschrieben. Auf dem Angabenblatt ist der Plan des Nationalparks abgedruckt und es wurden leere Kästchen eingefügt. Darunter sind fünf besondere Plätze mit Nummern angegeben. Du musst nun herausfinden, wo diese Plätze im Nationalpark zu finden sind, und die richtige Nummer in die Kästchen auf der Karte eintragen. Es gibt fünf Ziffern, aber sieben Kästchen – zwei Kästchen bleiben also frei.*

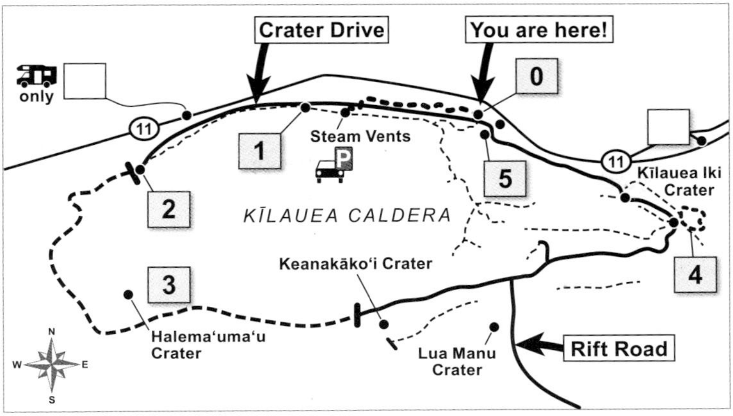

1. Viewing Platform
   Hinweis: *Es wird empfohlen, den „Crater Drive" nach Westen zu nehmen, dann das Auto am Parkplatz „Steam Vents" abzustellen und anschließend noch ungefähr hundert Meter zu Fuß zur Aussichtsplattform zu gehen. Es ist also klar, dass du die Nummer 1 in das Kästchen links neben dem Parkplatz „Steam Vents" eintragen musst.*
   Textstelle: "If you follow Crater Drive westwards, you'll see the large parking area at Steam Vents to your left. Leave your car there and walk about a hundred meters to the viewing platform." (Z. 8–10)

2. Jaggar Museum
   Hinweis: *Hier wird wieder Bezug auf den „Crater Drive", eine der Hauptstraßen durch den Nationalpark, genommen. Das Jaggar Museum ist demnach am westlichen Ende des Crater Drive zu finden. Die Ziffer 2 gehört daher in das Kästchen am Ende von Crater Drive.*
   Textstelle: „… the Jaggar Museum, which is located at the western end of Crater Drive." (Z. 11)

3. Closed Zone
   Hinweis: *Der „Crater Drive" ist auf der westlichen Seite aufgrund von austretenden giftigen Gasen gesperrt – auf der Karte wird die Straße in diesem Abschnitt daher nur noch gestrichelt dargestellt. Zusätzlich weist die Mitarbeiterin ausdrücklich darauf hin, dass der südwestliche Teil des Nationalparks nicht betreten werden darf. Die „Closed Zone" (Nummer 3) muss also in diesem Bereich liegen.*
   Textstellen: "But be aware that the rest of the road is closed to visitors." (Z. 17/18); "So do not enter the south-west of the park." (Z. 19)

4. Lava cave
   Hinweis: *Die entscheidenden Hinweise sind hier, dass man auf dem „Crater Drive" in die entgegengesetzte Richtung („… opposite direction …", Z. 24) fahren soll und am Kīlauea Iki Crater vorbeifahren muss („… pass Kīlauea Iki Crater …", Z. 24), um zur „Lava cave" zu kommen. Das Kästchen ganz rechts unten bekommt daher die Ziffer 4.*

5. Volcano Hotel
   Hinweis: *Das Volcano Hotel liegt gegenüber dem Visitor Centre. Es gäbe zwar billigere Motels außerhalb des Parks in der Nähe von Volcano Village. Der Tourist wünscht sich aber ein Hotel, das näher an den Kratern liegt.*
   Textstelle: "There's the Volcano Hotel opposite the Visitor Center." (Z. 32)

Task 3: Kamakawiwo'ole Israel

*Hinweis: Im Radiobericht zu Task 3 geht um den Sänger **Kamakawiwo'ole Israel**, der 1959 in Honolulu geboren wurde und leider schon 1997 verstarb. Er wurde mit dem Lied „**Somewhere over the Rainbow**" weltberühmt. Mit seinen Liedern wollte er den Geist und das Lebensgefühl Hawaiis in die Welt transportieren.*
*Der Text auf dem Angabenblatt unterscheidet sich an fünf Stellen vom Hörtext. Du musst die **Unterschiede zwischen dem geschriebenen und gesprochenen Text** heraushören und die Fehler auf dem Angabenblatt korrigieren. Pro richtig verbessertem Ausdruck wird ein Punkt gegeben. Übersteigt die Gesamtzahl der von dir verbesserten Wörter die Zahl der zu findenden Fehler, so wird pro überzähligem Ausdruck ein Punkt abgezogen. Da auf diese Aufgabe fünf Punkte vergeben werden, musst du also insgesamt **fünf Fehler** finden. Häufig liegen die Fehler auf dem Angabenblatt und die „richtigen" Begriffe aus dem Hörtext lautlich eng beisammen – du musst also ganz genau hinhören. Wenn dir die grobe inhaltliche Aussage des Textes klar ist, kannst du die eine oder andere Lösung möglicherweise auch schon aus dem Sinnzusammenhang erschließen.*

sights	→	**rights**	„… **rights** and way of life …" (Z. 2)
hauled	→	**called**	„… when he was **called** up to the stage at Steamboats …" (Z. 4)
choice	→	**voice**	"… Iz was the band's first **voice**." (Z. 6/7)
vision	→	**mission**	"His **mission** was to find and play music …" (Z. 10/11)
shown	→	**flown**	"… the Hawaiian flag was **flown** at half-mast." (Z. 12)

Task 4: Corals of Hawaii

*Hinweis: In der nächsten Aufgabe hörst du ein Gespräch zwischen dem **Journalisten Ed Young** von der Zeitschrift „**Youth & Nature**" und der **Wissenschaftlerin Dr. Pearl Oyster**, die über das **Korallenriff** vor den Hawaiiinseln forscht. Das Angabenblatt enthält eine Art Notizzettel, auf dem du insgesamt **sieben Details** ergänzen sollst. An den Vorgaben auf dem Notizzettel erkennst du bereits, worauf du beim Hören achten musst. Du brauchst keine vollständigen Sätze zu schreiben – Stichworte genügen.*

1. Why people think corals are minerals:
   - can't move like land animals
   - **(corals are) rock-like structures**

   Hinweis: Der erste Grund ist bereits angegeben. Du sollst nun den zweiten Grund herausfinden, warum die Menschen fälschlicherweise denken, dass Korallen Mineralien und keine Lebewesen sind.
   Textstelle: „… and also because they are rock-like structures." (Z. 9)

2. Proportion of endangered corals in Hawaii: **almost half (of Hawaii's coral reefs/ of them)**

   Hinweis: Hier geht es darum, herauszufinden, wie groß der Prozentsatz der gefährdeten Korallen ist.
   Textstelle: "… almost half of Hawaii's coral reefs are dying due to changing weather patterns." (Z. 12/13)

3. Changes to the sea that cause coral damage (2 details):
   - **rising (sea) level/melting polar ice/water rises faster than (the) corals (are able to) grow**
   - **warming of the sea/water**
   - **<u>algae</u> / <u>tiny plants</u> start producing poison/turn toxic**

Hinweis: ***Hier sind mehrere Antworten möglich. Du musst aber nur zwei Aspekte nennen. Beachte, dass nach*** ***Veränderungen*** ***gefragt wird – „warm water“ (statt „warming water“) wäre also nicht richtig.***

Textstellen: “One reason for this is the rising sea level because of melting polar ice.” (Z. 15); “The water rises faster than the corals are able to grow ...” (Z. 15/16); “The second point is the warming of the sea water.” (Z. 19/20); “... these tiny plants start producing poison and turn toxic.” (Z. 21/22)

4. What happens to the corals without the algae:
   – **(they) don’t get (enough) oxygen**
   – turn white and begin to die

   Hinweis: *Das Gespräch dreht sich weiter darum, wieso die Korallen nicht überleben und was genau mit ihnen geschieht. Ein Hauptproblem dabei ist der mangelnde Sauerstoff. Die Auswirkung, dass sie weiß werden und langsam absterben, ist bereits vorgegeben.*
   Textstelle: “When they lose the algae, they don’t get enough oxygen.” (Z. 27)

5. How the “Cliff Cleaner” works:
   – **(a) kind of/like (a) (ship-based) vacuum cleaner**
   – **(it) collects (the) (sea-)plants**

   Hinweis: *Hier genügt einer der beiden Aspekte. Die unterstrichenen Begriffe müssen in deiner Antwort enthalten sein. Der „cliff cleaner“ ist ja nur eine Art Staubsauger und kein wirklicher Staubsauger.*
   Textstelle: “We developed the ‘Cliff-Cleaner’, a kind of ship-based vacuum cleaner. It collects the sea-plants.” (Z. 32/33)

6. Write to: Lynn **ARECCAWI**

   Hinweis: *Alle, die mithelfen möchten, die Korallenriffe vor Hawaii zu retten, können sich an Frau Lynn Areccawi wenden, die Mitglied des Jugendkongresses auf Hawaii ist. Der Vorname von Frau Areccawi ist bereits angegeben. Du musst also nur noch ihren Nachnamen heraushören und richtig notieren. Hier bekommst du den Punkt wirklich nur, wenn du den Namen ganz korrekt schreibst. Er wird buchstabiert und anschließend noch einmal wiederholt. Wenn dir diese Aufgabe schwerfällt, solltest du das „spelling alphabet“ noch einmal wiederholen. Wichtig sind dabei besonders die Buchstaben G, H, J, Y, W, die beim Hören oft eine gewisse Schwierigkeit darstellen. Der Buchstabe W wird beispielsweise „double u“ ausgesprochen. Beim Nachnamen „Areccawi“ kommt zudem der Buchstabe C zweimal hintereinander vor – das wird „double c“ gesprochen.*
   Textstelle: “Let me spell that: A – R – E – double C – A – W – I.” (Z. 39)

Task 5: The Hawaiian Language

Hinweis: *In der folgenden Aufgabe hörst du ein Interview über die Sprache der „ursprünglichen“ Bevölkerung Hawaiis. Das* ***Hawaiianische*** *ist vom Aussterben bedroht – es werden aber Maßnahmen ergriffen, um genau das zu verhindern. Am Gespräch sind ein Moderator, eine Professorin für Sprachwissenschaft (Frau Palakiko) und die Schülerin Pauahi beteiligt. Du musst also zwischen* ***drei Sprechern*** *unterscheiden. Auch bei dieser Aufgabe geht es darum, Details herauszuhören, um die Sätze auf dem Angabenblatt richtig vervollständigen zu können. Manchmal sind hier mehrere Lösungen möglich – die unterstrichenen Begriffe müssen aber jeweils in deiner Antwort enthalten sein, damit du den Punkt bekommst. Dabei ist aber nur der inhaltliche Aspekt gemeint, den du auch mit anderen Worten ausdrücken kannst.*

1. … **(a) fire is over / (the) name of a crater.**
   Hinweis: *Textstelle: "Yes, it's the name of a crater located on the Big Island of Hawaii, meaning 'fire is over'." (Z. 5/6)*

2. … **was forbidden at school(s).**
   Hinweis: *Der Satz kommt fast wortgleich im Gespräch vor – die Lösung ist hier also nicht besonders schwierig.*
   Textstelle: "Until the mid-1980s Hawaiian was still forbidden at school." (Z. 11)

3. … **(traditional) language is part of (her) everyday life.**
   Hinweis: *Die Unterrichtssprache an Pauahis Schule ist Hawaiianisch und die Lehrkräfte motivieren die Schülerinnen und Schüler, die Sprache auch im Alltag zu sprechen.*
   Textstelle: "I feel like a true Hawaiian person again, because our traditional language is part of my everyday life." (Z. 17/18)

4. … **<u>less</u> than 1,000 speakers.**
   Hinweis: *Das Wort „less" darf in deiner Lösung nicht fehlen, sonst macht die Antwort keinen Sinn. Beachte die Steigerung des unregelmäßigen Adjektivs: little – <u>less</u> – least.*
   Textstelle: "A language is in danger of dying out when it is spoken by less than 1,000 speakers on a regular basis." (Z. 21/22)

5. … **(the) language of a <u>larger</u> group of people / (the surrounding) <u>larger</u> language(s).**
   Hinweis: *Die Menschen hören dann auf, ihre eigene Sprache zu sprechen, wenn eine größere Sprachengruppe das Umfeld dominiert. Aus diesem Grund muss auch „larger" mit in der Lösung enthalten sein.*
   Textstelle: "So it's the influence of the surrounding 'larger' languages that makes the small languages gradually die out." (Z. 27/28)

6. … **get their catch / fish to the shore.**
   Hinweis: *Pauahi spricht hier über ihr Wahlfach „Surfen". Sie erwähnt, dass die Fischer früher Surfbretter verwendeten, um damit ihren Fang an Land zu bringen.*
   Textstelle: "The first surfers were fishermen who used the boards to get their catch to the shore." (Z. 32/33)

7. … **understand the (words / phrases of the) song.**
   Hinweis: *Du musst hier das Wort „essential" verstehen. Vielleicht kannst du es aus dem Deutschen herleiten: „essenziell" bedeutet soviel wie „wichtig".*
   Textstelle: "In order to dance the hula, it's essential to understand the words of the song." (Z. 37/38)

8. … **"See you later!"**
   Hinweis: *Pauahi nennt mehrere Ausdrücke aus dem Hawaiianischen – du musst hier also die Aufgabe ganz genau lesen, um die richtige Übersetzung herauszuhören.*
   Textstelle: "… 'A hui hou!' can be used to say 'See you later!'" (Z. 41)

Abschlussprüfung an Realschulen: Englisch 2019
Written Test: Nelson Mandela – Long Walk to Freedom

Part I: Reading

TEXT 1: LONG WALK TO FREEDOM

Nelson Mandela wrote his autobiography in 1994. In it he tells about his life, his years in prison and his career. Here are some extracts from the book describing crucial moments in his life.

A

Apart from life and a strong constitution, the only thing my father bestowed upon me at birth was a name, Rolihlahla. Rolihlahla literally means "pulling the branch of a tree," but its colloquial meaning would be "troublemaker". I was born on the eighteenth of July, 1918, at Mvezo, a tiny village in the Transkei.
My father, Gadla Henry Mphakanyiswa, was a chief by both blood and custom. He had four wives, the third of whom was my mother, Nosekeni Fanny. (…)

B

I was baptized into the Methodist Church and sent to school. No one in my family had ever attended school. I was seven years old, and on the day before I was to begin, my father took me aside and told me that I must be dressed properly for school. Until that time, I had worn only a blanket, which was wrapped around one shoulder and pinned at the waist. My father took a pair of his trousers and cut them at the knee. They were roughly the correct length, although the waist was far too large. My father then took a piece of string and cinched the trousers at the waist. I must have been a comical sight, but I have never possessed a suit I was prouder to put on than my father's cut-off pants. (…)

C

On the first day of school, my teacher, Miss Mdingane, gave each of us an English name. This was the custom among Africans in those days and was undoubtedly due to the British bias of our education. The education I received was a British education, in which British ideas, British culture, British institutions, were automatically assumed to be superior. Miss Mdingane told me that my new name was Nelson. Why she gave this particular name to me I have no idea. Perhaps it had something to do with the famous British sea captain Lord Nelson, but that would be only a guess. (…)

I cannot pinpoint a moment when I became politicized. To be an African in South Africa means that one is politicized from the moment of one's birth. An African child is born in an Africans Only hospital, taken home in an Africans Only bus, lives in an Africans Only area, and attends Africans Only schools, if he attends school at all. When he grows up, he can work in Africans Only jobs, rent a house in Africans Only townships, ride Africans Only trains, and be stopped at any time of the day or night and be ordered to produce a pass, failing which he will be arrested and thrown in jail. His life is governed by racist laws and regulations. (…) **D**

E The day I became President of South Africa, I took some moments to reflect our history. Time and again, I have seen men and women risk and give their lives for an idea. I have seen men stand up to attacks and torture without breaking, showing a strength and resiliency that is beyond imagination. I always knew that deep down in every human heart, there is mercy and generosity. No one is born hating another person because of the colour of his skin, or his background, or his religion. People learn to hate, and if they can learn to hate, they can be taught to love. Even in the grimmest times in prison, I would see a glimmer of humanity in one of the guards in prison, perhaps just for a second, but it was enough to reassure me and keep me going.

For myself, I have never regretted my years of struggle, and I was always prepared to face the hardships that affected me personally. But my family paid a terrible price for my commitment. (…) **F**

I was born free – free in every way that I could know. But then I slowly saw that not only was I not free, but my brothers and sisters were not free. I saw that it was not just my freedom that was curtailed, but the freedom of everyone who looked as I did. It was during those long and lonely years that my hunger for the freedom of my own people became a hunger for the freedom of all people, white and black. I have walked that long road to freedom. And I have discovered the secret that after ascending a great hill, one only finds that there are many more hills left.

My long walk is not yet ended.

Adapted from: Mandela, Nelson. Long Walk to Freedom *(1994). Little, Brown and Company, p. 3.*
Picture: © ZUMA Press, Inc./Alamy Stock Photo

POINTS

TASK 1

Read the text *Long Walk to Freedom* (page 1/2).
Which of the headings (**0–7**) matches the paragraphs of the text (**A–F**) best?
Write the correct numbers in the boxes. One heading (**0**) has already been put in the correct place.
Use each number only once. Be careful, there are some headings that you do not need to use.

A lines 1–8
B lines 9–17
C **lines 18–25**
D lines 26–33
E lines 34–43
F lines 44–54

0 **Colonial influence at school**
1 Childhood fears
2 A challenge for the future
3 Candidate for presidency
4 Second class citizens
5 Family background
6 A moment of pride
7 Faith and optimism

A	B	C	D	E	F
		0			

5

TASK 2

Read the text *Long Walk to Freedom* (page 1/2).
Are sentences **1–10** *"True"* (T) or *"False"* (F)? Choose *"Not in the text"* (N) if there is not enough information to answer *"True"* or *"False"*.
Tick (✓) the correct answer.

		T	F	N
1	The young Rolihlahla was named after his father.			
2	Mandela was sent to school because he was meant to become a priest.			
3	Mandela's father bought his son a suit for school.			
4	Mandela's teacher replaced the pupils' African names.			
5	Mandela admired Lord Nelson greatly.			
6	Africans constantly ran the risk of being imprisoned.			
7	One of the guards in prison tried to protect Mandela from inhumane treatment.			
8	Mandela was sorry about his frequent conflicts.			
9	The Mandela family was sent to jail by the government.			
10	Mandela claimed he had achieved all his political goals.			

10

TASK 3

The following text is about Kumi Naidoo, the head of Amnesty International. The paragraphs of the text are mixed up. **Put the different parts (A–G) into the correct order (1–7). Write your answers in the grid below.** One part (**B**) has already been put in the correct place.

Another South African Success Story

A During this time abroad, he was a Rhodes scholar at Oxford and earned a doctorate in political sociology. After Nelson Mandela's release in 1990, Kumi returned to South Africa to work on the legalization of the African National Congress. Provoked by the fact that South Africa had one of the highest rates of violence against women, Kumi organized the National Men's March Against Violence on Women and Children in 1997.

B A year later he occupied another platform in the Barents Sea in the Russian Arctic. Kumi's most recent role has been as a co-founder of the pan-African organization, *Africans Rising for Justice, Peace and Dignity.* The group, which has forged partnerships across trade unions, religion and civil society, has realized that Africa as a continent has benefited from economic growth.

C As a result of these anti-apartheid activities, he was expelled from high school. Nevertheless Kumi managed to pass the entrance exam at the University of Durban-Westville. In 1986, he was charged with violating the emergency regulations. He went underground for one year before finally deciding to live in exile in England.

D Kumi is now in control of the largest human rights organization with a global presence that includes offices in over 70 countries, 2600 staff and seven million members, volunteers and supporters. The organization, founded in London in 1961, protects individuals wherever justice, fairness, freedom and truth are denied.

E Kumi Naidoo, a human rights activist of Indian origin, who was born in Durban, South Africa in 1965, became politically active at the age of 15. Soon he was deeply involved in neighbourhood organization, youth work in his community, the underground movement, and in the South African liberation struggle.

F Africans themselves, however, have not shared in that increasing wealth and power. This is certainly one reason why Kumi applied for the role as the global head of Amnesty International. As he himself emphasizes, another one was a letter by Mandela to the then newly founded human rights organization in 1962. In this document, Mandela thanked Amnesty International for sending a representative to observe his trial.

G Since this initiative to help the weaker groups in society, Kumi has held multiple leadership roles, but his time as Executive Director of Greenpeace International cemented his reputation as a bold activist who championed civil disobedience, most notably when he was arrested for scaling a Greenlandic oil rig to hand-deliver a petition in protest against drilling in the Arctic in 2011.

1	2	3	4	5	6	7
				B		

6

Adapted from:
African Success. "Biography of Kumi NAIDOO" [online available on: http://www. africansuccess.org]; TimesLive. "Kumi Naidoo Promises Change" [online available on: https://www.timeslive.co.za]; Greenpeace. "Kumi Naidoo" [online available on: https://www.greenpeace.org]
Picture: © Kuhlmann/MSC/wikipedia, CC BY 3.0 DE

TASK 4

Verwenden Sie die Informationen über das *Robben Island Museum* und **bearbeiten Sie die Aufgaben (1–6) stichpunktartig auf Deutsch**. Es ist keine wörtliche Übersetzung nötig, die Aspekte müssen inhaltlich jedoch vollständig erfasst sein. Einzelwörter genügen nicht als Antwort.

The Robben Island Museum (RIM)

Robben Island is an island near Cape Town, known for its dreaded high-security prison where Nelson Mandela was held captive. On a visit to the island, you will walk past a high wall and buildings which were used for the families' and lawyers' visits to prisoners. You will then be introduced to the site where Mandela spent 18 of his total of 27 years in jail, beginning in 1964. The bus tour passes the limestone quarry where Mandela suffered every day for 13 years, digging up rock. The dust of the rock made breathing difficult, and the reflection of the sunlight on the white stones caused a sort of snow blindness. The prisoners experienced often cruel, though, at times surprisingly kind treatment from the guards.

Many guides on Robben Island Museum are themselves former political prisoners, and they speak openly about their lives inside one of the world's most notorious prison camps. One of them, Itumeleng Makwela, recalls: "Only those who behaved well were allowed to read a newspaper, for example, but it would go to the censorship office first. They cut out every political contribution, you received a paper with holes all over. Letters from our families were treated the same way, so as to leave us hardly any words from home."

The tour route culminates in a viewing of Nelson Mandela's cell. As Mandela noted in *Long Walk to Freedom,* "When I lay down, I could feel the wall with my feet and my head touched the concrete at the other side." In the barely furnished cell, a bulb burned day and night over his head.

Today, the RIM is a must-see for any visitor to South Africa, as it is a testament to courage and strength in the face of inhumanity.

Adapted from:
Robben Island Museum. "The Tour Experience" [online available on: www.robben-island.org]; Johnson, Scott. "A Visit to Robben Island" [online available on: https://www.smithsonianmag.com]; Schadomsky. Ludger. "Robben Island. A View into Mandala's Prison Life" [online available on: https://www.dw.com]; Brady, Sean. "Nelson Mandala's Inspiring Limestone Quarry Classroom" [online available on: https://prismdecision.com]

1. Welchem Zweck dienten die Gebäude entlang des Fußweges zum Busparkplatz genau?

____

______________________________ 1

2. Beschreiben Sie zwei körperliche Probleme, die aus der Arbeit im Kalksteinbruch entstanden.

____

______________________________ 2

3. Wie war die Behandlung der Gefangenen durch die Aufseher bei dieser Arbeit?

____

______________________________ 1

4. Was wird über das Lesen von Zeitungen im Gefängnis gesagt (**2 Details**)?

____

______________________________ 2

5. Was sagt Mandela über die Größe seiner Zelle aus?

____

______________________________ 1

6. Welche beiden Angaben zur Zelle werden noch gemacht?

____

______________________________ 2

Part II: Use of English

TASK 1

Look at **text 1** (page 1/2). **Find a word or expression which means the same as each of the words (1–5) below.** The lines where you can find the words or expressions are indicated in brackets. There is one example (**0**) at the beginning.

0. to give → *to bestow (upon)* **(l. 1–8)**
1. to own → ______________ (l. 9–17)
2. to believe → ______________ (l. 18–25)
3. to control → ______________ (l. 26–33)
4. to think about → ______________ (l. 34–43)
5. to climb → ______________ (l. 44–54) 5

TASK 2

Look at **text 1** (page 1/2). What do the following words mean? **Match** the expressions (**A–F**) **as used in the text** with their corresponding definitions (**1–7**). **Write the correct numbers in the grid below.** Be careful: There are two definitions that you do not need. One definition (**0**) has already been matched correctly.

A constitution (l. 1)
B bias (l. 20)
C **resiliency (l. 37)**
D mercy (l. 38)
E glimmer (l. 41)
F hunger (l. 51)

0 **the ability to recover readily from misfortune or change etc.**
1 a wish or longing to achieve something
2 a weak sign of something
3 a particular tendency, influence or trend
4 the system of laws according to which a state is ruled
5 the ability to show kindness and compassion
6 physical characteristics, health etc.
7 difficult or unpleasant conditions of life

A	B	C	D	E	F
		0			

5

TASK 3

Use the word given in capitals at the end of some of the lines to **form a word of the same word family** that fits in the space in the same line.
There is one example (**0**) at the beginning.

"Nelson Mandela International Day" is celebrated on July 18 in
0 *honour* of the political leader who committed himself to promoting HONORABLE
1 ________________ justice. The day supports Mandela's vision of SOCIETY
2 ________________ and freedom. It is a time to reflect upon all EQUAL
that one person might accomplish, and emphasizes that everyone
3 has the ________________ to take action. Therefore, it is meant RESPONSIBLE
4 as an invitation to all of us to ________________. Its focus is on CONTRIBUTION
5 constant ________________. Mandela Day 2018 marked a 100 IMPROVE
years since Mandela's birth and was dedicated to "Action Against Poverty".

Adapted from:
Longo, Steve. "Nelson Mandela International Day 2018"
[online available on: https://www.dailymail.co.uk/news/article-5963263/Nelson-Mandela-International-Day-2018-need-know.html]

5

TASK 4

Complete the second sentence so that it has a similar meaning to the first sentence, using the KEY WORD given in brackets. **Do not change the KEY WORD given.** You must use **between two and five words including the KEY WORD**. There is one example (**0**).

0. On his release from prison, Mandela started leading South Africa out of apartheid. **(WHEN)**
   Mandela started leading South Africa out of Apartheid
   (1) (2) (3) (4) (5)
   when he was released from prison.

1. Mandela did not let hatred get the better of him but continued to fight in a non-violent way. **(INSTEAD)**
   ______________________ hatred get the better of him, Mandela continued to fight in a non-violent way. 1

2. Mandela became the country's first democratic president. Otherwise, South Africa's path into democracy might have been much harder. **(IF)**
   ______________________ the country's first democratic president, South Africa's path into democracy might have been much harder. 1

3. In 2009, the UN formally declared July 18 to be "Nelson Mandela International Day". **(WAS)**
   In 2009, ______________________ "Nelson Mandela International Day" by the UN. 1

4. Mandela stood up for political issues. Let us all follow his footsteps so the world will be transformed into a better place for all. **(ORDER)**
   Mandela stood up for political issues. Let us all follow his footsteps ______________________ the world into a better place for all. 1

5. No matter how small your actions are, they can help change the world for someone. **(IMPORTANT)**
   ______________________ small your actions are, they can help change the world for someone. 1

(5)

TASK 5

Complete the following text. Use the correct forms of the words in brackets and find words of your own to replace the question marks. There is one example (**0**).

What are human rights? They are the values **(0)** *which* **(???)** keep society fair, just and equal. Ever since, people **(1)** ______________________________ **(fight)** for them. Nowadays, our human rights **(2)** ______________________________ **(protect)** by law. That means we can do something **(3)** ______________________________ **(oneself)** if our rights are attacked. But for some people human rights are not as important **(4)** ____________________ **(???)** they should be. Societies used **(5)** ____________________ **(be)** controlled by all-powerful rulers who could be cruel and unjust. Kings only gave rights to people they liked. With every hard won right came new laws that made our lives **(6)** ______________________________ **(good)** than before. But in the 20th century, dictators came to power. They **(7)** ______________________________ **(rule)** by fear and terror, like kings of the past, dismantling our rights on an unimaginable scale. After World War II, the leaders of Europe's democracies said 'never again'. They succeeded **(8)** ______________________________ **(???)** creating a simple document that set out the basic rights which we all need to live a dignified life. The European Convention puts rights, not rulers, at the heart of our society. The aim is to treat all individuals **(9)** ______________________________ **(respectful)**, at work, at home, at school … anywhere. If we lost these rights, vulnerable people **(10)** ______________________________ **(pay)** the highest price.

Adapted from:
Wagner, Adam. Segal, Yoav. Cub Studio. "Human Rights Explained in a Beautiful Two-minute Animation" [online available on: https://rightsinfo.org/awesome-human-rights-animation/]

10

Part III: Guided Writing

You only have to do **one** of the following two tasks.
Important: First read both tasks, then decide whether you want to do Task A or Task B. You can write down your ideas on an extra sheet before you do the task on your exam paper.

TASK A

Here is the beginning of an e-mail you are writing to a friend:

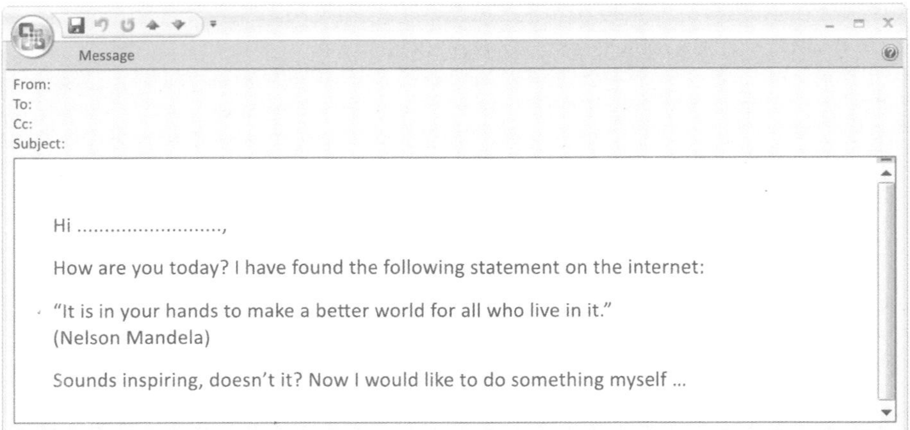

Hi ....,

How are you today? I have found the following statement on the internet:

"It is in your hands to make a better world for all who live in it."
(Nelson Mandela)

Sounds inspiring, doesn't it? Now I would like to do something myself ...

Continue the e-mail and describe:

- a situation which you would like to improve
- what exactly you want to do
- who could help you and how
- how your idea might be continued in the future

You need not copy the beginning, but find a suitable ending. **Write about 200 words.**

TASK B

An international youth organisation is offering an **exchange programme for students from Germany and South Africa**.

Write a **letter of application** for the programme. Include the following aspects:

- reasons for applying
- personal qualifications
- details of your stay in South Africa you would like to know more about
- a special place in your area you plan to show to your exchange partner and why

Find a suitable beginning and ending. **Write about 200 words.** You need not write any addresses.

TASK ☐

(Write A or B in the box.)

Lösung

Part I: Reading

Allgemeine Hinweise:
Im „Written Test 2019" geht es in erster Linie um ***Nelson Mandela****, der wie kein anderer gegen Apartheid und Rassentrennung in Südafrika kämpfte. Der Haupttext auf den Seiten 1 und 2 enthält Auszüge aus seiner Autobiografie mit dem Titel „****Long Walk to Freedom****". Die übrigen Texte des „Written Test" schließen sich dieser Thematik an. Es geht um Mandelas langjährige Gefangenschaft auf Robben Island und sein Wirken als Präsident von Südafrika. Ein weiterer Text ist* ***Kumi Naidoo*** *gewidmet, der als engagierter Menschenrechtler ebenfalls für den Freiheitskampf in Südafrika steht und mit der Organisation* ***Amnesty International*** *weltweit Menschenrechte einfordert.*

Task 1: Zuordnungsaufgabe

Hinweis: *Die folgende Aufgabe bezieht sich auf den Text auf Seite 1 und 2, die Auszüge aus „****Long Walk to Freedom****". Auf dem Angabenblatt sind sieben* ***Überschriften*** *vorgegeben, die du den einzelnen* ***Abschnitten (A–F)*** *des Texts zuordnen sollst. Lies dir zunächst den Text einmal ganz durch, damit du einen Überblick hast, worum es geht. Gehe anschließend Abschnitt für Abschnitt vor und überlege jeweils, welche Überschrift den Inhalt des entsprechenden Absatzes am besten zusammenfasst. Abschnitt C wurde als Beispiel bereits eine Überschrift zugeordnet. Jede Überschrift kann nur einmal vergeben werden. Es stehen mehr Überschriften zur Auswahl als es Textabschnitte gibt – zwei Überschriften bleiben also am Ende übrig und können nicht zugeordnet werden.*

A. Family background **5**

Hinweis: *Textstelle: "My father […] was a chief by both blood and custom. He had four wives, the third of whom was my mother" (Z. 6/7)*
In diesem Abschnitt nimmt Mandela Bezug auf seinen Vater und seine Mutter. Es geht also um seinen familiären Hintergrund.

B A moment of pride **6**

Hinweis: *Textstelle: "I have never possessed a suit I was prouder to put on than my father's cut-off pants." (Z. 16/17)*
In diesem Abschnitt werden die Vorbereitungen auf Mandelas ersten Schultag beschrieben. Da der junge Mandela keine eigene schöne Kleidung hatte, musste er einen Anzug seines Vaters anziehen. Dieser war ihm natürlich viel zu groß und es mussten erst die Hosenbeine gekürzt werden, damit er ihn überhaupt tragen konnte. Trotzdem war Mandela unheimlich stolz darauf, den Anzug tragen zu dürfen und als Erster in der Familie zur Schule zu gehen.

C. Colonial influence at school **0**

Hinweis: *Die Lösung ist hier bereits vorgegeben.*

D. Second class citizens **4**

Hinweis: *Textstelle: "His life is governed by racist laws and regulations." (Z. 33)*
Im gesamten Absatz ist davon die Rede, dass (nicht-weiße) Afrikaner in nahezu allen Bereichen des Lebens von weißen Menschen getrennt wurden (vgl. Z. 27–31) und dass sie jederzeit von der Polizei aufgehalten, kontrolliert und ins Gefängnis gebracht werden konnten.

Auch die Gesetze waren rassistisch. Die Afrikaner wurden also wie Bürger zweiter Klasse behandelt.

E. Faith and optimism **7**

***Hinweis:** Textstelle: "I always knew that deep down in every human heart, there is mercy and generosity. No one is born hating another person [...]. People learn to hate, and if they can learn to hate, they can be taught to love." (Z. 37–40)*
Mandela war überzeugt, dass Menschen statt zu hassen auch lieben lernen können. Obwohl er vielen Misshandlungen ausgesetzt war und einen Großteil seines Lebens im Gefängnis und mit Zwangsarbeit verbrachte, glaubte er unerschütterlich an das Gute im Menschen.

F. A challenge for the future **2**

***Hinweis:** Textstelle: "And I have discovered the secret that after ascending a great hill, one only finds that there are many more hills left." (Z. 52/53)*
Für Mandela war klar, dass nach der Bewältigung einer Aufgabe schon die nächste Herausforderung wartet. In seiner Autobiografie wird deutlich, dass sein Einsatz für Freiheit und ein gerechtes Südafrika zu diesem Zeitpunkt noch längst nicht beendet war. Die Überschrift „A challenge for the future" passt daher am besten für den letzten Abschnitt des Textes.

Die Überschriften 1 und 3 bleiben übrig.

Task 2: Richtig, falsch oder nicht im Text?

***Hinweis:** Auch für diese Aufgabe musst du den Text auf Seite 1 und 2, „**Long Walk to Freedom**", lesen. Du sollst herausfinden, ob die Aussagen aus Task 2 **richtig** oder **falsch** sind oder ob der Text **keine Informationen** dazu enthält. Lies dir die einzelnen Aussagen durch und scanne jeweils den Text nach Stellen, mit denen du die Aussagen belegen oder widerlegen könntest. Wenn du gar keine Informationen zu einer Aussage im Text findest, musst du „Not in the text" auswählen.*

1. The young Rolihlahla was named after his father. ✓ **False**

   ***Hinweis:** Textstellen: "the only thing my father bestowed upon me at birth was a name, Rolihlahla. Rolihlahla literally means 'pulling the branch of a tree,' but its colloquial meaning would be 'troublemaker'." (Z. 1–4); „My father, Gadla Henry Mphakanyiswa" (Z. 6)*
   Mandela schreibt, dass ihn sein Vater Rolihlahla nannte, was umgangssprachlich „Unruhestifter" bedeutet. Wir erfahren außerdem, dass Mandelas Vater Mphakanyiswa und nicht Rolihlahla hieß. Mandela wurde also nicht nach seinem Vater benannt.

2. Mandela was sent to school because he was meant to become a priest. ✓ **Not in the text**

   ***Hinweis:** Wenn sich hierzu eine Aussage im Text finden würde, dann vermutlich in Abschnitt B oder C, weil es darin um Mandelas Schulzeit geht. Mandela wurde zwar in einer Methodistenkirche getauft und dann auf die Schule geschickt ("I was baptized into the Methodist Church and sent to school", Z. 9). Es wird aber nicht erwähnt, ob er Priester werden sollte.*

3. Mandela's father bought his son a suit for school. ✓ **False**

   ***Hinweis:** Ab Zeile 13 wird beschrieben, wie Mandelas Vater eine seiner eigenen Hosen an den Beinen abschnitt und am Bund eine Schnur herumband, damit sein Sohn sie tragen konnte. Die Aussage ist also falsch. Die Familie hatte keineswegs Geld für einen Anzug und trotzdem war Mandela stolz auf die notdürftig zurechtgestutzte Hose: "I have never possessed a suit I was prouder to put on than my father's cut-off pants." (Z. 16/17)*

4. Mandela's teacher replaced the pupils' African names. ☑ **True**

__Hinweis:__ Textstellen: "my teacher, Miss Mdingane, gave each of us an English name." (Z. 18/19); "Miss Mdingane told me that my new name was Nelson." (Z. 22)
*Das Bildungssystem zu Mandelas Schulzeit war britisch geprägt. Die Schüler*innen erhielten daher auch englische Namen. Mandela wurde „Nelson" genannt. Viele Weiße waren damals der Ansicht, dass afrikanische Namen keine „richtigen" Namen waren.*

5. Mandela admired Lord Nelson greatly. ☑ **Not in the text**

__Hinweis:__ Mandela beschreibt, dass ihn die Lehrerin „Nelson" nannte und dass dies möglicherweise etwas mit dem berühmten Seefahrer Lord Nelson zu haben konnte (vgl. Z. 23–25). Er sagt aber nichts darüber, ob er Lord Nelson bewunderte oder nicht.

6. Africans constantly ran the risk of being imprisoned. ☑ **True**

__Hinweis:__ Textstelle: "he can […] be stopped at any time of the day or night and be ordered to produce a pass, failing which he will be arrested and thrown in jail." (Z. 30–33)
*Afrikaner*innen mussten sich stets ausweisen können und der Polizei den Pass vorzeigen, wann immer dies verlangt wurde. Wenn sie keinen Pass bei sich hatten, konnten sie ohne weitere Gründe ins Gefängnis kommen. Aber auch aufgrund der rassistischen Gesetzgebung (vgl. Z. 33) bestand immer die Gefahr von Willkür, d. h., dass man ohne besondere Begründung inhaftiert werden konnte.*

7. One of the guards in prison tried to protect Mandela from inhumane treatment. ☑ **Not in the text**

__Hinweis:__ Mandela schreibt, dass sich die Wärter teilweise auch von ihrer menschlichen Seite zeigten (vgl. Z. 40–42). Er erwähnt aber nicht, dass ihn ein Wärter vor unmenschlicher Behandlung oder Folter in Schutz nahm.

8. Mandela was sorry about his frequent conflicts. ☑ **False**

__Hinweis:__ Textstelle: "For myself, I have never regretted my years of struggle, and I was always prepared to face hardships that affected me personally." (Z. 44/45)
Die Lösung ist hier nicht ganz einfach, da der Begriff „conflicts" in diesem Zusammenhang nicht auftaucht. Mandela macht aber deutlich, dass er seinen Kampf nie bereut hat. Die Aussage, dass er seine Konflikte bereut hat, ist daher nicht zutreffend.

9. The Mandela family was sent to jail by the government. ☑ **Not in the text**

__Hinweis:__ Textstellen: "But my family paid a terrible price for my commitment." (Z. 45/46); "my brothers and sisters were not free" (Z. 48)
*Im Text wird nichts darüber ausgesagt, ob Mandelas Familie gefangen genommen wurde und ins Gefängnis kam. Mandela schreibt nur, dass seine Familie einen schrecklichen Preis für seinen Einsatz zahlte. In der zweiten Textstelle wird gesagt, dass seine Brüder und Schwestern auch nicht frei waren. Mandela meint damit aber nicht speziell seine leiblichen Geschwister, sondern allgemein alle nicht-weißen Südafrikaner*innen.*

10. Mandela claimed he had achieved all his political goals. ☑ **False**

__Hinweis:__ Textstelle: "And I have discovered the secret that after ascending a great hill, one only finds that there are many more hills left. My long walk is not yet ended." (Z. 52–54)
Für Mandela war der Kampf für Freiheit noch nicht zu Ende. Er betont, dass nach dem Erreichen eines Ziels bereits neue Herausforderungen warten. Er verwendet dazu das Bild vom Besteigen eines Bergs oder Hügels: Oft glaubt man, bereits am Ziel angekommen zu sein, nur um dann festzustellen, dass es doch immer weiter bergauf geht oder weitere Hügel warten.

Task 3: Textabschnitte anordnen

Hinweis: *Im Text „**Another South African Success Story**" geht es um das Leben und Wirken von **Kumi Naidoo**, dem Leiter der Menschenrechtsorganisation **Amnesty International**. Die einzelnen Absätze des Textes sind hier allerdings durcheinander geraten. Du sollst sie in die richtige Reihenfolge bringen, indem du die Buchstaben der **Abschnitte (A–G)** in die Tabelle auf Seite 5 einträgst. Um festzustellen, wie die Abschnitte logisch aufeinander folgen, musst du den inhaltlichen Gesamtzusammenhang berücksichtigen. Vor allem aber solltest du dir die **Anfänge und Enden** der einzelnen Abschnitte genauer ansehen. Häufig wird ein Begriff aus dem einen Abschnitt nämlich durch ein Synonym oder eine Umschreibung im nächsten Abschnitt wieder aufgegriffen. Für Abschnitt B ist die richtige Position bereits vorgegeben.*

1. Abschnitt E

   Hinweis: *Abschnitt E bietet sich als erster Teil des Textes an, da darin zunächst einleitend erwähnt wird, wer Kumi Naidoo ist und wo er geboren wurde. Dass Abschnitt E der Anfang des Textes sein muss, erkennst du aber auch daran, dass hier sein vollständiger Name genannt wird, während in den anderen Abschnitten nur von „Kumi" oder „he" die Rede ist.*

2. Abschnitt C

   Hinweis: *Gegen Ende von Abschnitt E ist zu lesen, dass Kumi Naidoo bereits als Jugendlicher am südafrikanischen Freiheitskampf beteiligt war („in the South African liberation struggle"). Dieser Aspekt wird am Anfang von Abschnitt C mit „these anti-apartheid activities" wieder aufgegriffen.*

3. Abschnitt A

   Hinweis: *Am Ende von Abschnitt C wird beschrieben, dass Kumi in das Exil nach England ging. Der Beginn des Abschnitts A schließt inhaltlich daran an – die Wörter „time abroad" und „Oxford" sind hier deine Schlüsselwörter.*

4. Abschnitt G

   Hinweis: *Am Ende von Abschnitt A wird geschildert, dass Kumi einen Marsch gegen Gewalt an Frauen und Kindern in Südafrika organisierte. Die Umschreibung „this initiative to help the weaker groups in society" am Anfang von Abschnitt G nimmt darauf Bezug.*

5. Abschnitt B

   Hinweis: *Dieser Abschnitt ist bereits vorgegeben.*

6. Abschnitt F

   Hinweis: *Das Ende von Abschnitt B handelt davon, dass Afrika als Kontinent vom allgemeinen wirtschaftlichen Aufschwung profitiert. Der Ausdruck „economic growth" wird sprachlich durch die Formulierung „that increasing wealth and power" in Abschnitt F wieder aufgenommen.*

7. Abschnitt D

   Hinweis: *Am Ende von Abschnitt F ist bereits von Amnesty International die Rede und es wird erwähnt, dass sich Kumi auf eine Stelle als Leiter der Organisation beworben hatte. Amnesty International wird in Abschnitt D durch die Formulierung „the largest human rights organization" umschrieben. Es wird auch deutlich, dass Kumi Naidoo die Organisation inzwischen leitet.*

Task 4: Sprachmittlung *(Mediation)*

***Hinweis: Robben Island** ist eine Insel in der Nähe von Kapstadt. Nelson Mandela verbrachte hier viele Jahre in dem gefürchteten **Gefängnis** und musste schwere **Zwangsarbeit** verrichten. Im vorliegenden Text wird die Gefängniszeit beschrieben. Das Gefängnis selbst und Mandelas Zelle können heute besichtigt werden. Viele Museumsführer sind ehemalige Gefangene. Du sollst hier die **wesentlichen Informationen** des Textes erfassen und die Fragen auf dem Angabenblatt **auf Deutsch** beantworten. Es geht nicht um eine wörtliche Übersetzung, sondern darum, die relevanten Aspekte sinngemäß auf Deutsch wiederzugeben. Du kannst deine Antworten also teilweise auch etwas anders formulieren als hier angegeben.*

1. – Besuch der Häftlinge durch Familien und Anwälte

   ***Hinweis:** Textstelle: "you will walk past a high wall and buildings which were used for the families' and lawyers' visits to prisoners." (Z. 2/3)*
   Die Frage lautet, welchem Zweck die Gebäude entlang des Fußweges genau dienten. Die Antwort „Besuch der Häftlinge" würde also als Lösung nicht ausreichen.

2. – das Atmen war schwierig
   – eine Art Schneeblindheit

   ***Hinweis:** Textstelle: "The dust of the rock made breathing difficult, and the reflection of the sunlight on the white stones caused a sort of snow blindness." (Z. 6/7)*
   Du musst hier zwei körperliche Probleme nennen, die durch die Arbeit im Kalksteinbruch entstanden. Neben der Beeinträchtigung der Atmung wurden oft auch die Augen geschädigt, weil die weißen Steine das Sonnenlicht so stark reflektierten. Dies führte zu einer Art (= „a sort of") Schneeblindheit. Der Zusatz ist hier wichtig, weil es ja nicht wirklich eine Schneeblindheit war.

3. – oft grausam, (doch) manchmal überraschenderweise freundlich

   ***Hinweis:** Textstelle: "The prisoners experienced often cruel, though, at times surprisingly kind treatment from the guards." (Z. 7/8)*
   Da freundliches Verhalten seitens der Wärter nicht die Regel war, ist es wichtig, dass du den Zusatz „überraschenderweise" („at times surprisingly") mit in deine Antwort aufnimmst. Im Grunde waren die Häftlinge einem willkürlichen Verhalten der Wärter ausgesetzt.

4. – man musste sich gut benehmen, um eine Zeitung lesen zu dürfen
   – die Zeitung wurde (vorher) zensiert
   – politische Beiträge wurden herausgeschnitten / man erhielt eine Zeitung voller Löcher

   ***Hinweis:** Textstelle: "Only those who behaved well were allowed to read a newspaper, for example, but it would go to the censorship office first. They cut out every political contribution, you received a paper with holes all over." (Z. 11–13)*
   Da es für diese Aufgabe nur zwei Punkte gibt, genügen hier zwei von drei Antworten.

5. – Körper berührte beim Hinlegen gegenüberliegende Wände /
   so klein, dass man sich beim Liegen nicht einmal ganz ausstrecken konnte

   ***Hinweis:** Textstelle: "When I lay down, I could feel the wall with my feet and my head touched the concrete at the other side." (Z. 16/17)*
   Es geht hier um die Größe der Zelle und nicht um die anderen Aspekte, die erst bei Frage 6 abgefragt werden. Die Liege war so kurz, dass Nelson Mandela am Kopf und an den Füßen an den gegenüberliegenden Wänden anstieß.

6. – spärlich eingerichtet
   – Glühbirne brannte Tag und Nacht

   Hinweis: *Textstelle: "In the barley furnished cell, a bulb burned day and night over his head." (Z. 17/18)*
   Hier musst du zwei weitere Informationen zu Mandelas Gefängniszelle nennen. Als zweiter Aspekt genügt das Wort „Glühbirne" alleine nicht. Es geht darum, dass die Gefangenen durch die dauernde Beleuchtung am Schlafen gehindert werden sollten, um so ihren Willen zu brechen.

Part II: Use of English

Task 1: Ähnliche Bedeutungen *(Synonyms)*

Hinweis: *Bei dieser Aufgabe sollst du im Haupttext „**Long Walk to Freedom**" nach Begriffen suchen, die eine **ähnliche Bedeutung** haben wie die vorgegebenen Wörter. Damit du nicht immer den ganzen Text durchforsten musst, ist auf dem Angabenblatt angegeben, in welchem Textabschnitt die gesuchten Begriffe enthalten sind.*
*In diesem Fall sind in der Aufgabenstellung ausschließlich **Verben** vorgegeben. Du kannst dich also beim Durchlesen der angegebenen Textabschnitte auf diese Wortart konzentrieren. Das gesuchte Verb muss jeweils eine ähnliche inhaltliche Bedeutung haben wie das Verb aus der Angabe. Wenn in einem Fall mehrere Verben als Lösung infrage kommen, lies dir den Satz davor und danach im Text noch einmal genau durch. Selbst wenn du ein Wort nicht kennst, kannst du die Bedeutung oft aus dem **inhaltlichen Zusammenhang** erschließen.*

1. to own – **(to) possess/possessed**

   Hinweis: *Textstelle: "I have never possessed a suit I was prouder to put on" (Z. 16/17)*
   Hier musst du in Textabschnitt B nach einem Verb suchen, das eine ähnliche Bedeutung hat wie „to own" (= besitzen). Dafür kommt inhaltlich nur „to possess" infrage. Du kannst hier entweder den Infinitiv oder das „past participle" (die 3. Form des Verbs) angeben.

2. to believe – **(to) assume/assumed**

   Hinweis: *Textstelle: "British ideas, British culture, British institutions, were automatically assumed to be superior." (Z. 21/22)*
   Hier wird nach einem Verb gesucht, das so viel bedeutet wie „glauben". Das einzige Verb in Abschnitt C, auf das diese Bedeutung zutrifft, ist „assume".

3. to control – **(to) govern/governed**

   Hinweis: *Textstelle: "His life is governed by racist laws and regulations." (Z. 33)*
   Du kennst sicherlich das Nomen „government" (= Regierung). Das Leben von nicht-weißen Menschen in Südafrika wurde „regiert" bzw. bestimmt von rassistischen Gesetzen, die sie zu Bürgern zweiter Klasse machten.

4. to think about – **(to) reflect**

   Hinweis: *Textstelle: "I took some moments to reflect our history." (Z. 34/35)*
   Hier kannst du dir die Lösung aus dem Deutschen ableiten. Das Verb „reflektieren" wird manchmal auch in der Bedeutung von „eingehender über etwas nachdenken" verwendet.

5. to climb – **(to) ascend/ascending**

   Hinweis: *Textstelle: "after ascending a great hill, one only finds that there are many more hills left." (Z. 52/53)*
   Hier könnte dir das Wort „hill" (Z. 53) aus dem Text weiterhelfen, weil man ja auf einen Hügel oder Berg steigt („to climb"). Mandela verwendet diesen Vergleich für die Herausforderungen in seinem Leben. Er hat die Erfahrung gemacht, dass er mit immer neuen Herausforderungen konfrontiert wurde, sobald er eine Aufgabe bewältigt hatte.

Task 2: Definitionen zuordnen

***Hinweis:** Für die folgende Aufgabe wurden einige Wörter aus dem Haupttext „**Long Walk to Freedom**“ herausgenommen. Dir wird nun eine Reihe von **Definitionen** zur Auswahl gestellt, die du diesen Begriffen zuordnen sollst. Beachte, dass die Definitionen der Bedeutung der Wörter **im Textzusammenhang** entsprechen müssen. Du solltest dir also auf jeden Fall noch einmal die Stelle ansehen, an der das Wort im Text verwendet wird (vgl. die Zeilenangabe in Klammern). Zwei Definitionen bleiben am Ende übrig. Für Buchstabe C ist die Lösung bereits vorgegeben.*

A	B	C	D	E	F
6	3	0	5	2	1

A **constitution** – Lösung: **Nummer 6** (physical characteristics, health etc.)

***Hinweis:** Die Lösung ist hier nicht ganz einfach, weil „constitution“ (= Verfassung) zwei völlig unterschiedliche Bedeutungen haben kann: Oft ist mit „Verfassung“ bzw. „constitution“ das Grundgesetz eines Staates gemeint – das würde auf Lösung 4 hindeuten. Wenn du dir die angegebene Textstelle durchliest, merkst du aber, dass diese Bedeutung hier nicht passt. Mandela berichtet davon, dass er mit einer starken körperlichen Verfassung bzw. Konstitution gesegnet war – die richtige Lösung ist daher Nummer 6.*

B **bias** – Lösung: **Nummer 3** (a particular tendency, influence or trend)

***Hinweis:** Der Begriff „bias“ ist dir vielleicht nicht bekannt. Wenn du dir die Textstellen vor und nach dem Wort noch einmal genau durchliest, ist die Lösung aber gar nicht so schwer. Es ist von einem „British bias“ in der Bildung die Rede und es wird gesagt, dass das Schulwesen von der britischen Kultur, britischem „Denken“ und britischen Institutionen geprägt war. Daraus kannst du erschließen, dass „bias“ so viel bedeuten muss wie „Einfluss“ oder „Voreingenommenheit“.*

D **mercy** – Lösung: **Nummer 5** (the ability to show kindness and compassion)

***Hinweis:** Mandela schreibt in diesem Absatz über die grausame Behandlung und Folter, die viele Menschen in Südafrika erlitten. Er macht aber auch deutlich, dass jeder Mensch im Grunde seines Herzens zum Guten fähig ist. Die Beschreibung in Lösung 5 drückt dies mit anderen Worten aus („kindness“ = Freundlichkeit; „compassion“ = Mitgefühl).*

E **glimmer** – Lösung: **Nummer 2** (a weak sign of something)

***Hinweis:** Die Gefängniswärter waren sehr grausam, aber Mandela entdeckte in ihnen auch immer wieder einen „glimmer of humanity“ (= einen Funken Menschlichkeit), der ihm Hoffnung gab. Das Wort „glimmer“ bedeutet so viel wie „Funken“ oder „Schimmer“, ist also ein schwaches Zeichen von etwas.*

F **hunger** – Lösung: **Nummer 1** (a wish or longing to achieve something)

***Hinweis:** Der Ausdruck „hunger“ wird hier im übertragenen Sinn verwendet. Es geht nicht um das Körpergefühl (Verlangen nach Nahrung), sondern um das Verlangen nach Freiheit für alle Menschen, egal ob sie eine helle oder dunkle Hautfarbe haben.*

Die Lösungen 4 und 7 kommen nicht zur Anwendung und bleiben übrig.

Task 3: Wortfamilien

Hinweis: *Im folgenden Text geht es um den „**Nelson Mandela International Day**", der zu Ehren Mandelas jedes Jahr am 18. Juli gefeiert wird. Im Jahr 2018 war ein besonderes Jubiläum, da Nelson Mandela 100 Jahre zuvor, also 1918, geboren worden war. Im Text wird die **große Bedeutung des Wirkens** von **Nelson Mandela** auch für die heutige Zeit beschrieben.*
*Bei den Zeilen mit den Ziffern 1 bis 5 ist jeweils ein Wort angegeben und du sollst ein anderes Wort derselben **Wortfamilie** finden, das in die Lücke passt. Aus dem Satzzusammenhang kannst du erschließen, welche Wortart benötigt wird, also ob du ein Verb, Nomen, Adjektiv oder Adverb einsetzen musst. Wenn du ein Verb einfügen musst, ist es wichtig, dass du die **richtige Form (Aktiv/Passiv bzw. Zeitform)** verwendest. Bei Substantiven kann es sein, dass du die **Pluralform** bilden musst. Manchmal musst du dich auch entscheiden, ob ein **Adjektiv** oder ein **Adverb** einzusetzen ist.*
Um für diese Aufgabe in der Prüfung gut gerüstet zu sein, solltest du neue Vokabeln immer gleich zusammen mit der jeweiligen Wortfamilie lernen. In den Hinweisen zu den Teilaufgaben sind daher immer auch die anderen „Mitglieder" der Wortfamilie angegeben.

1. "… who committed himself to promoting **social** justice." (society)
   Hinweis: *Da nach der Lücke ein Nomen folgt, benötigst du hier ein Adjektiv. Es ist dem deutschen Wort „sozial" sehr ähnlich. Es ging Mandela um „soziale Gerechtigkeit".*
   Wortfamilie: *to socialise – social – socially – sociability (= „Geselligkeit") – society*

2. "The day supports Mandela's vision of **equality** and freedom." (equal)
   Hinweis: *Die Konjunktion „and" macht deutlich, dass es sich hier um eine Aufzählung handelt. Da das Wort „freedom" ein Nomen ist, musst du auch in die Lücke ein Nomen einsetzen. Die Endung „-ity" wird übrigens häufig zur Bildung von Nomen verwendet (wie z. B. in „flexibility", „hospitality", „generosity", „minority" etc.).*
   Wortfamilie: *to equalise (= „ausgleichen") – to equate (= „gleichsetzen") – equal – equally – equality – equation (= „Gleichung")*

3. "… that everyone has the **responsibility** to take action." (responsible)
   Hinweis: *Auch hier wird ein Nomen benötigt. Du erkennst dies am bestimmten Artikel „the" vor der Lücke. Wie bei Lücke 2 endet das Nomen auf „-ity".*
   Wortfamilie: *responsible – responsibly – responsibility*

4. "… it is meant as an invitation to all of us to **contribute**." (contribution)
   Hinweis: *Durch die Gedenkfeier zu Ehren Nelson Mandelas sollen sich alle eingeladen fühlen, zum Kampf für Freiheit und Gerechtigkeit beizutragen („to contribute"). Das Wörtchen „to" gibt dir hier den Hinweis auf den erforderlichen Infinitiv.*
   Wortfamilie: *to contribute – contribution – contributor (= „Beitragende*r")*

5. "Its focus is on constant **improvement(s)**." (improve)
   Hinweis: *Das Adjektiv „constant" vor der Lücke deutet darauf hin, dass ein Nomen eingesetzt werden muss. Auch hier endet das gesuchte Wort mit einer Silbe, die bei Nomen oft vorkommt, nämlich „-ment" (siehe z. B. „government", „imprisonment", „treatment"). Du merkst also, dass es wirklich nützlich ist, wenn du die Wortbildungsregeln gut beherrschst. Dann kannst du besonders bei dieser Aufgabe oft auf das richtige Wort schließen.*
   Wortfamilie: *to improve – improvement*

Task 4: Umformulierung von Sätzen mit Schlüsselwörtern

Hinweis: *Bei dieser Aufgabe musst du* ***Sätze umformulieren****. Du sollst die Lücke im jeweils zweiten Satz so ergänzen, dass* ***inhaltlich dasselbe*** *ausgesagt wird wie im vorgegebenen ersten Satz. Dazu musst du ein bestimmtes „****key word****" verwenden, das du nicht verändern darfst. Insgesamt darfst du jeweils nur* ***zwei bis fünf Wörter*** *(das „key word" mitgerechnet) in die Lücke einsetzen. Wenn die Lösung weniger als zwei bzw. mehr als fünf Wörter enthält, bekommst du keinen Punkt. Bei dieser Aufgabe führen Rechtschreibfehler nur dann zu einem Punktabzug, wenn sie sinnentstellend sind.*

1. **Instead of letting** hatred get the better of him, Mandela continued to fight in a non-violent way.

   Hinweis: *Es ist gut, wenn du Verben oder Konjunktionen gleich zusammen mit den entsprechenden Präpositionen lernst. Auf die Konjunktion „instead" folgt beispielsweise immer das Wörtchen „of" und daran schließt sich wiederum die „-ing"-Form des Verbs an. Wenn du also lernst „instead of working"; „instead of driving" etc., dann hast du bei dieser Aufgabe keine Probleme.*

2. **If Mandela had not become** the country's first democratic president, South Africa's path into democracy might have been much harder.

   Hinweis: *Die vorgegebene Konjunktion „if" deutet auf einen Bedingungssatz hin. Die gängigsten Arten von Bedingungssätzen solltest du immer parat haben:*
   Typ I: if-clause: simple present; main clause: will-future
   Typ II: if-clause: simple past; main clause: would/might/could + infinitive
   Typ III: if-clause: past perfect; main clause: would/might/could have + past participle
   Im vorliegenden Fall handelt es sich um Typ III. Im „main clause" steht das „conditional II". Du benötigst daher im „if-clause" das „past perfect" („had" + „past participle" des Verbs). Wichtig ist hier noch die Verneinung, sonst würde die Aussage keinen Sinn ergeben.

3. In 2009, **July 18 was formally declared** "Nelson Mandela International Day" by the UN.

   Hinweis: *Hier musst du einen Satz vom Aktiv ins Passiv setzen. Ein deutlicher Hinweis darauf ist die Formulierung „by the UN". Du hast sicher gelernt, dass in Passivsätzen oft ein sogenannter „by-agent" vorkommt. Etwas wurde von jemandem gemacht oder durch etwas verursacht. Da im Aktivsatz die Zeitform des „simple past" steht, muss auch das Passiv im „simple past" stehen (key word „was" + „past participle" des Verbs). Das Adverb „formally" wird nach dem ersten Hilfsverb eingefügt.*

4. Mandela stood up for political issues. Let us all follow his footsteps **in order to transform** the world into a better place for all.

   Hinweis: *Der Ausdruck „in order to do sth" (= um etwas zu tun) ist eine feststehende Wendung, die du in vielen Situationen verwenden kannst. Am besten schreibst du dir hierzu einen Beispielsatz auf, dann kannst du dir die Struktur leichter merken.*

5. **It is not important how** small your actions are, they can help change the world for someone.

   Hinweis: *Mit dieser Aussage soll deutlich gemacht werden, dass auch kleine Bemühungen und Aktionen helfen, die Welt zu verändern. Der Ausdruck „no matter" steht für „it does not matter" und bedeutet so viel wie „es ist nicht wichtig" oder „es macht nichts aus". Vergiss nicht, die Verneinung zu bilden.*

Task 5: Lückentext – Grammatik und Sprachgebrauch

*Hinweis: Bei der sogenannten „**Mixed Grammar**"-Aufgabe musst du einen Lückentext vervollständigen. Manchmal befindet sich hinter der Lücke eine **Klammer mit einem Wort**, dann sollst du dieses Wort in die **richtige Form** bringen, damit es in den jeweiligen Satz passt. Manchmal sind **Fragezeichen** angegeben. Dann musst du das **richtige Wort** selbst finden. Inhaltlich geht es um das Thema „**Menschenrechte**". Es wird darüber reflektiert, wann die Menschenrechte gefährdet sind und welche große Bedeutung die Menschenrechte für das Zusammenleben haben. Es wird auch auf historische Entwicklungen und gefährliche politische Konstellationen eingegangen.*

1. **have fought / have been fighting**

   ***Hinweis:** Der Ausdruck „ever since" deutet klar auf die Zeitform des „present perfect" hin. Es geht um einen Zeitraum, der in der Vergangenheit begonnen hat und bis heute andauert. Seit jeher (= „ever since") haben die Menschen für ihre Grundrechte gekämpft. Du kannst hier das „present perfect simple" oder auch das „present perfect progressive" verwenden. Beide Varianten sind richtig.*

2. **are protected**

   ***Hinweis:** Auch hier hast du ein eindeutiges Signalwort für die notwendige Zeitform. Die Konjunktion „nowadays" (= heutzutage) am Satzanfang spricht deutlich für die Gegenwart. Nach der Lücke steht ein sogenannter „by-agent" („by law"). Viele Passivsätze enthalten diese Konstruktion. Wenn du also die beiden Informationen zusammennimmst, dann wird klar, dass du das „simple present passive" bilden musst (entsprechende Form von „to be" + „past participle" des Verbs).*

3. **ourselves**

   ***Hinweis:** In der Klammer steht ein Reflexivpronomen im Singular („oneself"). Da aber als Subjekt „we" vorgegeben ist, musst du hier das Pronomen angleichen und den Plural bilden. Vergleiche: I – myself; you – yourself; he – himself; she – herself; it – itself; we – ourselves; you – yourselves; they – themselves*

4. **as**

   ***Hinweis:** Hier geht es um einen Vergleich. Für manche Menschen sind die Menschenrechte nicht so wichtig wie sie es sein sollten. Im Englischen wird „nicht so … wie" mit „not as … as" ausgedrückt.*

5. **to be**

   ***Hinweis:** Die Konstruktionen „sb/sth used to do sth" und „to be used to doing sth" darfst du nicht verwechseln. Man verwendet „used to do sth", um etwas zu beschreiben, das regelmäßig geschah oder das früher der Fall war (z. B. "I used to play tennis, but I gave up." – Früher spielte ich Tennis, aber ich habe damit aufgehört). In dieser Bedeutung folgt ein Infinitiv. Man benutzt „to be used to doing sth", um etwas zu beschreiben, das man gewohnt ist und immer noch macht (z. B. "I'm used to riding to school by bike." – Ich bin es gewohnt, mit dem Fahrrad zur Schule zu fahren.). In dieser Bedeutung folgt eine „-ing"-Form. Da im vorliegenden Fall keine Form von „to be" vorausgeht, muss die erste Bedeutung gemeint sein. Es folgt also ein Infinitiv. Das macht auch inhaltlich am meisten Sinn ("Societies used to be controlled by all-powerful rulers" – Früher wurden die Gesellschaften von allmächtigen Herrschern kontrolliert).*

6. **better**

   ***Hinweis:** Das Vergleichswort „than" nach der Lücke deutet darauf hin, dass die Steigerung des Adjektivs erforderlich ist (good – better – best). Solltest du hier noch unsicher sein, ist es wichtig, dass du die Steigerung von Adjektiven noch einmal wiederholst. Einige*

Adjektive werden, wie hier, unregelmäßig gesteigert. Daneben gibt es Steigerungen mit „-er“ und „-est“ (z. B. cheap – cheaper – the cheapest) und Steigerungen mit „more“ und „most“ (vor allem bei längeren Adjektiven, z. B. expensive – more expensive – the most expensive).

7. **ruled**
Bei dieser Lücke könntest du versucht sein, das Passiv zu bilden, weil „by fear and terror“ nachfolgt. Es handelt sich hier aber nicht um einen „by-agent“, wie er häufig in Passivsätzen zu finden ist. Das Subjekt ist hier eindeutig „they“ (die Diktatoren regierten mithilfe von Angst und Terror). Da sich der Satz (genau wie die vorhergehenden) auf die Vergangenheit bezieht, benötigst du die Zeitform des „simple past“.

8. **in**
***Hinweis:** Auf „to succeed“ folgt in der Regel die Präposition „in“ und die „-ing“-Form des Verbs. Wenn du Verben immer gleich mit den zugehörigen Bestandteilen lernst, sind Aufgaben wie diese kein Problem für dich.*

9. **respectfully**
***Hinweis:** Da sich „respectful“ auf das Verb „to treat“ bezieht, also die Art der Handlung näher beschreibt, benötigst du das Adverb. Die reguläre Bildung eines Adverbs erfolgt mit der Endung „-ly“.*

10. **would/might (have to) pay**
***Hinweis:** Es handelt sich hier um ein typisches „if“-Satzgefüge. Im „if“-clause steht die Zeitform des „simple past“. Es muss also im „main clause“ ein „conditional I“ oder eine Formulierung mit „might“ folgen.*

Part III: Guided Writing – Schriftliche Sprachproduktion

Hinweis: *Das Rahmenthema* ***Südafrika*** *bzw.* ***Nelson Mandela*** *wird auch im „Guided Writing" aufgegriffen. Du hast hier* ***zwei Themen zur Auswahl*** *und sollst* ***ungefähr 200 Wörter*** *schreiben. Es gibt aber keinen Punktabzug, wenn du etwas mehr schreibst. Wichtig ist, dass du* ***alle vier in der Aufgabenstellung geforderten Aspekte vollständig*** *bearbeitest. Du solltest zu jedem Aspekt drei Ideen finden – als Faustregel also ungefähr drei Sätze bzw. Teilsätze schreiben. Es ist hilfreich, wenn du zunächst beide Aufgabenstellungen sorgfältig durchliest und erst dann entscheidest, welche du bearbeiten möchtest. Notiere dir am besten mit Bleistift einige Stichpunkte, bevor du mit dem Ausformulieren der Lösung beginnst. Achte aber darauf, dass dir am Ende nicht die Zeit davonläuft.*

Task A

Hinweis: *Bei Task A ist der Anfang einer E-Mail an einen Freund bzw. eine Freundin vorgegeben. Die zentrale Aussage darin ist der* ***Satz von Nelson Mandela*** *"It is in your hands to make a better world for all who live in it". Deine Aufgabe besteht darin, die E-Mail weiterzuschreiben und auf die Aussage Mandelas aufzubauen. Du sollst berichten,* ***welche Situation du gerne verbessern würdest (❶)*** *und* ***was du genau machen möchtest (❷)****. Darüber hinaus sollst du beschreiben,* ***wer dir dabei auf welche Weise helfen kann (❸)*** *und* ***wie dein Vorhaben auch in der Zukunft fortgeführt*** *werden könnte (❹). Außerdem benötigst du ein* ***passendes Ende****. Der Anfang ist bereits vorgegeben.*

One situation that I think about a lot is that of elderly people. I can imagine that many elderly people are quite lonely. They don't have much social contact and spend most of the day in their rooms. They long for someone to talk to, someone who will bring change into their lives.

❶ a situation you would like to improve

I would like to visit elderly and lonely people in our town once a week just for a couple of hours. I could go for a walk with them, play games or just talk to them. Maybe I could also help them with their shopping or other household chores.

❷ what exactly you want to do

I'm planning to ask some friends and classmates if they would like to join too, and we could decide who visits whom. We could meet from time to time to talk about our experiences and exchange ideas about how to improve our activities. Maybe our parents or relatives would also support us, for example by helping us organise short trips to nice places every few months with some of the elderly people.

❸ who could help you and how

In order to make sure that our visiting service will be continued in the future, we could try to recruit new helpers every year and explain our programme and aims to them. This could develop into an ongoing process. Perhaps we could also present our initiative at school to find more volunteers.

❹ how your idea might be continued in the future

In the end I am sure the elderly people would be very grateful and it would be most rewarding for ourselves, too. What do you think? Could you imagine taking part in the project yourself?

suitable ending

Yours,

Martin

Task B

Hinweis: *In Task B geht es um ein* ***Austauschprogramm*** *für Schüler*innen aus Deutschland und Südafrika. Du sollst hier einen „letter of application", also ein* ***Bewerbungsschreiben*** *verfassen. Das Schreiben soll die* ***Gründe für deine Bewerbung*** *(❶) enthalten und du sollst deine* ***Qualifikationen*** *(❷) beschreiben. Daneben ist es wichtig, dass du nach* ***Details*** *hinsichtlich deines* ***Aufenthalts in Südafrika*** *fragst (❸). Außerdem wird erwartet, dass du* ***einen besonderen Ort*** *nennst, den du deinem Austauschpartner oder deiner Austauschpartnerin* ***in deiner Heimat*** *zeigen möchtest und auch begründest, warum es gerade dieser Ort sein soll (❹). Du benötigst für deinen Brief auch einen* ***passenden Beginn*** *und ein* ***passendes Ende****.*

Dear Sir or Madam,	suitable beginning
I am very interested in the exchange programme you are offering students from Germany and South Africa.	
I am applying because the programme would be a great opportunity for me to improve my English language skills. Moreover, I have read various books about South Africa and I am really fascinated by South African culture, music, landscape and wildlife.	❶ reasons for applying
I am a very open-minded person and would like to learn more about other cultures and get to know new people. My hobbies are sports and music but I also love to work with children. I have babysat quite often for my neighbours.	❷ personal qualifications
Do you think it might be possible to do some voluntary work with children or to be placed with a host family who have children themselves? Since I love nature, it would also be wonderful if I could take part in outdoor activities and go on trips to the countryside.	❸ details of your stay in South Africa you would like to know more about
I hope my exchange partner likes being outdoors too. I would love to do some hiking tours with him or her when s/he visits me because you can get fantastic views from the top of the Alps. I think this is quite typical of Bavaria.	❹ a special place in your area you plan to show your partner (+ why)
Yours faithfully, Lisa Meier	suitable ending

Abschlussprüfung an Realschulen: Englisch 2019
Listening Test: Oceans Today

TEXT 1: Why Are the Oceans Important?

1 The ocean is home to millions of plants and animals. Most sea animals exist in the top two ocean zones. Sea plants, especially some algae, provide food and shelter to ocean animals. Did you know many of them are invisible to the naked eye?

2 The popularity of fish has increased in recent years because it's seen as being part of modern nutrition. It allows for more variety on menus. Rapid inland transport has made sea fish available in kitchens all over the world.

3 The evaporation of ocean water brings moisture to land areas. Further, ocean currents transport heat from the equator to the poles. The ocean acts as a global control system: it regulates the temperature and the concentration of carbon dioxide in the atmosphere.

4 With its amazing organisms the ocean offers opportunities for scientists to discover and develop new and innovative drugs. It may hold the key to the next cure, which is why we should protect and preserve it.

5 The ocean is subject to the impact of tidal streams, waves, currents or differences in salinity. It therefore works as a natural source for generating power, which is needed for the increasing demands in today's world.

Adapted from:
Stickney, Robert R. "Food from the Sea" [online available on: https://www.waterencyclopedia.com];
Weedmark, David. "Ocean Ecosystem for Kids" [online available on: https://sciencing.com];
American Museum of Natural History. "The Ocean: Climate Control" [online available on: https://amnh.org]

TEXT 2: Surprising Facts about the Oceans

Interviewer: The oceans may make up 70 per cent of the Earth's surface, but we know very little about them. My guest today is Robert Vaughn, a marine scientist. Welcome, Professor Vaughn.

R. Vaughn: Hello, thank you for having me. And yes, you're right, when you're sitting on the beach you may not be aware what a complex thing the Earth's oceans actually are. … We made it all the way to the moon a full four years before we saw the longest mountain range on Earth, lying deep down at the bottom of the ocean.

Interviewer: That's the Mid-Oceanic Ridge, isn't it?

R. Vaughn: Correct. The global Mid-Oceanic Ridge system snakes across the Earth's surface, like the zig-zag stitches on a baseball, covering an impressive 65,000 kilometres. It has peaks higher than those in the Alps and it makes up almost a quarter of the Earth's total surface. The majority of the system is underwater, of course.

Interviewer: That's impressive! I would have thought the largest mountain range was the Himalayas.

R. Vaughn: Yes, people only talk about what they can see. In fact, the oceans are rich with more than just marine life. In 1872, an English chemist discovered that microscopic fragments of gold are hidden in the water of all oceans. But even though the oceans hold nearly 18 million tons of gold, its concentration is only a few parts per trillion.

There is, however, undissolved gold in and on the seafloor. It's located at least a mile or two underwater and encased in rock. Mining for this gold may not be worthwhile. Currently there isn't a cost-effective way to mine or take out this gold. If all of the gold were extracted from the world's oceans, each person on earth could have four kilograms of the precious metal.

Interviewer: Oh really!

R. Vaughn: Well, there's more to marvel at: We have more detailed maps of Mars than we do of the ocean and we've only explored a miserly five per cent of the ocean floor. Two-thirds of all marine life remain unidentified. In fact, researchers recently found unique microbes down there. These do not require the sun to maintain their energy but get it from a chemical reaction instead. This life form is making scientists rethink where else they might find life in the solar system. Other recent discoveries have included a "ninja" shark with a dimly glowing head, in addition to a nesting ground where more than a thousand deep-sea octopuses huddled in the rocks with their eggs.

Interviewer: That's amazing!

R. Vaughn: Exactly! There are also sounds from the depths of the oceans that cannot be explained with any certainty. The legendary "Bloop" is one of the loudest ocean sounds ever recorded, and for a long time no one knew for sure what made it. It seemed to mimic oceanic animal noises. However, the Bloop's volume was too great to be made by any sea creatures known to science. Today we know that it was caused by an underwater ice quake – large icebergs fracturing into pieces.

Interviewer: Fantastic, let's listen to a recording of the Bloop ...

Adapted from:
Vaughn, Aubrey. "15 Fun and Surprising Facts about the Earth's Oceans";
Hickok, Kimberly. "Ghostly Dumbo Octopus Makes Rare Appearance in Dazzling Deep-Sea Video";
Deamer, Kacey. "7 Bizarre Facts about the Ocean" [all online available on: https://www.livescience.com]

TEXT 3: The Great Pacific Garbage Patch

The Great Pacific Garbage Patch – or GPGP for short – is the largest of five huge offshore plastic accumulations **floating** in the world's oceans. It is located halfway between Hawaii and California.
The **amount** of the plastic in the GPGP is estimated to weigh approximately 80,000 tons. Experts suppose that a total of 1.8 trillion plastic pieces are drifting in the patch. This is equivalent to **250** pieces of rubbish for every human in the world – an enormous plastic count. Once plastic **finds** its way into the garbage patch, it falls apart into smaller microplastics under the effects of sun and waves.
The vast majority of plastics are made of **thick** or hard polyethylene or polypropylene, as well as destroyed fishing nets and ropes. In terms of object count, 94 per cent of the total is represented by microplastics smaller than 0.5 cm. Once they become this small, microplastics are very **tough** to remove. In addition they are often mistaken for food by marine animals.

Adapted from: The Ocean Cleanup. "The Great Pacific Garbage Patch"
[online available on: https://www.theoceancleanup.com]

TEXT 4: Ocean Health

Reporter: The Oceans' health is in great danger and the oceanologist, Prof. Waters, is here with me now to tell us about the most urgent issues. Prof. Waters, let's start with the buzz word "overfishing".

Mrs. Waters: Well, actually overfishing is having some serious impacts on our oceans. Firstly, it may wipe out a complete species. Other species depending on those fish for survival are affected as well. In other words, overfishing can cause marine animals to starve.

Reporter: Are there any species that are particularly affected by overfishing?

Mrs. Waters: Yes, indeed. Overfishing is a serious issue with sharks. Sharks are killed in tens of millions each year, mainly for their fins. Shark-fin soup is an exclusive delicacy. It's a common practice to catch sharks, cut off their fins, and toss the fish back into the ocean where they are left to die. This is horrendous.

Reporter: That's awful! Shark finning is a practice that needs to end. Now let's talk about the ocean itself. What can you tell us about so-called "dead zones"?

Mrs. Waters: You know, ocean dead zones are everywhere, and growing. They're areas in the oceans where life is impossible, because there is not enough oxygen. The number of dead zones is increasing at an alarming rate, with over 400 known to exist, and the number is expected to rise.

Reporter: And what's the reason for this development?

Mrs. Waters: It's believed that global warming is one prime aspect for what's behind the changes in ocean behaviour that causes dead zones.

Reporter: Prof. Waters, in how far does pollution affect the health of the oceans?

Mrs. Waters: Well, pollution is really getting out of hand. One of the scariest pollutants is mercury – also known as quicksilver. It literally ends up on our dinner table.

Reporter: But where does the mercury come from?

Mrs. Waters: According to the Environmental Protection Agency, coal-fired power plants are the largest industrial source of mercury pollution in the country. The mercury is absorbed by organisms at the bottom of the food chain and as bigger fish eat smaller fish, it works its way back up the food chain right to us, most notably in the form of tuna.

Reporter: And what exactly are the risks for us human beings?

Mrs. Waters: Mercury has toxic effects on the nervous system. Internal organs such as lungs or kidneys may also be damaged.

Reporter: That's dramatic. Now let's talk about what can be done to save our oceans …

Adapted from: Heimbuch, Jaymi. "The Ocean Has Issues" [online available on: https://www.treehugger.com]

TEXT 5: Saving the Seas

Presenter: Welcome to our radio podcast "Saving the Seas". With me in the studio today are wildlife biologist Jean Wiener from Haiti, Sylvia Earle, who has spent more than 60 years researching marine life, and Pierce Brosnan, the famous James Bond actor and activist in saving our oceans.
Now, Mr. Brosnan, who can save our oceans if not James Bond? But seriously, what can our listeners do in their everyday lives to protect our oceans?

Mr. Brosnan: Oceans cover more than 70 per cent of the Earth, and provide 50 to 85 per cent of the oxygen in the air we breathe. Put simply, if the oceans die, we die. That's why we – all of us – need to make some changes. Even small things can help. For example don't buy products with microplastics. Millions of these tiny pieces end up in our rivers, which eventually carry them out to the sea. There, fish and other sea life mistake them for food and devour them.

Mr. Wiener: What I want to add: you could attend clean-up events or just pick up trash every time you go. It's a quick and simple way to get involved.

Presenter: Sounds like a good start, Mr. Wiener. What else do you suggest, Mrs. Earle?

Mrs. Earle: It's a fact that certain types of fish are so popular they are dying out from over-fishing. So a good idea is eating sustainable fish only. There are apps that can help you find markets.

Presenter: All of you have made personal contributions to preserving our oceans. What exactly did you do, Mr. Brosnan?

Mr. Brosnan: My wife and I are passionate about efforts to protect our planet's great whales and their ocean habitat. Therefore, we joined the International Whaling Commission in their ongoing fight to protect these magnificent creatures. Many people think we saved the whales in the 1970s, but surprisingly, whales face more threats today than ever before.

Presenter: And what was your project about, Mr. Wiener?

Mr. Wiener: In 1989 I returned to Haiti, where I was born. I started the Foundation for the Protection of Marine Biodiversity in 1992 when I fully realized how serious damage to the ecosystem was. Local fishermen had told me alarming stories about how much harder it was to find fish.

Presenter: Your project is called "Mission Blue", Mrs. Earle, tell us more, please.

Mrs. Earle: Mission Blue goes on expeditions and produces documentaries about vital oceanic ecosystems worldwide. This way we try to reach viewers all over the world. Our principal aim is to protect 30 per cent of the ocean by 2030. This may not sound much but with less than four per cent of the ocean currently protected in any way, we still have a lot of work to do.

Presenter: Could you recommend any literature for those listeners who would like to learn a bit more, Mr. Brosnan?

Mr. Brosnan: I'd recommend Mrs. Earle's books "The World Is Blue" and of course "A Message of the Oceans". They're both tremendous reading.

Mrs. Earle: There is a good introduction to life in the oceans called "Marine Biology" by Peter Castro. It stresses that the world's oceans are an integrated system.

Presenter: Thank you for this useful input. And thank you for coming!

All: It was a pleasure! Bye …

Adapted from:
Millennium Post. "Brosnan Joins Save Whale Campaign" [online available on: https://www.pressreader.com]; The Goldman Environmental Prize. "Jean Wiener" [online available on: https://www.goldmanprize.org]; Mission Blue. Sylvia Earle Alliance. "How to Protect the Oceans" [online available on: https://mission-blue.org]

Hinweis: Pierce Brosnan, Sylvia Earle und Jean Wiener sind Namen von realen Personen. Das vorliegende Interview ist jedoch fiktiv und die Texte wurden von anderen Sprecherinnen und Sprechern eingesprochen.

OCEANS TODAY

TASK 1: Why are the Oceans Important?

You will hear five statements by marine biologists about the oceans. **What reasons for the importance of the oceans** are the people talking about? **Write the correct numbers (1–5) in the boxes next to the categories (A–H).** Be careful: Use each number only once.
(You will have 5 seconds after the first listening and 5 seconds after the second listening.)

A Employment ☐ **E** Climate ☐
B Medicine ☐ **F** Shipping traffic ☐
C Marine life ☐ **G** Energy production ☐
D Relaxation ☐ **H** Food supply ☐ 5

TASK 2: Surprising Facts about the Oceans

You will hear an interview with Robert Vaughn, a marine scientist. One ending to each of the following sentences (**1–4**) is correct. **Tick (✓) A, B, C or D.**
(You will have 5 seconds after the first listening and 5 seconds after the second listening.)

1. The longest mountain range in the ocean …
   - **A** ☐ forms a straight line.
   - **B** ☐ is 65,000 kilometres long.
   - **C** ☐ is as high as the Alps.
   - **D** ☐ is part of the Himalayas.
2. Gold in the oceans …
   - **A** ☐ was mined until 1872.
   - **B** ☐ is worth 18 million dollars.
   - **C** ☐ cannot be mined cost-effectively.
   - **D** ☐ sums up to 4 kg altogether.
3. The ocean floor …
   - **A** ☐ looks like the ground on Mars.
   - **B** ☐ is used for chemical tests.
   - **C** ☐ glows between rocks.
   - **D** ☐ is home to nesting octopuses.
4. The famous "Bloop" was caused by …
   - **A** ☐ unexplainable sources.
   - **B** ☐ marine animals.
   - **C** ☐ earthquakes.
   - **D** ☐ breaking icebergs. 4

TASK 3: The Great Pacific Garbage Patch

You will hear a radio report about the Great Pacific Garbage Patch. **There are <u>six</u> wrong words in the text. Write the correct version on the lines provided.**
(You will have 10 seconds after the first listening and 15 seconds after the second listening.)

The Great Pacific Garbage Patch

The Great Pacific Garbage Patch – or GPGP for short – is the largest of five huge offshore plastic accumulations flowing in the world's oceans. It is located halfway between Hawaii and California.

The account of the plastic in the GPGP is estimated to weigh approximately 80,000 tons. Experts suppose that a total of 1.8 trillion plastic pieces are drifting in the patch. This is equivalent to 215 pieces of rubbish for every human in the world – an enormous plastic count. Once plastic winds its way into the garbage patch, it falls apart into smaller micro-plastics under the effects of sun and waves.

The vast majority of plastics are made of slick or hard polyethylene or polypropylene, as well as destroyed fishing nets and ropes. In terms of object count, 94 per cent of the total is represented by microplastics smaller than 0.5 cm. Once they become this small, microplastics are very rough to remove. In addition they are often mistaken for food by marine animals.

6

Adapted from: The Ocean Cleanup. "The Great Pacific Garbage Patch" [online available on: https://www.theoceancleanup.com]

TASK 4: Ocean Health

You will hear an interview between a reporter and Mrs. Waters, professor for Ocean Science. Listen and **take notes**. You do not have to write complete sentences but **one word is not enough**.
(You will have 10 seconds after the first listening and 20 seconds after the second listening.)

NOTES

1	Consequences of overfishing (2 aspects):	• ______________________	1
		• ______________________	1
2	Reason why sharks are killed:	______________________	1
3	Reason for dead zones:	______________________	1
4	Mercury pollution:		
	– source:	______________________	1
	– health dangers for people (2 aspects):	• ______________________	1
		• ______________________	1
			(7)

TASK 5: Saving the Seas

You will hear a radio podcast about 'Saving the Seas'. What do the different people say? **Listen to the conversation and complete the grid below.** Be careful, **one word is not enough**.
(You will have 30 seconds after the first listening and 90 seconds after the second listening.)

	Mr. Brosnan	Mr. Wiener	Mrs. Earle
Ideas to save our seas:	____________ ____________ ____________ ____________ 1	____________ ____________ ____________ ____________ 1	____________ ____________ ____________ ____________ 1
Projects and initiatives:	INTERNATIONAL WHALING COMMISSION Situation of the whales today: ____________ ____________ ____________ ____________ 1	Foundation for the Protection of Marine Biodiversity  Reason for founding: ____________ ____________ ____________ ____________ 1	MISSION BLUE Main goal of 'Mission Blue': ____________ ____________ ____________ ____________ 1
Further reading:	– 'The World is Blue' – ____________ ____________ ____________ ____________ ____________ ____________ 1	*no information given*	'Marine Biology' (by Peter Castro) stresses: ____________ ____________ ____________ ____________ 1

(8)

Pictures:
Logo "International Whaling Commission" © International Whaling Commission;
Schildkröte © Can Stock Photo/ylivdesign

Good luck!

Lösung

__Allgemeine Hinweise:__ Im Listening Test dieser Abschlussprüfung stehen die __Weltmeere__ im Mittelpunkt. Insgesamt enthält der Hörverstehenstest __fünf Texte__ zu diesem Thema. Neben der grundsätzlichen Bedeutung der Ozeane für die Menschheit werden vor allem Umweltaspekte wie der Plastikmüll oder auch die Problematik der Überfischung thematisiert. Du lernst dabei auch neue interessante Fakten über die Weltmeere kennen, die du vielleicht noch nicht gewusst hast. Und schließlich werden noch Ideen aufgezeigt, wie man die Weltmeere schützen könnte.
In den Texten kommen u. a. folgende __Begriffe aus den Bereichen Geografie/Biologie und Umwelt__ vor, die dir vielleicht nicht geläufig sind: „evaporation“ (= Verdunstung), „tidal streams“ (= Gezeitenstrom), „oceanic ridge“ (= Ozeanrücken), „shark fin“ (= Haifischflosse), „salinity“ (= Salzgehalt), „marine biodiversity“ (= Artenvielfalt in den Meeren), „toxic effect“ (= Giftwirkung), „ocean currents“ (= Meeresströmungen). Auch wenn du diese Wörter bisher nicht kanntest, wirst du sehen, dass das keine größere Schwierigkeit ist, da du vieles aus dem Sinnzusammenhang erschließen kannst und manche Begriffe für die Lösung gar nicht brauchst. Wichtig ist, dass du die grobe Aussage eines Gesprächs oder Textes verstehst.
Wie in den Vorjahren werden alle Hörtexte __zweimal__ vorgespielt und es ist genügend Zeit zwischen den Hördurchgängen, damit du die Lösungen auf das Angabenblatt schreiben kannst. Rechtschreib- und Grammatikfehler werden beim Hörverstehen nicht gewertet, solange erkennbar ist, was du gemeint hast.

Task 1: Why Are the Oceans Important?

__Hinweis:__ Die folgende Aufgabe besteht aus __fünf kurzen Texten (1–5)__ mit Aussagen von Meeresbiologinnen und -biologen, in denen die Bedeutung der Ozeane für die Menschheit beschrieben wird. Auf dem Angabenblatt findest du eine Reihe von __Überbegriffen (A–H)__, die zu den Texten passen könnten. Deine Aufgabe besteht nun darin, die Hauptaussage jedes Kurztexts herauszuhören und die Ziffer des Texts in das Kästchen neben dem passenden Überbegriff zu schreiben. Du darfst jede Ziffer nur einmal vergeben. Drei Kästchen bleiben am Ende frei.

A Employment **–**

__Hinweis:__ In keinem der fünf Texte ist von „employment“ (= Beschäftigung) die Rede. Diese Lösung kannst du also gut ausschließen.

B Medicine **4**

__Hinweis:__ Hier sind die Textpassage “the ocean offers opportunities for scientists to discover and develop new and innovative <u>drugs</u>” (Z. 10/11) und das Stichwort „cure“ (= Heilung, Z. 11) entscheidend. Es wird klar, dass die Weltmeere für die Entwicklung von neuen Medikamenten, d. h. für die Medizin, sehr wichtig sind („drugs“ bedeutet hier „Medikamente, Arzneien“ und nicht „Drogen“). Diese Thematik wird in keinem der übrigen Texte aufgegriffen, sodass die Lösung eindeutig ist.

C Marine life **1**

__Hinweis:__ In Text 1 wird deutlich gemacht, dass in den Weltmeeren Millionen von unterschiedlichen Tieren und Pflanzen leben: “The ocean is home to millions of plants and animals.” (Z. 1) Das reicht eigentlich schon für die richtige Lösung. Ein bisschen schwierig wird es nur deshalb, weil darauf verwiesen wird, dass z. B. Algen auch als Nahrung für die Meeresbewohner dienen (“Sea plants, especially some algae, <u>provide food</u>”, Z. 2). Du könntest also versucht sein, Möglichkeit H („Food supply“) auszuwählen. Das wäre aber nicht richtig, weil das Thema Nahrung hier nur ein Nebenaspekt ist und es hauptsächlich um das reichhaltige Leben in den Weltmeeren geht.

D Relaxation **–**

__Hinweis:__ Dass die Meere auch zur Entspannung und Erholung genutzt werden („relaxation“), wird in keinem der Texte angesprochen.

E Climate **3**

__Hinweis:__ Die folgenden Textstellen zeigen, dass hier nur Möglichkeit E infrage kommt: "The evaporation of ocean water brings moisture to land areas." (Z. 7); "ocean currents transport heat from the equator to the poles" (Z. 7/8); "it regulates the temperature and the concentration of carbon dioxide in the atmosphere" (Z. 8/9). All diese Zusammenhänge beschreiben klar die große Bedeutung der Ozeane für das Klima auf unserem Planeten. Vielleicht kanntest du nicht alle Wörter in diesem Text. Begriffe wie „heat“ und „temperature“ sind dir aber wahrscheinlich geläufig und reichen hier bereits als Hinweise auf die richtige Lösung.

F Shipping traffic **–**

__Hinweis:__ Der Schiffsverkehr wir in keinem der fünf Texte angesprochen. Lediglich in Text 2 wird thematisiert, dass durch die inländischen Transportmöglichkeiten („[r]apid inland transport“, Z. 5) Fisch als Nahrungsmittel schnell überall hin transportiert werden kann. Das hat aber mit dem Schiffsverkehr nichts zu tun. Diese Lösung scheidet daher aus.

G Energy production **5**

__Hinweis__ Die entscheidende Aussage findest du in folgender Textstelle: "It therefore works as a natural <u>source for generating power</u>" (Z. 14). Die Strömungen („tidal streams“) und Wellen („waves“) in den Weltmeeren sowie Unterschiede im Salzgehalt („differences in salinity“) können für die Gewinnung von Energie genutzt werden.

H Food supply **2**

__Hinweis:__ Die Textstellen "fish [… is] seen as being part of modern <u>nutrition</u>" (Z. 4/5); „more variety on <u>menus</u>“ (Z. 5) und „has made sea fish available in <u>kitchens</u> all over the world“ (Z. 5/6) gehen alle in dieselbe Richtung. Es wird klar, dass Fisch als Nahrungsmittel für die Menschheit eine große Bedeutung hat. Die teilweise Überschneidung mit Text 1 wurde bereits bei C erläutert. In Text 1 wird lediglich nebenbei angesprochen, dass Algen Meerestieren als Nahrung dienen. In Text 2 geht es dagegen ausschließlich um das Thema „Nahrung“.

Task 2: Surprising Facts about the Oceans

__Hinweis:__ Bei dieser Aufgabe hörst du ein Gespräch zwischen einer __Radiomoderatorin__ und dem __Wissenschaftler Robert Vaughn__, der einige überraschende Fakten über die Weltmeere nennt. Es geht in erster Linie um __geografische Besonderheiten__, die normalerweise nicht so bekannt sind. Auf dem Angabenblatt sind vier Satzanfänge mit jeweils __vier möglichen Satzenden__ (A, B, C oder D) angegeben. Du musst nun entscheiden, welches Satzende jeweils das richtige ist und den entsprechenden Buchstaben ankreuzen. Da sich die Auswahlmöglichkeiten oft nur in einem Detail unterscheiden, musst du die Aufgabenstellung ganz genau lesen und gut zuhören.

1. The longest mountain range in the ocean **is 65,000 kilometres long.**

   __Hinweis:__ Die Formulierung „the longest mountain range“ aus der Aufgabenstellung wird auch im Text genannt (vgl. Z. 6/7) – an dieser Stelle musst du also besonders genau zuhören. Kurz darauf folgt die entscheidende Information: "The global Mid-Oceanic Ridge system snakes across the Earth's surface, like the zig-zag stitches on a baseball, <u>covering</u>

an impressive 65,000 kilometres." (Z. 9/10) Da der Bergrücken zickzackförmig verläuft, kann er keine gerade Linie („straight line") bilden – Möglichkeit A scheidet also aus. Zudem wird gesagt, dass der mittelozeanische Rücken größer ist als der Himalaya (vgl. Z. 13–15) und dass die Gipfel höher sind als die der Alpen (vgl. Z. 11) – auch die Möglichkeiten C und D müssen daher falsch sein.

2. Gold in the oceans **cannot be mined cost-effectively.**

   Hinweis: *Bei dieser Aufgabe musst du besonders genau hinhören, weil darin einige Zahlen vorkommen, die dich verwirren könnten. Wenn man das ganze Gold in den Ozeanen bergen könnte, wäre es so viel, dass jeder Mensch auf der Erde vier Kilo davon bekommen könnte (vgl. Z. 21–23). In Möglichkeit D wird aber von vier Kilo insgesamt („altogether") ausgegangen. Diese Lösung ist also falsch. Ähnliches gilt für die Mengenangabe „18 million". Insgesamt schätzt man, dass in den Ozeanen 18 Millionen Tonnen Gold verborgen sind (vgl. Z. 17/18). Es wird aber nicht gesagt, dass dieses Gold 18 Millionen Dollar wert ist. Zusätzlich musst du bei der Jahreszahl 1872 aufpassen. Professor Vaughn erwähnt, dass in diesem Jahr ein englischer Chemiker zum ersten Mal Spuren von Gold in den Ozeanen gefunden hat (vgl. Z. 16/17). Es wäre dagegen falsch zu sagen, dass bis zu diesem Jahr Gold in den Ozeanen abgebaut worden ist. Den entscheidenden Hinweis auf die richtige Lösung enthält die folgende Textstelle: "Currently there isn't a cost-effective way to mine or take out this gold." (Z. 20/21)*

3. The ocean floor **is home to nesting octopuses.**

   Hinweis: *Auch hier musst du gut aufpassen. Professor Vaughn sagt zwar, dass wir genauere Karten vom Mars haben als von den Ozeanen (vgl. Z. 25/26). Er behauptet aber nicht (wie in Möglichkeit A angegeben), dass der Meeresboden aussieht wie die Oberfläche des Mars. Im Text ist außerdem die Rede davon, dass manche Mikroben auf dem Meeresboden kein Sonnenlicht benötigen und ihre Energie durch chemische Reaktionen bekommen (vgl. Z. 27–29). Das bedeutet aber nicht, dass der Meeresboden für chemische Tests genutzt wird (Antwortmöglichkeit B). Professor Vaughn erwähnt, dass es Haie mit einem „dimly glowing head" (= leicht leuchtenden Kopf, vgl. Z. 31) gibt. In Möglichkeit C wird allerdings davon ausgegangen, dass der Meeresboden zwischen den Felsen leuchtet. Auch diese Antwort scheidet also aus. Die richtige Lösung ist Möglichkeit D, was sich auch an folgender Textstelle belegen lässt: "Other recent discoveries have included […] a nesting ground where more than a thousand deep-sea octopuses huddled in the rocks with their eggs." (Z. 30–32)*

4. The famous "Bloop" was caused by **breaking icebergs.**

   Hinweis: *Die Ursache für den sogenannten „Bloop" (laute Geräusche vom Meeresboden) konnte man lange nicht klären. Heute weiß man, dass der Grund hierfür auseinanderbrechende Eisberge waren, die unter Wasser ein Eisbeben verursachten ("Today we know that it was caused by an underwater ice quake – large icebergs fracturing into pieces.", Z. 38/39). Die Geräusche sind zwar vergleichbar mit denen, die von manchen Meerestieren erzeugt werden, sie stammen aber nicht von den Tieren. Lösung B ist also falsch. Es handelt sich außerdem nicht um ein Erdbeben, wie in Lösung C genannt, sondern um sogenannte „Eisbeben". Da die Ursache mittlerweile geklärt ist, ist auch Lösung A nicht zutreffend.*

Task 3: The Great Pacific Garbage Patch

Hinweis: *In den Ozeanen sammelt sich jede Menge Müll, vor allen Dingen Plastik. Aufgrund der verschiedenen Strömungen entstehen an manchen Stellen regelrechte Müllhalden auf dem offenen Meer. Eine davon befindet sich zwischen Hawaii und Kalifornien und wird „Great Pacific Garbage Patch" genannt. Durch die Sonneneinstrahlung und durch Wellen zerfällt das Plastik in kleine Teilchen („**micro-plastics**"). Meerstiere nehmen dieses Mikroplastik als Nahrung auf – mit dramatischen Folgen für sie selbst, aber auch für die Menschen.*

Der Hörtext befasst sich mit genau diesem Thema. Der Text auf dem Angabenblatt unterscheidet sich an sechs Stellen vom Hörtext. Du musst die ***Unterschiede zwischen dem geschriebenen Text und dem Hörtext*** *heraushören und die falschen Wörter auf der Linie berichtigen. Pro richtig verbessertem Ausdruck bekommst du einen Punkt. Da auf diese Aufgabe sechs Punkte vergeben werden, musst du also insgesamt sechs Fehler verbessern. Übersteigt die Gesamtzahl der von dir verbesserten Wörter die Zahl der zu findenden Fehler, so wird pro überzähligem Ausdruck ein Punkt abgezogen. Meist* ***klingen*** *der Begriff aus dem Hörtext und der Fehler im geschriebenen Text* ***sehr ähnlich****. Du musst also genau hinhören. Wenn dir die grobe inhaltliche Aussage des Textes klar ist, kannst du die eine oder andere Lösung oft schon aus dem* ***Sinnzusammenhang*** *erschließen. Falls du beim ersten Hören nicht gleich alle Stellen verbessern kannst, dann streiche dir die möglichen Fehler mit Bleistift an und höre beim zweiten Durchgang an diesen Stellen besonders genau hin.*

flowing	→	**floating**	"The Great Pacific Garbage Patch […] is the largest of five huge offshore plastic accumulations **floating** in the world's oceans." (Z. 1/2)
account	→	**amount**	"The **amount** of the plastic in the GPGP is estimated to weigh approximately 80,000 tons." (Z. 4)
215	→	**250**	"This is equivalent to **250** pieces of rubbish for every human in the world" (Z. 5/6)
winds	→	**finds**	"Once plastic **finds** its way into the garbage patch" (Z. 7)
slick	→	**thick**	"The vast majority of plastics are made of **thick** or hard polyethylene or polypropylene" (Z. 9)
rough	→	**tough**	"microplastics are very **tough** to remove" (Z. 11/12)

Task 4: Ocean Health

Hinweis: *In dieser Aufgabe hörst du ein Interview zwischen einem* ***Reporter*** *und der* ***Professorin für Ozeanwissenschaft Frau Waters****. In dem Gespräch geht es um Gefahren für das Ökosystem der Weltmeere. Hierzu gehören z. B. die* ***Überfischung*** *(„overfishing"), die Auswirkungen der* ***Erderwärmung*** *(„global warming") sowie die* ***Verschmutzung*** *der Meere, etwa durch Quecksilber („mercury"). Lies dir zunächst die Aufgabenstellung genau durch, damit du weißt, nach welchen Informationen gefragt wird. Achte dann beim Hören auf* ***Schlüsselbegriffe*** *wie „overfishing", „dead zones" oder „mercury" und ergänze die fehlenden Details auf dem Notizblatt. Du brauchst keine vollständigen Sätze zu schreiben, musst in deiner Lösung aber mehr als ein Wort verwenden.*

1. Consequences of overfishing (2 aspects):
   - **may wipe out a (complete) species**
   - **other species are affected as well / can cause (marine) animals to starve**

   Hinweis: *Professor Waters nennt zu Beginn des Gesprächs die wesentlichen Auswirkungen der Überfischung der Ozeane. Beim zweiten Aspekt gibt es zwei Lösungsvarianten – es reicht, wenn du eine davon angibst.*
   Textstellen: "it may wipe out a complete species" (Z. 5); "Other species […] are affected as well." (Z. 5/6); "overfishing can cause marine animals to starve" (Z. 6)

2. Reason why sharks are killed: **for their fins / fins are cut off / for shark-<u>fin</u> soup / for an exclusive delicacy**

   Hinweis: *Du brauchst hier nur einen Aspekt anzugeben.*
   Für die Lösung „for shark soup" würdest du keinen Punkt bekommen, weil es ja gerade darum geht, dass die Haie grausam verstümmelt und nur ihre Flossen verwendet werden.
   Textstelle: "Sharks are killed […] mainly for their fins. Shark-fin soup is an exclusive delicacy. It's a common practice to catch sharks, cut off their fins" (Z. 8–10)

3. Reason for dead zones: **not enough oxygen / global warming**
Hinweis: *Auch hier musst du nur einen Aspekt nennen.*
Der Reporter fragt Professor Waters nach den „dead zones“ (vgl. Z. 13). Das sollte beim Hören für dich das Signal sein, dass die relevante Information zu der Teilaufgabe bald folgt. Beachte, dass auf dem Angabenblatt nicht danach gefragt wird, was die „dead zones“ sind, sondern warum sie entstehen.
Textstellen: "because there is not enough oxygen" (Z. 15); "It's believed that global warming is one prime aspect for what's behind the changes in ocean behaviour that causes dead zones." (Z. 19/20)

4. Mercury pollution:
   – source: **(coal-fired) power plants**
   – health dangers (2 aspects): **ends up on our dinner table / works its way up the food chain / toxic effects on (the) nervous system / (internal) organs may be damaged / lungs and kidneys may be damaged**

Hinweis: *Bei den Gefahren für die Gesundheit reicht es, wenn du zwei Aspekte angibst. Wahrscheinlich kennst du den Begriff „mercury“ nicht. Im Hörtext wird dazu eine kurze Erklärung gegeben, die dir vielleicht weiterhilft, weil der englische Ausdruck dem deutschen Wort „Quecksilber“ sehr ähnlich ist: "One of the scariest pollutants is mercury – also known as quicksilver." (Z. 22/23)*
Textstellen: "coal-fired power plants are the largest industrial source of mercury pollution in the country." (Z. 25/26); "it works its way back up the food chain right to us" (Z. 28); "Mercury has toxic effects on the nervous system. Internal organs such as lungs or kidneys may also be damaged." (Z. 30/31)

Task 5: Saving the Seas

Hinweis: *In dieser Aufgabe hörst du einen Podcast, in dem insgesamt vier verschiedene Sprecher*innen vorkommen. Im Gespräch geht es darum, was man tun kann, um die Weltmeere und die darin lebenden Tiere und Pflanzen zu schützen. Auch hier solltest du dir vorab genau ansehen, nach welchen Informationen in der Tabelle gefragt wird. Beachte außerdem, dass du in deiner Lösung mehr als ein Wort schreiben musst.*

1. Ideas to save our seas:
   – Mr. B.: **don't buy products with microplastics**
   – Mr. W.: **attend clean-up events / pick up trash every time you go**
   – Mrs. E.: **eat sustainable fish (only) / use apps to find markets for sustainable fish**

Hinweis: *In dieser Frage geht es darum, was die Zuhörer*innen nach Meinung der Studiogäste tun können, um die Weltmeere zu schützen.*
Textstellen: "For example don't buy products with microplastics." (Z. 9/10); "you could attend clean-up events or just pick up trash every time you go." (Z. 13/14); "So a good idea is eating sustainable fish only. There are apps that can help you find markets." (Z. 17/18)

2. Projects and initiatives:
   – Mr. B.: **(face) more threats (than ever before) / need protection**
   – Mr. W.: **realised (serious) damage to the eco-system / alarming stories from local fishermen (about how much harder it was to find fish)**
   – Mrs. E.: **protect 30 per cent of the ocean by 2030**

Hinweis: *Der Moderator möchte nun mehr über die Projekte seiner Studiogäste erfahren. Höre also genau hin, wenn die Namen der Projekte genannt werden und achte darauf, nach welchen spezifischen Details in der Aufgabenstellung gefragt wird.*

Bei der „International Whaling Commission" sollst du Informationen zur aktuellen Situation der Wale ergänzen. Textstelle: "whales face more threats today than ever before." (Z. 24/25)
Im Falle der „Stiftung zum Schutz der Vielfalt der Lebewesen in den Weltmeeren" musst du heraushören, warum diese Stiftung gegründet worden ist („foundation" = Stiftung; „to found" = gründen). Textstelle: "I started the Foundation for the Protection of Marine Biodiversity in 1992 when I fully realized how serious damage to the ecosystem was. Local fishermen had told me alarming stories about how much harder it was to find fish." (Z. 27–30)
Zu „Mission Blue" wird in der Angabe gefragt, welches hauptsächliche Ziel die Initiative verfolgt. Textstelle: "Our principle aim is to protect 30 per cent of the ocean by 2030." (Z. 33/34)

3. Further reading:
   - Mr. B.: **'A Message of the Oceans'**
   - Mr. W.: –
   - Mrs. E.: **(world's) oceans are an integrated system**

   ***Hinweis:** Am Ende des Interviews geht es um Bücher zum Thema „Ozeane", die die Studiogäste empfehlen würden. Achte beim Hören wieder auf Schlüsselwörter aus der Angabe. Kurz nach dem Buchtitel „The World is Blue" wird auch der Titel des zweiten Buches genannt. Textstelle: "I'd recommend Mrs. Earle's books 'The World Is Blue' and of course 'A Message of the Oceans'." (Z. 39/40)*
   Auch im zweiten Fall folgt die relevante Information gleich, nachdem der Buchtitel „Marine Biology" erwähnt wird. Du sollst hier angeben, was die Hauptaussage dieses Buches ist. Textstelle: "It stresses that the world's oceans are an integrated system." (Z. 42)

Abschlussprüfung an Realschulen: Englisch 2020
Written Test: Artificial Intelligence

Part I: Reading

TEXT 1: ROBOTS

Will robots change our lives in the future? It is a funny question to ask when they are changing our lives now in so many ways and they have been doing so for years. It was in 1893 when people first saw a toaster pop up by itself. **[1]** Long since we have welcomed the idea that machines can be trusted to do things for us. They record our shows, cook our food, play our music, and even run our cars. We just don't name them robots because these machines don't have a face we can talk to or a butt we can kick.

Robots which resemble humans, on the other hand, have gotten a bad reputation from a lot of movies and video games. **[2]** However, there are at least some areas in which robots can serve humans right now that will change life for the future, and all in a good way. One is virtual shopping and tourism, another is assistance in the education sector. **[3]** In Japan, global leader in robotics, the use of robots for these purposes has already become reality.

Imagine a Saturday morning after a stressful week. You are lying on your sofa with your tablet and guiding a video game character through a small market, except it is not a game, it is a robot shopping for you in Tokyo. Meanwhile you are having a cup of tea in your London flat. **[4]** By controlling the human-like robot about your size you get a good sense of what would fit you best. In the future, when the cost and inconvenience of travel will most likely rise, why not "rent-a-rob" for an hour just to make sure the holiday residence you want to book meets your expectations?

Or think of *Elias,* the new language teacher at a Finnish primary school, who has got infinite patience in stressful situations, never makes a pupil feel embarrassed when they ask a question and can even do funky dance moves. *Elias* is also a robot, able to understand and speak 23 languages and is equipped with software that allows it to analyze students' requirements. The robot recognizes each pupil's skill levels and adjusts its questions accordingly. It also gives feedback to teachers about a student's possible problems. **[5]** Despite its knowledge of language and mathematics, the robot's inability to maintain discipline among a class of primary school children means that the human teachers' jobs are safe.

Furthermore, robots already support doctors, nurses and hospitals by automating tasks and assisting in patient care. The advantages are obvious. Robots don't have feelings, they can't get tired, and they never have a slip of attention. Scientists at the University of Oxford have already tested a robotic assistant system in complicated eye-surgeries – it turned out to be a success. A healthcare provider in Ontario, Canada, recently received the first robot approved for knee operations and started using it on patients in January 2019. **[6]** This robot makes a 3D model of the knee or hip based on the patient's CT scan and provides real-time feedback as the surgeons use special instruments.

All these examples show that robots won't just change our lives in the future, they will expand them. Right now all modern technology is designed to bring the world to you: phone, radio, television, and internet. But if trends continue, robots will soon bring you to the world, everywhere, and at the speed of thought. **[7]** We have taken the first steps towards creating robots that interact directly with humans. At this point the most important question to ask is not "What will intelligent robots do?" but "Whom will intelligent robots serve?"

Adapted from:
Tilden, Mark. Robotics Can Change our Lives in the Near Future [online available on: https://www.theguardian.com]; Matthews, Kayla. 5 Surgical Robots to Look Out for [online available on: https://www.roboticsbusinessreview.com]
Pictures: © Tatiana Popova / Shutterstock.com

POINTS

TASK 1

Read the text *Robots* (page 1/2).
Are sentences **1–10** *"True"* (T) or *"False"* (F)? Choose *"Not in the text"* (N) if there is not enough information to answer *"True"* or *"False"*.
Tick (✓) the correct answer.

		T	F	N
1	Only machines with human features are called "robots".			
2	Media have portrayed human-like robots in a positive way.			
3	Japan has established robots in the travel industry.			
4	Robots might offer new ways of finding suitable clothes.			
5	Travelling will probably become more affordable.			
6	Pupils like *Elias* for his dance moves.			
7	*Elias* finds out what pupils really need.			
8	*Elias* will soon replace teachers in the classroom.			
9	In Canada, a robot carries out operations based on feedback from the doctors.			
10	Robots will mainly serve the people who created them.			

10

TASK 2

Look at the text *Robots* (page 1/2).
Five sentences have been removed from the text. Choose the correct gap (**1–7**) in the text for each of the sentences below (**A–E**).
Write the correct <u>number</u> of the gap behind each sentence.
Be careful: There are **two gaps** which you do **not need to use**.

A	With a live video and audio feed, you can chat with the sales assistant.	
B	They provide you with an extra hand where it is needed while you are safely at home.	
C	Today, this device is the most common household appliance although it has only been in existence a little over a century.	
D	But it cannot solve every issue.	
E	An additional one is use in the medical field.	

5

TASK 3

Here are four texts about the use of *Artificial Intelligence (AI).* Read them and **match them with the statements 1–6 below**. Choose the correct text (**A–D**) and **write its letter in the box.** The texts may be chosen **more than once**. There is one example (**0**) at the beginning.

A *Artificial Intelligence (AI)* is making important advances in the transport sector. These include self-driving cars, radar devices to detect even the smallest obstacles, intelligent search for free parking spaces and route optimization. These developments have a direct impact on logistics. For example, self-driving cars can be used 24 hours a day without depending on the driver's work hours. So the logistics companies can save time, miles and fuel. This translates into lower costs and higher profitability. While some of these technologies are still in development, analysts expect these solutions to move around $ 7 billion into the market by 2050.

B Software has replaced people in the travel industry. You may have identified yourself by use of a code or through facial recognition to access rooms and certain services. In addition to such developments in software, *AI* finds its way into business. Currently Chatbots are the most common *AI*-based solutions in use. But more and more, *AI*-software gathers user data like interests, budgets and must-see places, sorts through countless destinations and recommends the most relevant and personalized travel options. Probably 80 per cent of all travel assistants will be *AI*-based robots by 2020, for example at hotel reception.

C We already have several robotic devices that are built to help us with our simple housework. Now some companies are working on humanoids that will perform our daily chores for us in the near future. Regarding health aids, statistics project that *AI* home health aids will grow by 38 per cent over the next ten years. This shows the need for further development. Another area in which *AI* can be really useful is to help elderly people stay in their homes as long as possible. Though there are devices currently on the market, a sustainable humanoid is still in the pipeline.

D One of the greatest applications of *AI* is in space travel and exploration. *AI* can help us reach unknown planets and stars without ever having to risk a human life. In the near future, *AI*-powered humanoids will be smart enough to carry out space missions on their own, finding new resources for humankind. Scientists have predicted that in the future, the behavior of space probes will be governed by *AI* rather than from Earth. For example, both the *Spirit Rover* and the *Opportunity Rover,* which were launched back in 2003, had an *AI* driving system that allowed them to explore the surface of Mars.

Adapted from:
Decide Soluciones. How Different Sectors are Using AI [online available on: https://becominghuman.ai]; Schroer, Alyssa. […] 9 Reasons Why AI is a Traveler's Best Friend [online available on: https://builtin.com]; Rohilla, Aditya. How AI Will Affect Different Fields of Technology [online available on: https://towardsdatascience.com]

0	The best route will be found through *Artificial Intelligence (AI).*	**A**
1	*AI* will be useful for senior citizens.	
2	People will not be put into danger thanks to *AI.*	
3	Technology can help you enter your accommodation.	
4	In this field *AI* helps find the perfect individual deal.	
5	*AI* has already proofed its usefulness in two specialized vehicles.	
6	In this field *AI* is used to make more money.	

6

TASK 4

Verwenden Sie die Informationen über Häuser aus dem 3D-Drucker und **bearbeiten Sie die Aufgaben (1–7) stichpunktartig auf Deutsch**. Es ist keine wörtliche Übersetzung nötig, die Aspekte müssen <u>inhaltlich</u> jedoch <u>vollständig</u> erfasst sein. Einzelwörter genügen nicht als Antwort.

Welcome to Your New 3D-Printed Home

All across the globe families do not find a home to live in at an affordable price, and the problem is rapidly getting worse. But now, a US-based construction technology startup may have at least part of the answer to the world's housing problem. It has developed a house that can be built in less than 24 hours, using a special mobile 3D-printer. "With our technology we wanted to meet high building standards so that our houses can resist even hard conditions in developing countries," explains head of product Matthew Marshall.

The key breakthrough was the development of the regular *Vulcan 3D-printer,* a device that moves on rails. It builds up the walls layer by layer using inexpensive concrete. The advantage of the latest model is that, for a 3D-printed house, it can use natural waste from rice production as material instead.

To print the demonstration house in Austin, the developers took longer than necessary to protect the highly sensitive print heads. Jason Ballard, co-founder of the startup, says "the printer wasn't running at its maximum speed by far". Once the houses are in production, it'll be possible to build one within 12 hours. Another advantage of the 3D-printing technology is that with it the architects can develop shapes that are impossible to create by use of ordinary building methods. "We can meet nearly every requirement requested by our clients", says Ballard.

Ballard's startup got together with a non-profit company, and currently they are constructing a whole community of 50 3D-printed homes in the south of Mexico. They chose the State of Tabasco because homes need to resist the heavy rainfalls in this region and many people there have too little income to afford exactly that.

Adapted from: Kiger. Patrick J. 3-D-Printed Houses Could Revolutionize Affordable Housing [online available on https://computer.howstuffworks.com]

1. Welches wachsende Problem besteht weltweit in Hinblick auf Wohnraum?

____

____ 1

2. Warum orientierte sich das Unternehmen mit seinen Häusern an hohen Standards?

____

____ 1

3. Beschreiben Sie den Druckvorgang des *Vulcan* 3D-Druckers (**2 Details**).
   - ____
   - ____ 2

4. Nennen Sie ein Beispiel, wie der neue 3D-Drucker einen Beitrag zum Umweltschutz leisten kann.

____

____ 1

5. Was sollte beim Bau des Musterhauses durch eine längere Druckzeit erreicht werden?

____

____ 1

6. Welche Möglichkeiten bietet der 3D-Druck den Architekten?

____

____ 1

7. Warum wurde die Gegend von Tabasco für das Wohltätigkeitsprojekt ausgewählt (**2 Aspekte**)?
   - ____
   - ____ 2

(9)

Part II: Use of English

TASK 1

Look at **text 1** (page 1/2). **Find a word or expression which means <u>the same as</u> each of the words (1–5) below.** The lines where you can find the words or expressions are indicated in brackets. There is one example (**0**) at the beginning.

0. (to) accept → (to) welcome **(l. 1–8)**
1. intention → ________ (l. 9–14)
2. discomfort → ________ (l. 15–21)
3. ashamed → ________ (l. 22–29)
4. clear → ________ (l. 30–37)
5. (to) widen → ________ (l. 38–45) 5

TASK 2

Look at **text 1** (page 1/2). What do the following words mean? **Match** the expressions (**A–F**) **<u>as used in the text</u>** with their corresponding definitions (**1–7**). **Write the correct numbers in the grid below.** Be careful: There are two definitions that you do not need. One definition (**0**) has already been matched correctly.

A reputation (l. 10)
B assistance (l. 13)
C character (l. 16)
D patience (l. 23)
E requirement (l. 25)
F skill (l. 26)

0 **the ability to do something well**
1 the feeling or belief that something good will or should happen
2 the action of helping someone
3 the ability to wait, or to continue doing something despite difficulties
4 a person in a novel, play or film
5 an online method to help customers find products
6 people's opinion of something based on past experience
7 something that is needed or wanted

A	B	C	D	E	F
					0

5

TASK 3

Use the word given in capitals at the end of some of the lines to **form a word of the same word family** that fits in the space in the same line.
There is one example (**0**) at the beginning.

0	*Artificial Intelligence (AI)* is transforming the healthcare industry	INDUSTRIAL
	in different ways. The capabilities of *AI* are also applied in sports,	
1	where health and fitness are of __________________ importance.	ESSENCE
2	Players undergo physical tests that use *AI* to __________________	EXAMINATION
	various health parameters. It can even detect early if players are	
3	__________________. *AI* systems process the stream of data	EXHAUSTION
4	through long competitive seasons to __________________ the	IDENTIFICATION
	signs which indicate possible physical problems. This enables sports	
5	teams to keep their most __________________ assets, their	VALUE
	athletes, in first-class condition.	

Adapted from:
Naveen, Joshi. Here's How AI Will Change the World of Sports! [online available on: https://www.forbes.com] 5

TASK 4

Complete the second sentence so that it has a similar meaning to the first sentence, using the KEY WORD given in brackets. **Do not change the KEY WORD given.** You must use **between two and five words including the KEY WORD**.
There is one example (**0**).

0. Robots are among the most fascinating inventions in the world. **(AS)**
There are hardly any inventions in the world which are
(1) (2) (3) (4)
as fascinating as robots.

1. Most people say robots are able to perform routine jobs only. **(SAID)**
Robots ______________________________ to
perform routine jobs only. 1

2. Maybe you haven't heard about the ways robots are being used in creative arts. **(MIGHT)**
______________________________ about the
ways robots are being used in creative arts. 1

3. It was in the late 1950s that artists started to use computers to create works of art. **(HAVE)**
Artists ______________________________ create works
of art since the late 1950s. 1

4. Prof. A. Elgammal fed a database with 80,000 works of art from the last 500 years. **(BY)**
A database ________________________________ Prof. A. Elgammal with 80,000 works of art from the last 500 years. 1

5. If there is no database error, this software creates new works of art as soon as you press a button. **(UNLESS)**
________________________________ a database error, this software creates new works of art as soon as you press a button. 1

Adapted from: CBS News. Art Created by Artificial Intelligence [online available on https://www.cbsnews.com] (5)

TASK 5

Complete the following text. Use the correct forms of the words in brackets. There is one example (**0**).

The *Unimate* **(0)** ___*was*___ **(be)** the very first industrial robot, revolutionizing manufacturing all over the world. The world might have developed differently if J. Engelberger **(1)** ________________________ **(not meet)** inventor G. Devol in 1956 at a cocktail party. The two talked about Devols's latest invention. Engelberger convinced the CEO of a controlling company **(2)** ________________________ **(finance)** the development of Devol's invention. After almost two years, a prototype **(3)** ________________________ **(produce)**: the *Unimate.* A car manufacturing company installed it at an assembly line in Trenton, New Jersey. Today, the *Unimate* **(4)** ________________________ **(regard)** as the first mass produced robotic arm for factory automation. It became **(5)** ________________________ **(immense)** successful. The American company jumped ahead of its competitors to become the **(6)** ________________________ **(progressive)** car plant in the world. European companies quickly followed. More and more companies installed *Unimate* robotic arms, focusing on **(7)** ________________________ **(employ)** the robots in tasks harmful or unpleasant to humans. The field of robotics **(8)** ________________________ **(affect)** numerous facets of human life ever since. The invention of the *Unimate* will certainly remain **(9)** ________________________ **(significant)**, not only for industry, but also for civilization. This will be worth **(10)** ________________________ **(remember)** in the years to come.

Adapted from: Robotic Industries Association. A Tribute to Joseph Engelberger: Unimate [online available on: https://www.robotics.org] 10

Part III: Guided Writing

You only have to do **one** of the following two tasks.
Important: First read both tasks, then decide whether you want to do Task A or Task B. You can write down your ideas on an extra sheet before you do the task on your exam paper.

TASK A

You have bought an electronic device that does not work the way it should.

Write an online review and describe …

© Miguel Couto. Shutterstock

- the product and your reasons for buying it
- problem(s) you had with the device
- how you tried to solve the problem(s)
- your advice to the reader

Find a suitable beginning and ending. **Write about 200 words.**

TASK B

You are starting a network of young inventors in your hometown.

Write an e-mail to invite the first participants. Include …

- why networking is a great idea
- the first network meeting: organisational details
- the first network meeting: topics
- how the network could be promoted in the future

Find a suitable beginning and ending. **Write about 200 words.**

TASK ☐

(Write A or B in the box.)

Lösung

Part I: Reading

Allgemeine Hinweise: *Der „Written Test" 2020 befasst sich mit dem Thema* ***„künstliche Intelligenz"****. Im Deutschen wird der Begriff „künstliche Intelligenz" oft mit den Buchstaben* ***„KI"*** *abgekürzt, im Englischen mit* ***„AI"*** *(für „artificial intelligence"). Der Haupttext* ***„Robots"*** *auf den Seiten 1 und 2 geht auf die Entwicklung von Robotern ein und beschreibt exemplarisch einige Einsatzgebiete, wie das Einkaufen, die Schule oder auch den Bereich der Medizin.*
Die übrigen Texte im „Written Test" schließen an diese Thematik an. Es geht um technologische Entwicklungen im Logistik- und Transportbereich, in der Reisebranche, der Raumfahrt und im Sport. Außerdem erfährst du etwas über den ersten industriellen Roboter und wie man mithilfe eines 3D-Druckers Häuser bauen kann.

Task 1: Richtig, falsch oder nicht im Text?

Hinweis: *Die folgende Aufgabe bezieht sich auf den Haupttext* ***„Robots"*** *(Seite 1/2). Du sollst herausfinden, ob die* ***zehn vorgegebenen Aussagen*** *richtig („****True****") oder falsch („****False****") sind. Wenn du eine Aussage am Text weder belegen noch widerlegen kannst, musst du* ***„Not in the text"*** *auswählen. Lies dir den Text zunächst einmal gründlich durch, um dir einen Überblick über den Inhalt zu verschaffen. Gehe dann die Aussagen der Reihe nach durch und suche nach Informationen dazu im Text. In der Regel sind die Aussagen in derselben Reihenfolge angeordnet, in der auch die Informationen im Text gegeben werden. Das erleichtert dir das Auffinden der relevanten Stellen.*

1. Only machines with human features are called "robots". ☑ **True**

   Hinweis: *Textstelle: "We just don't name them robots because these machines* <u>*don't have a face*</u> *we can talk to or* <u>*a butt*</u> *we can kick." (Z. 7/8)*
   Im vorangehenden Textabschnitt wird beschrieben, dass es schon lange technische Erfindungen gibt, die das Leben der Menschen erleichtern, wie z. B. den Toaster. Es wird aber klar, dass all diese technischen Geräte nur deshalb nicht Roboter genannt werden, weil sie kein Gesicht haben, weil man nicht mit ihnen reden und ihnen „nicht in den Hintern treten" kann. Es ist also zutreffend, dass technische Geräte nur dann Roboter genannt werden, wenn sie auch menschliche Züge aufweisen.

2. Media have portrayed human-like robots in a positive way. ☑ **False**

   Hinweis: *Textstelle: "Robots which resemble humans, on the other hand, have gotten* <u>*a bad reputation*</u> *from a lot of movies and video games." (Z. 9/10)*
   Die Aussage ist eindeutig falsch. Im Text wird davon gesprochen, dass menschenähnliche Roboter durch (oft gewalttätige) Computerspiele und Filme einen schlechten Ruf bekommen haben.

3. Japan has established robots in the travel industry. ☑ **True**

   Hinweis: *Textstelle: "One is virtual shopping and* <u>*tourism*</u>*, another is assistance in the education sector. In* <u>*Japan*</u>*, global leader in robotics, the* <u>*use of robots for these purposes*</u> *has already become reality." (Z. 13/14)*
   Hier musst du auf das Signalwort „Japan" achten und dann überprüfen, ob etwas über die Reisebranche ausgesagt wird. Der Begriff „tourism" im Text ist nur ein anderer Ausdruck für „travel industry".

4. Robots might offer new ways of finding suitable clothes. ☑ **True**

   Hinweis: *Textstelle: "it is a* <u>*robot shopping for you*</u> *in Tokyo. […] By controlling the human-like robot about your* <u>*size*</u> *you get a good sense of what would* <u>*fit*</u> *you best." (Z. 16–19)*

Die Aussage ist zutreffend. Im Text wird beschrieben, dass es möglich ist, einen Roboter dahingehend zu steuern, dass er Kleidungsstücke anprobiert. Auf diese Weise kann man die passende Größe herausfinden, obwohl man selbst nicht vor Ort im Geschäft ist. Die Schwierigkeit liegt darin, dass das Wort „clothes" (= Kleidungsstücke) im Text nicht erwähnt wird. Du musst daher auf die Begriffe „size" (= Größe) und „fit" (= passen) achten, die diesen inhaltlichen Zusammenhang herstellen.

5. Travelling will probably become more affordable. ☑ **False**

   Hinweis: *Textstelle: "In the future, when the cost and inconvenience of travel will most likely rise, why not 'rent-a-rob' for an hour just to make sure the holiday residence you want to book meets your expectations?" (Z. 19–21)*
   Die Lösung ist hier nicht ganz einfach. Zunächst musst du das Wort „affordable" verstehen (= erschwinglich; „to afford" = sich leisten). Falls du es nicht kennst, solltest du versuchen, die Bedeutung aus dem Sinnzusammenhang zu erschließen. Es geht darum, ob das Reisen aufgrund des Einsatzes von Robotern künftig billiger werden wird. Dies ist nicht der Fall. Im Text wird deutlich, dass die Kosten für das Reisen voraussichtlich steigen werden. Es wird deshalb in Zukunft vielleicht möglich sein, vorab mithilfe eines Roboters zu überprüfen, ob die gewünschte Unterkunft tatsächlich den eigenen Erwartungen entspricht.

6. Pupils like *Elias* for his dance moves. ☑ **Not in the text**

   Hinweis: *Der Roboter Elias kann zwar abgefahrene Tanzbewegungen durchführen („can even do funky dance moves", Z. 24). Es wird aber nicht gesagt, dass ihn die Schüler*innen genau deshalb mögen. Du merkst also, es ist wichtig, dass du den Text sorgfältig erfasst.*

7. *Elias* finds out what pupils really need. ☑ **True**

   Hinweis: *Textstelle:* "Elias *[…] is equipped with software that allows it to analyze students' requirements. The robot recognizes each pupil's skill levels and adjusts its questions accordingly." (Z. 24–26)*
   *Im Text wird beschrieben, dass Elias mit der entsprechenden Software ausgestattet ist, um die Anforderungen („requirements") der Schüler*innen zu analysieren, ihren individuellen Leistungsstand („skill level") festzustellen und seine Fragen entsprechend anzupassen. Die Aussage ist also zutreffend.*

8. *Elias* will soon replace teachers in the classroom. ☑ **False**

   Hinweis: *Textstelle: "the robot's inability to maintain discipline among a class of primary school children means that the human teachers' jobs are safe." (Z. 28/29)*
   Obwohl Roboter in inhaltlichen Bereichen wie Mathematik oder in den Sprachen oft überlegen sind, sind sie noch immer nicht fähig, z. B. für Disziplin im Klassenzimmer zu sorgen. Aus diesem Grund werden Lehrkräfte bis auf Weiteres nicht von Robotern ersetzt werden können.

9. In Canada, a robot carries out operations based on feedback from the doctors. ☑ **False**

   Hinweis: *Textstelle: "This robot makes a 3D model of the knee or hip based on the patient's CT scan and provides real-time feedback as the surgeons use special instruments." (Z. 35–37)*
   Der Roboter aus Canada unterstützt die Ärztinnen und Ärzte bei Operationen, indem er ihnen Feedback gibt – die Situation ist also genau umgekehrt als im vorgegebenen Satz beschrieben.

10. Robots will mainly serve the people who created them. ☑ **Not in the text**

    Hinweis: *Textstelle: "At this point the most important question to ask is not 'What will intelligent robots do?' but 'Whom will intelligent robots serve?'" (Z. 43–45)*

Ganz am Ende des Textes wird dargelegt, dass es wohl nicht die wichtigste Frage ist, was intelligente Roboter in Zukunft tun werden, sondern wem sie dienen werden. Die Frage bleibt aber offen und wird im Text nicht beantwortet. Hier musst du also „Not in the text" auswählen.

Task 2: Zuordnungsaufgabe 1

Hinweis: *Aus dem Text „Robots" auf den Seiten 1 und 2 wurden* ***fünf Sätze (A–E)*** *herausgenommen. Im Text selbst sind* **sieben Stellen** ***(1–7)*** *angegeben, an die diese Sätze passen könnten. Du sollst herausfinden, welcher Satz an welche Stelle passt, und die richtige Zahl in das Kästchen auf dem Aufgabenblatt schreiben. Den Text kennst du ja bereits von Task 1 – du weißt also schon, worum es darin geht. Um herauszufinden, welcher Satz in welche Lücke gehört, solltest du dir jeweils die Stellen kurz vor und kurz nach der Lücke genau durchlesen. Hier sind nämlich oft Hinweise für die richtige Lösung versteckt. Insgesamt musst du fünf Sätze zuordnen. Zwei Lücken im Text bleiben also übrig.*

A. With a live video and audio feed, you can chat with the sales assistant. **4**

Hinweis: *Du musst bei dieser Art von Aufgabe immer nach inhaltlichen Zusammenhängen suchen. Signalwörter geben dir dabei wichtige Hinweise. Im vorletzten Satz vor der Lücke taucht z. B. das Wort „shopping" (Z. 17) auf. Im Satz unmittelbar nach der Lücke geht es um das Anprobieren von Kleidung („what would fit you best", Z. 18/19). Die inhaltliche Verbindung zu „sales assistant" (= Verkäufer*in) in Satz A ist somit schnell hergestellt.*

B. They provide you with an extra hand where it is needed while you are safely at home. **7**

Hinweis: *Inhaltlich ist klar, dass sich das Personalpronomen „they" im vorgegebenen Satz auf Roboter beziehen muss. Im Satz vor der gesuchten Lücke muss also das Wort „robots" vorkommen. Das ist bei Lücke 7 der Fall. Im Satz nach dieser Lücke ist außerdem die Rede davon, dass Roboter teilweise schon direkt mit Menschen interagieren. Dazu passt die Aussage, dass Roboter eine zusätzliche Hilfe darstellen („provide you with an extra hand").*

C. Today, this device is the most common household appliance although it has only been in existence a little over a century. **1**

Hinweis: *Die Begriffe „this device" und „household appliance" im vorgegebenen Satz signalisieren dir, dass es kurz vor der Lücke um ein Haushaltsgerät gehen muss. Das ist bei Nummer 1 der Fall, wo kurz vorher vom Toaster die Rede war. Auch die Zeitangabe im Text („It was in 1893", Z. 3) passt zu „a little over a century".*

D. But it cannot solve every issue. **5**

Hinweis: *Das Pronomen „it" gibt dir hier den Hinweis, dass im Satz vor der Lücke von einem Ding in der Einzahl die Rede sein muss. Das ist sowohl bei Nummer 5 als auch bei Nummer 6 der Fall. Im Satz nach Lücke 5 wird gesagt, dass der Roboter Elias nicht in der Lage ist, für Disziplin im Klassenzimmer zu sorgen. Das passt inhaltlich zur Aussage von Satz D, dass er nicht jedes Problem lösen kann.*

E. An additional one is use in the medical field. **3**

Hinweis: *Vor Lücke 3 wird aufgezählt, in welchen Bereichen Roboter eingesetzt werden können. Diese Aufzählung wird in Satz E um den medizinischen Bereich ergänzt. Das entscheidende Wort ist hier „additional" (= zusätzlich).*

Die Lücken bei den Ziffern 2 und 6 bleiben übrig.

Task 3: Zuordnungsaufgabe 2

Hinweis: *Die folgende Aufgabe besteht aus* ***vier kurzen Texten (A–D)****, die sich mit verschiedenen Einsatzmöglichkeiten von künstlicher Intelligenz beschäftigen. Auf dem Angabenblatt sind* ***sechs Statements*** *vorgegeben, denen du den jeweils passenden Text* ***(A–D)*** *zuordnen musst. Die Buchstaben können dabei auch mehrfach vergeben werden. Lies dir zunächst alle vier Texte einmal durch, um dir einen Überblick zu verschaffen. Sieh dir dann die Statements an. Um den jeweils richtigen Text zuordnen zu können, helfen dir oft Schlüsselwörter, die sowohl in der Aufgabenstellung als auch im Text vorkommen.*

1. *AI* will be useful for senior citizens. **C**

   Hinweis: *Textstelle: "Another area in which* AI *can be really useful is to help elderly people stay in their homes as long as possible."*
   Du musst hier nach einer Textpassage suchen, in der im Zusammenhang mit künstlicher Intelligenz von älteren Menschen gesprochen wird. In Text C wirst du fündig. Es wird hier beschrieben, dass die Errungenschaften der künstlichen Intelligenz dazu beitragen, dass ältere Menschen so lange wie möglich in ihrem Zuhause wohnen bleiben können. Der Ausdruck „elderly people" ist ein Synonym für „senior citizens".

2. People will not be put into danger thanks to *AI*. **D**

   Hinweis: *Textstelle: "*AI *can help us reach unknown planets and stars without ever having to risk a human life."*
   Hier geht es um den Sicherheitsaspekt. Künstliche Intelligenz kann in einer Weise eingesetzt werden, dass Menschen ein geringeres Risiko für ihr eigenes Leben in Kauf nehmen müssen. Dies ist z. B. in der Raumfahrt der Fall. Wir können mithilfe von künstlicher Intelligenz unbekannte Planeten oder Sterne erreichen, ohne das Leben von Menschen zu gefährden.

3. Technology can help you enter your accommodation. **B**

   Hinweis: *Textstelle: "You may have identified yourself by use of a code or through facial recognition to access rooms and certain services."*
   In manchen Hotels kann man mittlerweile die Zimmertür mithilfe eines Codes oder Gesichtserkennungsprogramms („facial recognition") öffnen. Das bedeutet, dass auch hier die moderne Technologie eine zunehmend wichtige Rolle spielt.

4. In this field *AI* helps find the perfect individual deal. **B**

   Hinweis: *Textstelle: "*AI-*software gathers user data like interests, budgets and must-see places, sorts through countless destinations and recommends the most relevant and personalized travel options."*
   Dadurch, dass die Programme eine riesige Menge an Daten sammeln, ist es ihnen möglich, das perfekte Reiseangebot für die jeweilige Person zu finden („perfect individual deal"). Die Signalwörter „personalized" und „individual" könnten dir hier als Hilfe dienen. Die Reiseangebote sind personalisiert, also auf die Einzelperson zugeschnitten.

5. *AI* has already proofed its usefulness in two specialized vehicles. **D**

   Hinweis: *Textstelle: "For example, both the* Spirit Rover *and the* Opportunity Rover, *which were launched back in 2003, had an* AI *driving system"*
   In Text D werden explizit zwei Fahrzeuge (der „Spirit Rover" und der „Opportunity Rover") genannt, die zur Erkundung der Marsoberfläche eingesetzt worden sind. Beide Fahrzeuge wurden mithilfe von Programmen aus dem Bereich der künstlichen Intelligenz gesteuert. In Text A kommen zwar auch Autos zur Sprache („self-driving cars"), aber nicht zwei Spezialfahrzeuge („two specialized vehicles"), wie im Statement vorgegeben.

6. In this field *AI* is used to make more money. **A**

   Hinweis: *Textstelle: "So the logistics companies can save time, miles and fuel. This translates into lower costs and higher profitability."*
   Mit selbstfahrenden Autos können die Logistik- und Transportfirmen in der Zukunft die Kosten senken und einen höheren Profit erwirtschaften, weil die Autos rund um die Uhr eingesetzt werden können und man nicht auf die begrenzten Arbeitsstunden von Fahrern angewiesen ist. Die Lösung ist hier eindeutig, weil die Thematik, dass man mit KI mehr Geld verdienen kann, in keinem der anderen Texte angesprochen wird.

Task 4: Sprachmittlung *(Mediation)*

Hinweis: 3D-Drucker *werden mittlerweile in vielen Bereichen eingesetzt. Im vorliegenden Text ist davon die Rede, dass eine innovative Start-up-Firma nun einen Drucker entwickelt hat, der so groß ist, dass er auf Schienen fährt und Häuser bauen kann. Du sollst die* ***wesentlichen Informationen*** *des Textes erfassen und die Fragen auf dem Angabenblatt* ***auf Deutsch*** *beantworten. Du musst bei dieser Aufgabe keine vollständigen Sätze schreiben.*

1. – Familien finden kein bezahlbares Haus/Zuhause

   Hinweis: *Textstelle: "All across the globe families do not find a home to live in at an affordable price, and the problem is rapidly getting worse." (Z. 1/2)*
   Das Adjektiv „affordable" als Zusatz ist hier wichtig. Es geht nicht nur darum, dass es zu wenig Wohnraum gibt, sondern dass es keinen bezahlbaren Wohnraum gibt.

2. – damit die Häuser/sie (sogar harten) Bedingungen in Entwicklungsländern standhalten (können)

   Hinweis: *Textstelle: "we wanted to meet high building standards so that our houses can resist even hard conditions in developing countries" (Z. 4–6)*
   Der Plan des Start-up-Unternehmens war von Anfang an, die Häuser auch in Entwicklungsländern zu bauen, wo oft extreme Wetterbedingungen herrschen. Die Häuser sollten auch diesen Bedingungen standhalten.

3. – bewegt sich auf Schienen
   – baut die Wände Schicht für Schicht/schichtweise auf
   – verwendet günstigen Beton

   Hinweis: *Textstelle: "a device that moves on rails. It builds up the walls layer by layer using inexpensive concrete" (Z. 7/8)*
   *Du musst hier nur nach dem Signalwort „*Vulcan *3D-printer" suchen, dann ist die Lösung eindeutig. Der Drucker ist so groß, dass er sich auf Schienen hin und her bewegt („moves on rails") und er baut die Wände Schicht für Schicht auf („layer by layer"). Zudem wird noch preiswerter Beton („inexpensive concrete") verwendet.*
   Du musst nur zwei der drei Aspekte angeben.

4. – natürliche Abfälle aus der Reisproduktion als Baustoff/Material (verwenden)

   Hinweis: *Textstelle: "it can use natural waste from rice production as material instead." (Z. 9/10)*
   Im Text wird beschrieben, dass man für die neue Variante des Druckers auch Abfälle aus der Reisproduktion als Baustoff verwenden kann. Dies ist selbstverständlich ein Beitrag zum Umweltschutz. Den inhaltlichen Zusammenhang musst du hier aber selbst herstellen, weil das Wort „environmental protection" im Text nicht direkt erwähnt wird.

5. – die (hochempfindlichen) Druckköpfe zu schonen/schützen

   Hinweis: *Textstelle: "the developers took longer than necessary to protect the highly sensitive print heads." (Z. 11/12)*

Hier wird es nun etwas technisch. Anfänglich benötigte man eine längere Bauzeit für ein Haus, um die hochempfindlichen Druckköpfe („highly sensitive print heads“) zu schonen. Die Übersetzung von „print heads“ kannst du dir gut aus den beiden Wortbestandteilen erschließen.

6. – (sie können) Formen entwickeln, die mit normaler Bauweise unmöglich wären
   – fast alle Bedürfnisse der Kunden können bedient werden

   Hinweis: *Textstelle: “the architects can develop shapes that are impossible to create by use of ordinary building methods […]. ‘We can meet nearly every requirement requested by our clients’” (Z. 15/16)*
   Hier reicht eines der zwei angegebenen Details. Der 3D-Druck eröffnet den Architektinnen und Architekten nahezu unbegrenzte Möglichkeiten. Es können alle denkbaren Formen („shapes“) gebaut und beinahe alle Wünsche und Forderungen („requirements“) der Kundschaft erfüllt werden.

7. – schwere Regenfälle (in der Gegend) / Häuser müssen schweren Regenfällen standhalten
   – (viele) Menschen (dort) haben ein zu geringes Einkommen / sind zu arm, um sich ein regenfestes / solches Haus / Zuhause zu leisten

   Hinweis: *Textstelle: “They chose the State of Tabasco because homes need to resist the heavy rainfalls in this region and many people there have too little income to afford exactly that.” (Z. 18–20)*
   Du musst hier nach zwei Gründen suchen, warum man den mexikanischen Bundesstaat Tabasco ausgewählt hat. Wenn du im Text nach dem Ortsnamen „Tabasco“ suchst, wirst du schnell fündig. Die Gegend wurde deshalb ausgewählt, weil Häuser gebraucht wurden, die schweren Regenfällen standhalten können und weil die Menschen in dieser Gegend nicht genügend Geld haben, um sich solche Häuser zu leisten.

Part II: Use of English

Task 1: Ähnliche Bedeutungen *(Synonyms)*

Hinweis: *In der folgenden Aufgabe sollst du im Haupttext auf den Seiten 1 und 2 nach Wörtern suchen, die eine* ***ähnliche Bedeutung*** *haben wie die vorgegebenen Begriffe. Damit du nicht immer den ganzen Text durchsuchen musst, ist der für die Lösung relevante Absatz in Klammern angegeben. Sieh dir zunächst die Begriffe auf dem Angabenblatt an. Überlege, welche* ***Wortart*** *vorliegt (Nomen, Verb, Adjektiv oder Adverb) und suche dann nach Begriffen derselben Wortart im angegebenen Textabschnitt. Probiere als Nächstes, welchen Begriff im Text du von der Bedeutung her durch den Begriff aus der Angabe ersetzen könntest. Mit diesen zwei Schritten findest du ganz schnell die richtige Lösung.*

1. intention – **purpose(s)**

   Hinweis: *Textstelle: “the use of robots for these purposes has already become reality.” (Z. 14)*
   Die Bedeutung des Begriffs „intention“ kannst du dir gut vom deutschen Wort „Intention“ herleiten. Dazu passt der Begriff „purpose“ aus dem Text. Es geht darum, dass Roboter bereits jetzt für die zuvor genannten Zwecke bzw. Absichten verwendet werden.

2. discomfort – **inconvenience**

   Hinweis: *Textstelle: „when the cost and inconvenience of travel will most likely rise,“ (Z. 19)*
   Je mehr Menschen verreisen, desto weniger komfortabel wird es für die einzelne Person. Du merkst, dass du dir auch hier die Bedeutung aus dem Deutschen ableiten kannst. Die Vorsilbe „dis-“ drückt in der englischen Sprache immer das Gegenteil von etwas aus. Das Wort „discomfort“ kann also in etwa mit „Unbequemlichkeit“ übersetzt werden. Das passt

gut mit „inconvenience“ zusammen. Auch hier hast du ein sogenanntes Präfix („in-“), das das Gegenteil ausdrückt.

3. ashamed – **embarrassed**
   Hinweis: *Textstelle: „never makes a pupil feel embarrassed when they ask a question“ (Z. 23/24)*
   *Der Vorteil des Roboters Elias ist, dass sich die Schüler*innen nicht schämen oder verlegen sind, auch wenn sie vielleicht eine dumme Frage stellen. Wichtig ist hier, dass du die richtige Form des Begriffs angibst. Das Verb „(to) embarrass“ wäre nicht korrekt.*

4. clear – **obvious**
   Hinweis: *Textstelle: "The advantages are obvious." (Z. 31)*
   Der Begriff „clear“ (= klar) ist ein Adjektiv. Von den Adjektiven im angegebenen Absatz hat nur „obvious“ (= offensichtlich) eine ähnliche Bedeutung.

5. (to) widen – **(to) expand**
   Hinweis: *Textstelle: "All these examples show that robots won't just change our lives in the future, they will expand them." (Z. 38/39)*
   Du musst im vorgegebenen Absatz nach einem Verb suchen, das eine ähnliche Bedeutung hat wie „(to) widen“. Falls du den Ausdruck „(to) widen“ nicht kennst, kannst du dir die Bedeutung auch herleiten (von „wide“ = weit, breit). Das zugehörige Synonym im Text ist „(to) expand“. Auch hier kannst du die Bedeutung erschließen. Das Wort „expandieren“ gibt es nämlich auch im Deutschen.

Task 2: Definitionen zuordnen

Hinweis: *Für die folgende Aufgabe wurden einige Wörter aus dem Text „Robots“ (Seite 1/2) herausgenommen. Dir wird nun eine Reihe von* ***Definitionen*** *bzw.* ***Umschreibungen*** *zur Auswahl gestellt, die du diesen Wörtern zuordnen sollst. Sieh dir immer zunächst die Textstelle an, die in Klammern hinter dem Begriff angegeben ist, damit du weißt, in welcher Bedeutung das Wort im Text verwendet wird. Zwei Umschreibungen bleiben am Ende übrig. Für den Buchstaben F ist die Lösung bereits vorgegeben.*

A	B	C	D	E	F
6	2	4	3	7	0

A **reputation** – Lösung: **Nummer 6** (people's opinion of something based on past experience)
Hinweis: *Menschenähnliche Roboter haben aufgrund verschiedener Filme und Videospiele einen schlechten Ruf („bad reputation“). Der Ruf, der jemandem vorauseilt, hat oft seinen Ursprung in vergangenen Erfahrungen („past experience“). Wir bilden uns unsere Meinung („opinion“) über Menschen aufgrund der Erfahrungen, die wir mit ihnen machen.*

B **assistance** – Lösung: **Nummer 2** (the action of helping someone)
Hinweis: *Das Wortfeld („to assist“ – „assistant“ – „shop assistant“ – „assistance“) müsste dir eigentlich bekannt sein. Mit dem Nomen „assistance“ (= Unterstützung) wird im Text deutlich gemacht, dass Roboter nicht nur beim Einkaufen und im Tourismus, sondern auch im Bildungsbereich eine Unterstützung sein können. Roboter können den Menschen also in diesen Bereichen helfen („helping someone“).*

C **character** – Lösung: **Nummer 4** (a person in a novel, play or film)

__Hinweis:__ Der Begriff „character“ kann im Englischen verschiedene Bedeutungen haben. Er kann – wie im Deutschen – für den Charakter, also die Wesenszüge eines Menschen, stehen. Er kann sich aber auch auf eine „Rolle“ oder „Figur“ in einem Buch oder Film beziehen. Das ist hier der Fall. Es geht darum, dass der Roboter wie eine Figur in einem Videospiel und entsprechend der Instruktionen, die ihm gegeben werden, zum Einkaufen geht. Währenddessen kann der Kunde oder die Kundin zuhause auf dem Sofa liegen.

D **patience** – Lösung: **Nummer 3** (the ability to wait, or to continue doing something despite difficulties)

__Hinweis:__ Auch wenn dir die Bedeutung des Wortes „patience“ spontan nicht einfällt, wird dir das Ganze sicherlich klar, wenn du den Satzzusammenhang liest („has got infinite patience in stressful situations“). Es geht im Text darum, dass der Roboter auch in stressigen Situationen, also trotz Schwierigkeiten („despite difficulties“), geduldig bleibt. Roboter sind eben doch Maschinen und arbeiten ohne Emotionen entsprechend der programmierten Algorithmen.

E **requirement** – Lösung: **Nummer 7** (something that is needed or wanted)

*__Hinweis:__ Der Roboter Elias ist mit einer Software ausgestattet, die es ihm ermöglicht, die Bedürfnisse und Anforderungen der Schüler*innen zu analysieren. Er kann dann die Fragen und Aufgaben individuell anpassen. Inhaltlich passt hier nur Umschreibung 7.*

Die Lösungen 1 und 5 kommen nicht zur Anwendung und bleiben übrig.

Task 3: Wortfamilien

__Hinweis:__ Der vorliegende Lückentext befasst sich mit dem __Einsatz von künstlicher Intelligenz im Sport__. Auch hier wird also das Rahmenthema wieder aufgegriffen. Bei dieser Aufgabe geht es darum, den jeweils passenden Begriff in die Lücken einzusetzen. Das gesuchte Wort muss aus __derselben Wortfamilie__ stammen wie der am Rand vorgegebene Begriff. Außerdem muss es inhaltlich und grammatikalisch in den Satzzusammenhang passen. Du musst also bei jeder Lücke überlegen, welche __Wortart__ erforderlich ist, d. h., ob du ein Nomen, Verb, Adjektiv oder Adverb einsetzen musst. Bei Verben musst du außerdem darauf achten, die __richtige Form__ zu verwenden (Aktiv/Passiv bzw. Zeitform).

1. „… where health and fitness are of **essential** importance.“ (essence)

   __Hinweis:__ Da nach der Lücke ein Nomen folgt, benötigst du hier ein Adjektiv. Gesundheit und Fitness sind von grundlegender (essentieller) Bedeutung für Sportlerinnen und Sportler. Das gesuchte Wort kommt in abgewandelter Form auch in der deutschen Sprache vor.
   __Wortfamilie:__ essential – essentially – essence

2. „… physical tests that use *AI* to **examine** various health parameters.“ (examination)

   __Hinweis:__ Das Wörtchen „to“ vor der Lücke signalisiert, dass du ein Verb im Infinitiv einfügen musst.
   __Wortfamilie:__ to examine – exam – examination – examiner

3. “It can even detect early if players are **exhausted**.” (exhaustion)

   __Hinweis:__ Die Form von „to be“ vor der Lücke deutet darauf hin, dass ein Adjektiv bzw. ein „past participle“ erforderlich ist. Es wird hier regelmäßig mit der Endung „-ed“ gebildet. Erschöpfung und Burnout sind ernstzunehmende Probleme im Sport. Aus diesem Grund ist es wichtig, schon früh Anzeichen dafür zu erkennen.
   __Wortfamilie:__ to exhaust – exhausted – exhausting – exhaustive – exhaustion – exhaust – exhaust pipe (= Auspuffrohr) – exhaust fumes (= Abgase)

4. "*AI* systems process the stream of data … to **identify** the signs …" (identification)
   Hinweis: *Wie bei Nummer 2 deutet das „to" vor der Lücke auf ein Verb im Infinitiv hin. Auch hier ist der Bezug zur deutschen Sprache offensichtlich („to identify" = identifizieren).*
   Wortfamilie: *to identify – identifiable – identification – identity – identity card (= Personalausweis)*

5. "This enables sports teams to keep their most **valuable / valued** assets …" (value)
   Hinweis: *Adjektive werden entweder mit „-er" und „-est" gesteigert (wie bei „fast, fast<u>er</u>, fast<u>est</u>") oder mit „more" und „most". Das Wort „most" vor der Lücke und das Nomen „assets" zeigt dir also, dass du ein Adjektiv („valuable") einfügen musst. Du könntest hier aber auch das „past participle" des Verbs („valued") verwenden. Beide Varianten sind richtig.*
   Wortfamilie: *to value – valuable – valueless – value – valuables – valuation*

Task 4: Umformulierung von Sätzen mit Schlüsselwörtern

Hinweis: *Inhaltlich geht es bei dieser Aufgabe um den* ***Einsatz von Robotern im Bereich der Kunst****. Du sollst nun den jeweils zweiten Satz so vervollständigen, dass er dem Inhalt des ersten Satzes entspricht. Dazu musst du das vorgegebene* ***Schlüsselwort*** *verwenden, darfst dieses aber nicht verändern. Außerdem musst du darauf achten, nicht mehr als* ***zwei bis fünf Wörter*** *(einschließlich des „key word") in die Lücke einzutragen. Wenn deine Lösung weniger als zwei oder mehr als fünf Wörter enthält, bekommst du keinen Punkt. Bei dieser Aufgabe führen Rechtschreibfehler nur dann zu Punktabzug, wenn sie sinnentstellend sind.*

1. Robots **are said (to be able)** to perform routine jobs only.
   Hinweis: *Im Grunde musst du hier den Satz vom Aktiv ins Passiv setzen. Über Roboter <u>wird gesagt</u> („are said to"), dass sie nur Routineaufgaben ausführen können. Das Passiv wird gebildet mit der richtigen Form von „to be" (hier: „are") und dem „past participle" des Verbs (hier: Schlüsselwort „said"). Da du zwischen zwei und fünf Wörtern einschließlich des „key word" verwenden kannst, ist es egal, ob du „to be able" verwendest oder nicht.*

2. **You might not have heard** about the ways robots are being used in creative arts.
   Hinweis: *Es <u>könnte sein</u>, dass viele Menschen noch nie etwas über den Einsatz von Robotern im Bereich der Kunst gehört haben. Dieser Gedanke kann entweder mit „maybe" oder – wie im zweiten Satz gefordert – mit „might" ausgedrückt werden. Du benötigst hier die Zeitform des „conditional II". Es wird gebildet mit dem Modalverb „might" + „have" + „past participle" (hier: „heard"). Vergiss auch die Verneinung nicht.*

3. Artists **have been using/have used computers to** create works of art since the late 1950s.
   Hinweis: *Die Konjunktion „since" ist meist verbunden mit der Zeitform des „present perfect". Es geht um einen Vorgang, der in der Vergangenheit begonnen hat und in die Gegenwart hineinreicht. Kunstschaffende verwenden seit („since") den späten 1950er-Jahren Computer für ihre Arbeit. Dieser Vorgang ist aber natürlich nicht abgeschlossen, weil sie heute immer noch und viel intensiver als bisher Computer einsetzen. Du kannst hier sowohl das „present perfect simple" als auch das „present perfect progressive" verwenden.*

4. A database **was/has been fed by** Prof. A. Elgammal with 80,000 works of art from the last 500 years.
   Hinweis: *Das Schlüsselwort „by" gibt dir hier den Hinweis, dass du das Passiv bilden musst. Du kannst als Zeitform entweder das „simple past" oder auch das „present perfect" verwenden. Mit dem sogenannten „by-agent" wird in Passivsätzen angegeben, von wem eine Handlung durchgeführt wird. Die Datenbank wurde von Prof. Elgammal („by Prof. Elgammal") gefüllt.*

5. **Unless there is** a database error, this software creates new works of art as soon as you press a button.

__Hinweis:__ Die Konjunktion „if + no" ist gleichbedeutend mit „unless" (= wenn nicht). Wenn es keinen Datenbankfehler gibt, schafft die Software jedes Mal ein neues Kunstwerk, sobald man den Knopf drückt. Oft werden Sätze mit Konjunktionen eingeleitet. Du solltest die gängigen Konjunktionen gut beherrschen. Hier sind exemplarisch einige Beispiele, die häufig verwendet werden: „unless", „despite", „although", „instead of" etc. Am besten lernst du diese Ausdrücke zusammen mit einem Beispielsatz, den du dir gut einprägen kannst.

Task 5: Lückentext – Grammatik und Sprachgebrauch

__Hinweis:__ Im vorliegenden Text geht es inhaltlich um den ersten __industriellen Roboter__. Dieser wurde „Unimate" genannt und gilt als Vorläufer der heutigen Robotergeneration. Der Text enthält insgesamt __zehn Lücken__, die du füllen sollst. Hinter jeder Lücke ist eine __Klammer mit einem Wort__, das du in die __richtige Form__ bringen musst, sodass es in den jeweiligen Satz passt.

1. **had not met / hadn't met**

__Hinweis:__ Hier liegt ein „if"-Satz vom Typ III vor. Im Hauptsatz steht die Zeitform des „conditional II" („might have developed"). Daher benötigst du im „if-clause" das „past perfect" („hadn't met"). Wichtig ist hier noch die Verneinung, sonst würde die Aussage keinen Sinn ergeben.

2. **to finance**

__Hinweis:__ Hier wird ein Infinitiv mit „to" benötigt. Dieser wird oft verwendet, wenn eine Handlung erst noch vollzogen werden muss, wenn also eine Absicht, ein Wunsch oder eine Zielvorstellung ausgedrückt werden soll.

3. **was produced / had been produced**

__Hinweis:__ Der erste industrielle Roboter „Unimate" hat sich natürlich nicht selbst hergestellt, sondern er wurde produziert. Du benötigst also die Passivform des Verbs. Da dieser Vorgang in der Vergangenheit stattfand und bereits abgeschlossen ist, musst du entweder die Zeitform des „simple past" oder das „past perfect" wählen. Das Passiv wird immer mit der entsprechenden Form von „to be" (hier: „was" oder „had been") und dem „past participle" des Verbs (hier: „produced") gebildet.

4. **is regarded**

__Hinweis:__ Auch hier ist das Passiv gefragt. Der „Unimate" wird als erster Roboterarm betrachtet, der in Masse produziert wurde. Die einleitende Zeitangabe „today" signalisiert, dass du das „simple present" verwenden musst. Du benötigst also die entsprechende Form von „to be" (hier: „is"), an die das „past participle" des vorgegebenen Verbs angeschlossen wird.

5. **immensely**

__Hinweis:__ Da sich die Lücke auf das Adjektiv „successful" bezieht und dieses näher beschreibt, benötigst du hier ein Adverb. Es wird in diesem Fall regelmäßig gebildet, also durch Anhängen der Endung „-ly" an das Adjektiv.

6. **most progressive**

__Hinweis:__ Der bestimmte Artikel „the" vor der Lücke signalisiert, dass du den Superlativ des Adjektivs einfügen musst. Lange Adjektive wie „progressive" werden meist mit „more" und „most" gesteigert. In diesem Fall musst du also „most progressive" in der Lücke ergänzen.

7. **employing**
__Hinweis:__ Auf die Konstruktion „to focus on" folgt die „ing"-Form des Verbs. Das ist auch bei vielen anderen Verben der Fall, die eine Präposition mit sich führen (wie z. B. to succeed <u>in</u>, to dream <u>of</u>, to concentrate <u>on</u>). Lerne diese Verben am besten zusammen mit diesen kleinen Wörtern.

8. **has affected / has been affecting**
__Hinweis:__ Die Zeitangabe „ever since" (= seitdem) ist ein wichtiger Hinweis auf die Zeitform des „present perfect". Es wird eine Handlung beschrieben, die in der Vergangenheit begonnen hat und bis in die Gegenwart hinein andauert. Du kannst hier entweder das „present perfect simple" („has affected") oder das „present perfect progressive" („has been affecting") verwenden. Beides ist richtig.

9. **significant**
__Hinweis:__ Das Verb „remain" (= bleiben) zählt zu den sogenannten „state verbs" (= Zustandsverben). Diese Verben erfordern in der Regel keine Bildung eines Adverbs. Das vorgegebene Adjektiv „significant" bleibt daher stehen.

10. **remembering**
__Hinweis:__ Die Konstruktion „it's worth" zieht meist die „ing"-Form des Verbs nach sich. Du musst daher in die Lücke „remembering" einsetzen. Präge dir solche Strukturen am besten mithilfe eines Beispielsatzes ein.

Part III: Guided Writing – Schriftliche Sprachproduktion

Hinweis: *Auch die Themen beim „Guided Writing“ haben im weiteren Sinne mit* ***moderner Technologie*** *zu tun und schließen somit an das Rahmenthema „Artificial Intelligence“ an. Lies dir erst beide Aufgabenstellungen durch, bevor du dich für eine von beiden entscheidest. Du kannst dir ruhig mit Bleistift ein paar Stichpunkte machen, bevor du mit dem Ausformulieren beginnst. Achte aber darauf, dass dir am Ende nicht die Zeit davonläuft. Besonders wichtig ist, dass du* ***alle vier in der Aufgabe geforderten Aspekte*** *vollständig bearbeitest. Dazu kannst du die einzelnen Aspekte z. B. auf dem Angabenblatt abhaken. Versuche, zu jedem Aspekt drei Ideen zu finden, also ungefähr drei Sätze bzw. Teilsätze je Aspekt zu schreiben. Insgesamt sollst du* ***ungefähr 200 Wörter*** *schreiben. Es gibt aber keinen Punktabzug, wenn du mehr schreibst.*

Task A

Hinweis: *Bei Task A ist folgende Situation vorgegeben: Du hast ein* ***elektronisches Gerät*** *gekauft, das aber nicht so funktioniert, wie es soll. Du beschließt deshalb, eine* ***Online-Bewertung*** *zu schreiben. Folgende Aspekte müssen in deiner Bewertung enthalten sein: Du sollst zunächst das* ***Produkt beschreiben*** *und sagen,* ***warum du es gekauft*** *hast (❶). Außerdem sollen die* ***Probleme mit dem Gerät*** *zur Sprache kommen (❷) und wie du versucht hast, sie zu* ***lösen*** *(❸). Schließlich wird noch erwartet, dass du den Leserinnen und Lesern einen* ***Rat*** *mit auf den Weg gibst (❹). Darüber hinaus benötigst du einen* ***passenden Einstieg*** *sowie einen* ***geeigneten Schluss****.*

I just love going canoeing in the summer – it's my favourite hobby.	suitable beginning
But I have been worried that one day I might drop my mobile into the water. This was the main reason why I finally bought a "DipIn" smartphone. The product description said that it was absolutely waterproof and that I could even use it for diving.	❶ the product and your reasons for buying it
However, last week the phone fell out of the boat straight into the water. I found it after about ten minutes but it no longer worked. Apparently, the water had gotten inside the phone.	❷ problem(s) you had with the device
I took it home, dried it and tried to reload it but all this didn't help. In the end I wrote an e-mail to the online shop where I had bought it and they accepted to replace it. Nevertheless, I was very disappointed because I had lost all the photos that I had taken during the last couple of months.	❸ how you tried to solve the problem(s)
Therefore I wouldn't recommend buying a DipIn phone – at least not if you are planning to use it for watersports. And my other advice is: save your data regularly because you never know what might happen.	❹ your advice to the reader
As I had sent most of the photos to my friends the situation is not too bad and they still exist. Otherwise the whole issue would have been very annoying …	suitable ending

Task B

***Hinweis:** In Task B sollst du in deiner Heimatstadt oder deinem Heimatdorf ein Netzwerk für junge Erfinder*innen aufbauen und dazu eine Einladungs-Mail an die ersten Teilnehmenden schreiben. In der E-Mail sollst du deutlich machen, **warum es sinnvoll ist, sich untereinander zu vernetzen** („networking") (❶). Außerdem sollst du auf **organisatorische Dinge** in Bezug auf das erste Treffen eingehen (❷) und beschreiben, was die **inhaltlichen Schwerpunkte** bei dem Termin sein werden (❸). Zu guter Letzt sollst du noch einige Ideen nennen, wie ihr euer neues **Netzwerk bekannter machen** könntet (❹). Achte darauf, deine E-Mail mit einer **passenden Anrede und Einleitung** zu beginnen und mit einem **geeigneten Schluss** abzurunden.*

Dear all,

suitable beginning

You are probably wondering why I am writing to you. I am planning to set up a network for young inventors and I've heard that like me, you like to invent things.

I think it would be a wonderful idea if we could get together in order to share our experiences. I believe we can learn a lot from each other and help each other to promote our inventions.

❶ why networking is a great idea

As a first step I want to bring together a group of ten young inventors and then maybe expand the group as we go along. In order to be able to organise a first meeting, could you please tell me whether you are interested and how you prefer to be contacted? I also need your preferences concerning a possible day and time for our first meeting.

❷ the first network meeting: organisational details

In our first meeting we should get to know each other and maybe each of us could briefly present his or her invention(s). We could then discuss how we can support each other in the future. However, please feel free to suggest further topics.

❸ the first network meeting: topics

To promote our network, we should then find a name for our group and design our own website. We could also inform the companies in our hometown about what we are doing – perhaps some of them would like to cooperate with us.

❹ how the network could be promoted in the future

Are you interested? Please let me know so that I can plan further ahead. I hope to hear from you soon.

suitable ending

Yours,

Marie

Abschlussprüfung an Realschulen: Englisch 2020
Listening Test: Job Fair

TEXT 1: Tips for your Internship

1 On your first day as an intern, picking out what to wear can be unnerving, especially if you're not familiar with the company dress code yet. Even if you find suits boring, you may want to think twice in order to create an appropriate impression.

2 Depending on the office culture, close employees and interns may go and have a snack together during their workdays. However, don't assume that this is an open invite but wait until they ask you to come along.

3 Your internship may take place in summer. This is the perfect time for outings or events which may include all sorts of beverages. Before ordering one for yourself, make sure you understand the company culture. It may be in your best interest to sip on some soda.

4 Sometimes you are the only intern in an office, or you may find yourself scheduled apart from the other interns. If you think you are isolated, it's comforting to stay calm and focused until you get to know some people.

5 If you think you can go on vacation with family or friends, you might be wrong. As an intern, you may have to miss out on a week of sun and sand. But finding out about your future job is certainly worth not having a break.

Adapted from:
Goecke, Amanda. 5 Awkward Moments You Might Have at your Summer Internship [online available on: https://www.hercampus.com]
Meneo, Kimbedey. 10 Awkward Moments Every Intern Experiences [online available on: https//www.society19.com]

TEXT 2: Young Businessman

reporter: This is Kelly Smith from Radio 1. This time for an exclusive interview with Moziah Bridges, the 19-year-old teenpreneur and owner of the startup "Mo's Bows". Hi Mo, you've become a famous bow-tie designer. Tell us, what's a typical day for you?

Mo Bridges: For me it begins with a full day of school, homework, and mail packaging. After school I organize my orders to be shipped. Then I take time to write my clients a handwritten note to say "Thank you", to let them know how much I appreciate their support. After dinner, I may practice for an upcoming speech.

reporter: Some kids know early on in life what they want to do, long-term. When did you know that going into the fashion business was something you really longed for?

Mo Bridges: That was at a young age. My dad was very into fashion, you know. He used to dress up with a tie, even if he wasn't going anywhere. Some celebrities on TV were also wearing bow ties. I wanted to do something fun, something that no one else was doing. I think I found that.

reporter: Oh, I see! So why did you start out with bow ties? Why not neckties?

Mo Bridges: As a younger kid, I wore neckties every day with my school uniform. However, looking at the shops at the mall I could see that bow ties were coming back into style. So I asked my granny how to sew. That's how the idea came to be. I decided to turn my passion into fashion and created my startup "Mo's Bows". I saw myself as a trendsetter. It wasn't about financial success at all.

reporter: What have you learned as a successful teenpreneur?

Mo Bridges: I've learned to work hard and to have fun because both are important.

reporter: And what will be the next thing we can look forward to?

Mo Bridges: We've just renewed our licensing contract with the NBA. This means we'll produce exclusive bow ties for each of the organization's professional basketball teams. Next, my team and I plan to create neckties with colorful graphic prints. And an idea close to my heart is showing people that we care. My dream is to found a charitable organization, but at this point I cannot really tell you more.

reporter: What would be the one piece of advice you'd give to a teenager who is considering starting a business?

Mo Bridges: I would tell them to figure out exactly what they like doing and why.

reporter: Thanks a lot, Mo, for being with us today!

Adapted from:
Soetan, Rochelle. Moziah Bridges of Mo's Bows Talks About Building a Business [online available on: https://blackenterprise.com]
Ortiz, E. L. How Mo's Bows Exclusive Bow Ties Went from a Kid's Dream to a Six-Figure Business [online available on: https://www.beautandbeast.com]
Mo's Bows. Our Founder [online available on: https://mosbowsmemphis.com]

TEXT 3: Unusual Jobs

Bored with your office job? No need for that! Here are three jobs you will never believe exist.
Line stander:
If you don't like queuing, just order a professional line stander. They queue up for hours to get you a concert ticket or a **sample** sales item. It's a hard job that can be well paid.
Fortune cookie writer:
Did you know that your favorite Asian post-meal wisdom comes from a bunch of people writing Chinese fortune cookie **strips**? Approximately three billion fortune cookies are baked every year. As nobody wants to get the same words over and over again, **loads** of inspiring one-liners need to be written.
Bed tester:
Getting paid to lie in a bed? You'd think this job would have an infinite waiting list of **crazy** applicants, but there's more to it than taking a nap. Your job is not as simple as that: you are to check on a variety of **factors**. For example, you must make sure that mattresses and pillows are up to standard for grand hotels. Well, would you want to switch to one of these jobs?

Adapted from: BrightSide. The 13 Most Unusual Jobs [online available on: https://Brightside.me]

TEXT 4: At a Job Fair

fair assistant: Hello, can I assist you?

student: Yes, please. On your poster it says it's possible to do an apprenticeship in banking and study at the same time …

fair assistant: Absolutely. Our so-called "foundation apprenticeships" combine work and study.

student: Well, I want to go into banking. But I thought I'd have to do my A-levels first.

fair assistant: A completed foundation apprenticeship is equivalent to A-levels. This means it qualifies you to study at university level. The big advantage of this programme is that you are permitted to enter a permanent job at this early stage. And don't forget: You'll receive a reasonable salary all along the way.

student: That sounds attractive. And could I do the apprenticeship in Leeds?

fair assistant: We offer apprenticeships throughout the UK. If not in Leeds, there should certainly be an option nearby.

student: Perfect. Oh, and is it possible to gather some work experience abroad?

fair assistant: Well, I'm afraid not, as the apprenticeship only takes 18 months. In any case, there will be multiple options later on. We have more than 9,000 offices worldwide.

student: Wow! How good do you think are my chances of getting an apprenticeship?

fair assistant: You should definitely apply. We're looking for candidates who are enthusiastic about banking. You've already shown that.

student: Oh, thank you. So, what should I include in my application?

fair assistant: We expect a covering letter, a CV and copies of your school certificates.

student: Alright. And … I'll send my application by e-mail.

fair assistant: Certainly, put together all your digital files in a single PDF-document. This has become standard in most companies. And make sure the size is no bigger than 3 MB.

student: Sure, no problem. Who do I address my application to?

fair assistant: That would be Ms Nilay Khatun. You can find her details on our website.

student: Would you mind if I quickly noted down her name?

fair assistant: Of course not, it's N-I-L-A-Y K-H-A-T-U-N.

student: Thank you very much for all the details.

fair assistant: Not at all. All the best for your future career in banking [fade out …]

Adapted from: HSBC. UK Apprenticeships [online available on: https://www.hsbc.com]

TEXT 5: Learning a Job – What it Takes

radio host: Welcome to our programme series "Learning a Job – What it Takes". With me in the studio are Ellie McCooper, chief recruiter for a software company and Courtney Rookie, an apprentice at a ship engineering company. Hello!

both: Hello./Hi there.

radio host: Ms McCooper, what are the things employers look for during a job interview?

E. McCooper: I'd say they start by discovering what their applicants already know about the job and if they're familiar with the business itself. You know it happens that applicants even mix up the main products of different companies they are applying to.

radio host: Oops, you don't want to do that! But let's assume you want to give an applicant the job, what is important to you, in addition to knowledge and technical skills, of course?

E. McCooper: Definitely the so-called soft skills which usually come from life experience. They help us to interact properly.

radio host: As a recruiter, what do you regard as the most important soft skill?

E. McCooper: The one that most employers expect is a high ability to communicate. In other words, you provide information clearly and exactly. This may sound obvious, but it's tougher than that.

radio host: Courtney, in what way have communication skills played a role in your job so far?

C. Rookie: You know, to design a ship you need to combine lots of specific things. At the beginning I was too shy to ask for help. So I got stuck and lost a great deal of time. Now I'd say: explain your problem.

radio host: That's good. Ms McCooper, what else do employers demand?

E. McCooper: As tasks become more and more complex, we need people who can work in a team. In my view, good teamwork means that every single member of a team will know when to listen and when to lead.

C. Rookie: Yes, you're right, during my apprenticeship we removed a heavy engine from a huge motor yacht, and I was so glad to have an experienced worker right next to me.

E. McCooper: And even if sometimes employees might not like each other, it's crucial that all of the team members work together effectively.

radio host: That sounds reasonable. Now, let's complete the top three soft skills for young apprentices, Ms McCooper.

E. McCooper: I think that time management is arguably among the most valuable soft skills you can have as a school leaver …

C. Rookie: Yes, my boss always says: "Time management is the art of simply being on time". For him this also includes delivering things before the deadline. At the beginning it was very hard for me to get up for work at six in the morning, as I was used to starting school at nine.

E. McCooper: Ah, yes, err … What I wanted to say is: estimating how much time you need for a particular task can be tricky, particularly if a task is completely new. This is one of the most difficult things to learn.

radio host: To sum it all up, communication, teamwork and time management, are the top soft skills every school leaver should be able to show. Thank you Ms McCooper and Courtney for being here.

both: You're welcome./Anytime.

radio host: For more information on soft skills … [fade out]

Adapted from:
Apprenticeship Stories. Engineering. Courtney's Story [online available on: http//www.apprenticeship-stories.co.uk]
Success at School. What Soft Skills Do Employers Look for in Job Applicants? [online available on: https://successatschool.org]

JOB FAIR

TASK 1: Tips for your Internship

You will hear five speakers giving tips for tricky situations during an internship. **What aspects** are they talking about? **Write the correct numbers (1–5) in the boxes next to the categories (A–H).** Be careful: Use each number only once.
(You will have 5 seconds after the first listening and 5 seconds after the second listening.)

A	Holidays	☐	**E**	Drinks	☐
B	Workload	☐	**F**	Feeling alone	☐
C	Time pressure	☐	**G**	Being bored	☐
D	Outfit	☐	**H**	Lunch breaks	☐

5

TASK 2: Young Businessman

You will hear an interview with Mo Bridges, a teenpreneur, who designs fashionable bow ties. One ending to each of the following sentences (**1–4**) is correct.
Tick (✓) A, B, C or D.
(You will have 5 seconds after the first listening and 5 seconds after the second listening.)

1. Mo Bridges' day includes …
   - **A** ☐ working for class.
   - **B** ☐ writing e-mails.
   - **C** ☐ visiting clients.
   - **D** ☐ talking with employees.
2. Mo's father …
   - **A** ☐ worked in fashion.
   - **B** ☐ liked wearing ties.
   - **C** ☐ was a celebrity on TV.
   - **D** ☐ had the business idea.
3. Mo first designed bow ties to …
   - **A** ☐ sell them at school.
   - **B** ☐ please his grandmother.
   - **C** ☐ follow his passion.
   - **D** ☐ make money.
4. Mo is planning …
   - **A** ☐ a game with the NBA.
   - **B** ☐ new necktie designs.
   - **C** ☐ a fashion show.
   - **D** ☐ a charity run.

Mo wearing one of his bow ties.
© Sheri Determan/WENN.com/ Alamy Stock Photo

4

TASK 3: Unusual Jobs

You will hear a radio report about jobs you may not know about. **There are <u>five</u> wrong words in the text. Write the correct versions on the lines provided.**
(You will have 10 seconds after the first listening and 15 seconds after the second listening.)

Unusual Jobs

Bored with your office job? No need for that! Here are three jobs you will never believe exist.

Line stander

If you don't like queuing, just order a professional line stander. They queue up for hours to get you a concert ticket or a simple sales item. It's a hard job that can be well paid.

Fortune cookie writer

Did you know that your favorite Asian post-meal wisdom comes from a bunch of people writing Chinese fortune cookie quips? Approximately three billion fortune cookies are baked every year. As nobody wants to get the same words over and over again, lots of inspiring one-liners need to be written.

Bed tester

Getting paid to lie in a bed? You'd think this job would have an infinite waiting list of lazy applicants, but there's more to it than taking a nap. Your job is not as simple as that: you are to check on a variety of sectors. For example, you must make sure that mattresses and pillows are up to standard for grand hotels.

Well, would you want to switch to one of these jobs? 5

Adapted from: BrightSide. The 13 Most Unusual Jobs [online available on: https://Brightside.me]

TASK 4: At a Job Fair

You will hear an interview between a student and an assistant at a job fair. Listen and **take notes**. You do not have to write complete sentences but **one word is not enough**.
(You will have 10 seconds after the first listening and 20 seconds after the second listening.)

FILE NOTE

1	Benefits of a foundation apprenticeship:	• combines work and study • equivalent to A-levels • ______ • ______	 1 1
2	Possible job sites:	______	1
3	Period of time:	______	1
4	What an application should include:	• ______ • CV and school certificates (copies)	1
5	Important for e-mail attachment:	• ______ • ______	1 1
6	Contact person:	______	1

(8)

TASK 5: Learning a Job – What it Takes

You will hear a radio podcast with Ellie McCooper, chief recruiter at a software company, and Courtney Rookie, an apprentice, about learning a job. What do these people say? **Listen to the conversation and complete the grid below.** Be careful, **one word is not enough**.
(You will have 30 seconds after the first listening and 90 seconds after the second listening.)

Learning a Job – What it Takes

1. Employers firstly try to find out from their applicants …

____

____ 1

2. We normally learn soft skills from …

____

____ 1

3. People with good **communication skills** give information …

____

____ 1

4. Courtney's advice on communication is to …

____

____ 1

5. Good **team players** …

- ____ 1
- ____ 1

6. According to Courtney's boss, **time management** is …

____

____ 1

7. Calculating the time for a task is a challenge if …

____

____ 1

(8)

Good luck!

Lösung

*__Allgemeine Hinweise:__ Die Hörverstehensprüfung 2020 befasst sich mit der __Berufswelt__, also einem Thema, das auch für dich als Schulabgänger*in interessant ist. Die Überschrift „__Job Fair__" könnte man übersetzen mit „Jobbörse" oder „Jobmesse". In den fünf Hörverstehenstexten geht es um Betriebspraktika („internships"), um das Beispiel eines sehr jungen und erfolgreichen Unternehmers („teenpreneur"), um ungewöhnliche Jobs („unusual jobs"), die Möglichkeit der dualen Ausbildung und einen gelungenen Start ins Berufsleben. Es hilft, wenn du dich schon kurz vor dem Hören auf die Thematik einstellst. Dann kannst du unbekannte Wörter leichter aus dem Sinnzusammenhang erschließen.*
Alle Texte werden __zweimal vorgespielt__. Zwischen den Hördurchgängen ist etwas Zeit, damit du die Lösungen auf deinem Angabenblatt vervollständigen kannst. Rechtschreib- und Grammatikfehler werden nicht gezählt, sofern sie nicht sinnentstellend sind. Die Lehrkraft muss also noch erkennen können, was du gemeint hast, sonst kann kein Punkt gegeben werden.

Task 1: Tips for your Internship

*__Hinweis:__ Die folgende Aufgabe besteht aus __fünf kurzen Texten (1–5)__, in denen knifflige („tricky") Situationen während eines Praktikums beschrieben werden. Du sollst die Aussagen der fünf Sprecher*innen den __Überschriften auf dem Angabenblatt (A–H)__ zuordnen. Lies dir die Überschriften vor dem ersten Hören durch. Überlege dann während des Hörens, über welchen Problembereich die jeweilige Person spricht, und schreibe die Nummer des Texts in das Kästchen neben der passenden Überschrift. Du darfst aber keine Zahl zweimal verwenden. Da es acht Überschriften gibt, aber nur fünf Hörtexte, bleiben am Ende drei Kästchen frei.*

A Holidays **5**

__Hinweis:__ Das Wort „holidays" wird zwar nicht ausdrücklich genannt. Oft werden in den Texten aber Umschreibungen oder auch gleichbedeutende Begriffe (Synonyme) verwendet. Dies ist auch hier der Fall. In Text 5 taucht der Begriff „vacation" (Z. 13) und die Umschreibung „a week of sun and sand" (Z. 14) auf. Auch das Wort „break" (Z. 15) für „Pause, Auszeit, Urlaub" ist ein Hinweis auf die richtige Lösung. Du darfst es hier aber nicht auf „Lunch breaks" (Überschrift H) beziehen.

B Workload **–**

__Hinweis:__ Die Arbeitsbelastung („workload") kommt in keinem der Texte zur Sprache. Du kannst hier also keine Ziffer zuordnen.

C Time pressure **–**

__Hinweis:__ Der Zeitdruck in der Arbeit wird nicht thematisiert. Auch hier darfst du also keine Zahl eintragen.

D Outfit **1**

__Hinweis:__ Die Lösung ist hier nicht schwer. In Text 1 werden gleich mehrere Aspekte genannt, die etwas mit Kleidung zu tun haben („picking out what to wear", Z. 1; „dress code", Z. 2; „suits", Z. 2). Es geht darum, was man am besten für das Praktikum anzieht, um einen guten Eindruck zu machen. Manche Firmen bevorzugen einen sehr formellen Stil und bei anderen ist es ein bisschen lockerer.

E Drinks **3**

Hinweis: Die Textstellen „all sorts of beverages" (Z. 8) und „sip on some soda" (Z. 9) aus Text 3 passen zum Überbegriff „Drinks". Es geht darum, was man während einer Firmenfeier oder eines Betriebsausflugs zum Trinken bestellt. Da man oft nicht weiß, wie die Firmenpolitik in diesem Bereich ist, ist es ratsam, sich für ein Glas Wasser oder ein anderes nicht-alkoholisches Getränk zu entscheiden.

F Feeling alone **4**

Hinweis: Während eines Praktikums kann es manchmal vorkommen, dass man sich alleine fühlt – beispielsweise, weil es keine anderen Praktikantinnen und Praktikanten gibt oder weil diese gerade in einem anderen Bereich eingesetzt sind. Diese Problematik wird in Text 4 angesprochen („the only intern", Z. 10; „scheduled apart from the other interns", Z. 10/11; „If you think you are isolated", Z. 11).

G Being bored **–**

Hinweis: In diesem Fall ist die Lösung nicht ganz einfach. Du könntest vielleicht meinen, dass Text 4 hier richtig sein muss. Darin wird beschrieben, dass man etwas isoliert von den anderen im Büro sitzt und niemanden kennt. Es geht in dem Text aber um das Gefühl des Alleinseins („feeling alone", Überschrift F) und nicht um Langeweile („being bored"). Du musst also ganz genau hinhören. Manchmal liegen die Lösungen nicht weit auseinander.

H Lunch breaks **2**

Hinweis: Die Textstelle "close employees may go and have a snack together during their workdays" (Z. 4/5) in Text 2 passt zum Überbegriff „lunch breaks". In manchen Firmen gehen die Praktikantinnen und Praktikanten mit den Angestellten zusammen Mittagessen. Das ist aber nicht überall so und deshalb ist es wichtig, dass man hier wartet, bis man gefragt wird ("wait until they ask you to come along", Z. 5/6).

Task 2: Young Businessman

Hinweis: In dieser Aufgabe hörst du ein Radiointerview zwischen der Moderatorin ***Kelly Smith*** *und dem jungen Unternehmer* ***Moziah Bridges*** *(Spitzname „Mo"). Im Text geht es um Mos Tagesablauf und seinen Vater, seine Geschäftsidee und seine Pläne für die Zukunft. Auf dem Angabenblatt sind Satzanfänge mit jeweils* ***vier möglichen Satzenden*** *(A, B, C oder D) angegeben. Du musst entscheiden, welches der vier Satzenden das richtige ist und den entsprechenden Buchstaben ankreuzen. Die Auswahlmöglichkeiten unterscheiden sich oft nur in einem Detail, sodass du zum einen die Aufgabenstellung genau lesen und zum anderen gut zuhören musst.*

1. Mo Bridges' day includes **working for class.**
   Hinweis: Für Mo beginnt ein typischer Tag mit Schularbeit ("For me it begins with a full day of school, homework, and mail packaging.", Z. 4) – hier ist also Lösung A richtig.
   Die anderen Satzenden scheiden aus. Mo schickt seinen Kunden keine E-Mails, sondern handgeschriebene Dankeskarten („a handwritten note to say ‚Thank you'", Z. 5/6). Zudem wird nichts darüber gesagt, ob er seine Kundschaft besucht oder mit seinen Angestellten („employees") spricht.

2. Mo's father **liked wearing ties.**
   Hinweis: Mo erzählt, dass sein Vater oft Krawatten oder Fliegen trug ("He used to dress up with a tie", Z. 10/11). Satzende B ist also die richtige Lösung.
   Du musst hier ganz genau hinhören, weil dich die Alternativlösungen auf die falsche Fährte locken könnten. Die Formulierung "My dad was very into fashion" (Z. 10) bedeutet nicht,

dass Mos Vater in der Modebranche tätig war, sondern lediglich, dass er sich sehr für Mode interessierte. Im Text ist zwar von „celebrities on TV" (Z. 11) die Rede – es wird aber nicht gesagt, dass Mos Vater ein Fernsehstar war. Du darfst dich also nicht verwirren lassen. Manchmal hilft dir bei dieser Art von Aufgabe auch das Ausschlussprinzip.

3. Mo first designed bow ties to **follow his passion.**
   Hinweis: *Hier ist Lösung C richtig. Fliegen waren schon immer Mos Leidenschaft ("I decided to turn my passion into fashion and created my startup 'Mo's Bows'.", Z. 17/18). Lösung B ist nicht zutreffend. Mo wollte nicht seiner Großmutter eine Freude machen („to please his grandmother"), sondern bat sie, ihm das Nähen beizubringen ("I asked my granny how to sew.", Z. 17). Auch Lösung D („make money") scheidet aus, weil Mo deutlich macht, dass es ihm nicht um den finanziellen Erfolg ging ("It wasn't about financial success at all.", Z. 19).*

4. Mo is planning **new necktie designs.**
   Hinweis: *Mo möchte zukünftig noch mehr neue Designs für seine Fliegen entwerfen: "Next, my team and I plan to create neckties with colorful graphic prints." (Z. 25) – Satzende B ist hier also die richtige Lösung.*
   Mo berichtet zwar, dass er und seine Firma gerade einen Linzenzvertrag mit der NBA erneuert haben ("We've just renewed our licensing contract with the NBA.", Z. 23). Das heißt aber nicht, dass ein Spiel mit der NBA geplant ist („a game with the NBA"). Lösung A scheidet daher aus. Auch Lösung D gibt nicht den Inhalt des Hörtextes wieder. Mo erwähnt zwar, dass er davon träumt, eine Wohltätigkeitsorganisation („charitable organization", Z. 26/27) zu gründen. Es ist aber nicht die Rede von einem Wohltätigkeitslauf („a charity run"). Du siehst also, ein genaues Zuhören ist wichtig, damit man sich nicht aufgrund eines einzelnen Begriffs für die falsche Lösung entscheidet.

Task 3: Unusual Jobs

Hinweis: *Im vorliegenden Text hörst du einen Radiobericht über außergewöhnliche Jobs. Der Text auf dem Angabenblatt unterscheidet sich an fünf Stellen vom Hörtext. Du musst genau hinhören und die* ***Unterschiede zwischen dem geschriebenen Text und dem Hörtext*** *heraushören. Bei dieser Aufgabe wird für jeden verbesserten Ausdruck ein Punkt gegeben. Da du fünf Punkte erreichen kannst, musst du also insgesamt* ***fünf Wörter berichtigen****. Übersteigt die Gesamtzahl der von dir verbesserten Wörter die Zahl der zu findenden Fehler, so wird für jeden überzähligen Ausdruck ein Punkt abgezogen.*
Die falschen Begriffe auf dem Angabenblatt und die richtigen Begriffe aus dem Hörtext klingen meist sehr ähnlich. Manchmal kannst du ein falsches Wort bereits daran erkennen, dass es inhaltlich nicht in den Text passt. Manchmal ergibt das Wort zwar Sinn, aber im Hörtext wird trotzdem ein anderer Begriff verwendet. Du musst also ganz genau hinhören.

simple → **sample** „… to get you a concert ticket or a **sample** sales item." (Z. 4/5)

Hinweis: *Sowohl „simple sales item" („einfacher Verkaufsartikel") als auch „sample sales item" („Musterverkaufsartikel") ergeben inhaltlich Sinn. Entscheidend für die Lösung ist aber der gesprochene Text.*

quips → **strips** „… a bunch of people writing Chinese fortune cookie **strips**?" (Z. 7/8)

Hinweis: *Ein Glückskeks („fortune cookie") ist ein knuspriges Süßgebäck, in dessen Inneren ein Papierstreifen („strip") mit einem Glücksspruch eingebacken ist. Der Ausdruck „quips" („Witzeleien") im geschriebenen Text ist also falsch.*

lots	→ **loads**	"… **loads** of inspiring one-liners need to be written." (Z. 9/10) *Hinweis: Inhaltlich würden hier beide Varianten passen – der Unterschied liegt in der Aussprache des Vokals und des Endkonsonanten („t" oder „d").*
lazy	→ **crazy**	„… an infinite waiting list of **crazy** applicants …" (Z. 12/13) *Hinweis: Hier geht es um Personen, die Betten und Matratzen testen. Vielleicht könntest du meinen, dass es sich entweder um „lazy" (= faule) oder „crazy" (= verrückte) Menschen handeln müsse. Inhaltlich wären also beide Varianten denkbar. Entscheidend ist aber wieder die gesprochene Version.*
sectors	→ **factors**	"… you are to check on a variety of **factors**." (Z. 13/14) *Hinweis: Inhaltlich könnte es durchaus sein, dass man verschiedene Bereiche („sectors") oder bestimmte Faktoren („factors") testet. Auch hier ist also wieder genaues Zuhören gefragt.*

Task 4: At a Job Fair

***Hinweis:** In der nächsten Aufgabe hörst du ein Gespräch zwischen einer **Schülerin** und einem **Mitarbeiter auf einer Berufsinformationsmesse** („job fair"). Darin geht es um ein sogenanntes duales Studium. Es verbindet ein Studium mit einer Berufsausbildung („combines work and study").*
*Du sollst nun bestimmte Informationen auf dem Notizzettel eintragen. Lies dir genau durch, wonach gefragt wird, damit du weißt, worauf du beim Hören achten musst. Insgesamt musst du **acht Informationen** ergänzen. Du brauchst keine vollständigen Sätze zu schreiben, aber ein einzelnes Wort genügt als Lösung nicht.*

1. Benefits of a foundation apprenticeship:
   - combines work and study
   - equivalent to A-levels
   - **qualifies to study / study at university level**
   - **(permits to enter a) permanent job (at early stage)**
   - **reasonable salary / salary all along the way**

   ***Hinweis:** Auch wenn du den Ausdruck „foundation apprenticeship" (= grundlegende Ausbildung) vielleicht nicht kennst, kannst du trotzdem die Vorzüge dieses Programms gut heraushören: Man qualifiziert sich für ein Studium an der Universität, die Auszubildenden bekommen zu einem frühen Stadium eine feste Arbeitsstelle und man verdient während der gesamten Zeit bereits sein eigenes Geld. Es reicht, wenn du zwei der drei Aspekte nennst.*
   Textstellen: "it qualifies you to study at university level." (Z. 8); "you are permitted to enter a permanent job at this early stage" (Z. 9); "You'll receive a reasonable salary all along the way." (Z. 9/10)

2. Possible job sites: **throughout (the) UK / Leeds <u>or nearby</u>**

   ***Hinweis:** Es reicht ein Aspekt, damit du den Punkt bekommst.*
   Falls du die zweite Lösung mit „Leeds" wählst, muss der Zusatz „or nearby" unbedingt dabei sein, sonst ist deine Lösung nicht richtig. Es wird nämlich gesagt, dass der Arbeitsplatz auch in der Nähe von Leeds sein kann, falls es in Leeds selbst keine Stelle gibt.
   Textstelle: "We offer apprenticeships throughout the UK. If not in Leeds, there should certainly be an option <u>nearby</u>." (Z. 12/13)

3. Period of time: **18 months**

   ***Hinweis:** Die Ausbildung dauert nur 18 Monate. Aus diesem Grund wird auch die Frage verneint, ob man in diesem Rahmen Auslandserfahrungen sammeln kann.*
   Textstelle: "the apprenticeship only takes 18 months." (Z. 15)

4. What an application should include:
   - **covering letter**
   - CV and school certificates (copies)

   Hinweis: *Es geht hier darum, was zu den Bewerbungsunterlagen dazugehört. Zwei Dinge – ein Lebenslauf („CV") und Kopien der Schulzeugnisse – sind auf dem Notizblatt bereits vorgegeben. Es fehlt also noch das Anschreiben („covering letter").*
   Textstelle: "We expect a covering letter, a CV and copies of your school certificates." (Z. 21)

5. Important for e-mail attachment:
   - **a single PDF/document** (or) **put together in a PDF/document** (or) **all files in a PDF/document**
   - **(size) no bigger than 3 MB**

   Hinweis: *Der Mitarbeiter nennt zwei Dinge, die beim Einreichen der digitalen Bewerbung zu beachten sind. Zum einen ist wichtig, dass die E-Mail nicht mehrere Anhänge enthält, sondern alle Unterlagen in einer Datei zusammengefasst werden. Diese Datei darf außerdem nicht größer als 3 MB sein.*
   Textstellen: "put together all your digital files in a single PDF-document." (Z. 23); "And make sure the size is no bigger than 3 MB." (Z. 24)

6. Contact person: **Nilay Khatun**

   Hinweis: *Eine wichtige Frage ist natürlich, an wen die Bewerbung adressiert werden soll. Da der Name der Ansprechpartnerin im Hörtext buchstabiert wird, muss in diesem Fall die Schreibweise korrekt sein, sonst bekommst du keinen Punkt.*
   Textstellen: "That would be Ms Nilay Khatun." (Z. 26); "it's N-I-L-A-Y K-H-A-T-U-N." (Z. 28)

Task 5: Learning a Job – What it Takes

Hinweis: *In der folgenden Aufgabe hörst du einen Podcast zum Thema „**Berufseinstieg**". Die Gesprächsteilnehmer*innen sind der **Radiomoderator**, die **Personalchefin** einer Software-Firma und **Courtney Rookie**, der bei einem Schiffsbauunternehmen eine Ausbildung macht. Im Gespräch geht es darum, was bei der Bewerbung und beim Erlernen eines Berufs besonders wichtig ist und auf welche Fertigkeiten („skills") es im Wesentlichen ankommt. Konkret werden die Bereiche Kommunikation, Teamwork und Zeitmanagement angesprochen. Du musst die entsprechenden Informationen aus dem Gespräch herausfiltern und die **Sätze** auf dem Angabenblatt **vervollständigen**.*
*Rund um das Thema solltest du die folgenden Begriffe parat haben: „application" (= Bewerbung); „to apply" (= sich bewerben); „applicant" (= Bewerber*in); „apprentice" (= Auszubildende*r); „apprenticeship" (= Ausbildung); „employer" (= Arbeitgeber); „employee" (= Arbeitnehmer*in); „to employ" (= beschäftigen); „job interview" (= Bewerbungsgespräch)*

1. **… what they (already) know about the job. / … if they're familiar with the business (itself), with the (main) products of the company.**

   Hinweis: *Die Arbeitgeber wollen zunächst herausfinden, was die Bewerber*innen bereits über den angestrebten Beruf wissen und inwieweit sie sich im Vorfeld über das Unternehmen und dessen Produkte informiert haben. Es kommt beispielsweise nicht gut an, wenn man die Produkte verschiedener Firmen verwechselt.*
   Du musst hier nur einen der beiden Aspekte nennen.
   Textstellen: "they start by discovering what their applicants already know about the job and if they're familiar with the business itself." (Z. 6/7); "it happens that applicants even mix up the main products of different companies they are applying to." (Z. 7/8)

2. … **life experience.**
Hinweis: *Laut Frau McCooper erwirbt man Sozialkompetenz („soft skills") mit zunehmender Lebenserfahrung.*
Textstelle: „the so-called soft skills which usually come from life experience" (Z. 11)

3. … **clearly and exactly.**
Hinweis: *Frau McCooper ist überzeugt, dass die meisten Arbeitgeber eine ausgeprägte Kommunikationsfähigkeit erwarten. Dabei ist es ihrer Meinung nach entscheidend, dass man sich klar und deutlich ausdrücken kann.*
Textstelle: "In other words, you provide information clearly and exactly." (Z. 14/15)

4. … **ask for help. / … explain your problem.**
Hinweis: *Für den Auszubildenden Courtney Rookie gehört zur Kommunikationsfähigkeit, dass man bei Unklarheiten um Hilfe bittet und das jeweilige Problem klar benennt. Eine der beiden Lösungsvarianten reicht für die richtige Antwort.*
Textstelle: "At the beginning I was too shy to ask for help. So I got stuck and lost a great deal of time. Now I'd say: explain your problem." (Z. 19–21)

5. – … **know when to listen and when to lead.**
– … **work together even if they don't like each other / work together effectively.**
Hinweis: *Frau McCooper nennet zwei Bereiche, die für die Zusammenarbeit in einem Team entscheidend sind. Zum einen muss man wissen, wann man zuhören und wann man andere führen oder anleiten soll. Zum anderen ist es wichtig, dass man effektiv zusammenarbeitet, auch wenn man sich vielleicht nicht leiden kann.*
Textstellen: "good teamwork means that every single member of a team will know when to listen and when to lead." (Z. 24/25), "And even if sometimes employees might not like each other, it's crucial that all of the team members work together effectively." (Z. 28/29)

6. … **(the art of simply) being on time. / … delivering things before (the) deadline.**
Hinweis: *Eine der beiden Lösungsvarianten reicht für die richtige Antwort.*
Hier musst du heraushören, wie Courtneys Vorgesetzter Zeitmanagement definiert. Für ihn beinhaltet das zwei Aspekte: pünktlich zu sein und Arbeiten rechtzeitig vor Fristende („deadline") abzugeben.
Textstelle: "'Time management is the art of simply being on time'. For him this also includes delivering things before the deadline." (Z. 34/35)

7. … **it is completely new.**
Hinweis: *Je weniger Erfahrung man in einem Bereich hat, desto schwieriger ist es, einzuschätzen, wie viel Zeit man für eine Aufgabe braucht. Dieses Problem wird von Frau McCooper angesprochen.*
Textstelle: "estimating how much time you need for a particular task can be tricky, particularly if a task is completely new. This is one of the most difficult things to learn." (Z. 38–40)

Abschlussprüfung an Realschulen: Englisch 2021
Written Test: Women Making History

Part I: Reading

TEXT 1: A Late Tribute to the First Computer Programmer

It was December 10, 1815, and the famous poet Lord George Gordon Byron was expecting the birth of the desired boy. Only a few months later, he decided to divorce his wife and left Britain forever. **[1]** The little girl had been called Ada by Lord Byron himself but never saw her father again, who died when she was eight years old.

Ada Lovelace had an unusual upbringing for an aristocratic girl in the 1800s. Her mother made her study mathematics and science. Such challenging subjects were not standard for women at the time. But her mother believed that engaging in rigorous studies would prevent little Ada from developing her father's moody and unpredictable temperament. **[2]** Ada developed her mathematical and technical skills despite severe illnesses in her childhood. She received instruction from William Frend, a social reformer; William King, the family's doctor; and Mary Somerville, a Scottish astronomer and mathematician who was one of the first women to be admitted into the Royal Astronomical Society. Lovelace considered Somerville to be her role model.

It was also Somerville who introduced her to the company of Charles Babbage, a mathematician and inventor. Lovelace was often seen in aristocratic society, danced, inspired conversations and met quite a few prominent personalities of the time. **[3]** On June 5, 1833, Somerville took Lovelace to a party at Babbage's house and she clearly impressed her host with her skills. 41-year-old Charles and 17-year-old Ada became friends, and Babbage served as a mentor to Lovelace. Thanks to him, Lovelace began studying advanced mathematics with the first professor of mathematics at the University of London, Augustus de Morgan. **[4]** She paused her studies only for her wedding and to start a family, becoming the mother of three children.

Lovelace was fascinated by Babbage's ideas. He had invented and constructed the “difference engine” in order to perform mathematical calculations. He also came up with ideas for another device known as the “analytical engine”, designed to manage more complex calculations. Between 1842 and 1843, Lovelace translated an article by Luigi Menabrea, an Italian scientist, about Babbage's “analytical engine”. Lovelace included her own ideas on the machine and her notes ended up being three times longer than the original article. In her work, Lovelace described how codes could be created. **[5]** Her remarks cover, among other things, the first known computer programme – an algorithm designed to be executed by the machine. She claimed that the analytical engine could theoretically calculate whatever the programmer wanted and expressed visions about advanced computer skills which are normal for us today: composing music, drawing pictures, and using technology for individuals and society to work together.

As you might guess, Lovelace's article, which was published in an English science journal in 1843, attracted little attention when she was alive. **[6]** Indeed, her contributions to the field of computer science were not discovered until 1953, when they were reintroduced to the world by B. V. Bowden in “Faster Than Thoughts: A Symposium on Digital Computing Machines”.

However, since then, Lovelace has received many posthumous honours for her work. She is said to have inspired Alan Turing's work on the first modern-day computers, the term "Turing complete language" is partly based on processes that Lovelace described. When the U.S. defense department developed their own programming language in the mid-1970s, they named it "Ada" in her honour. **[7]** "Ada" has become an international standard.

Lovelace's story is just one example that women have not always been taken seriously enough for their accomplishments. Therefore, the contributions of women to science, technology and mathematics are celebrated on "Ada Lovelace Day", the second Tuesday in October.

Adapted from:
Tesar, Jaromir. Barta, Lukas. The Story of Ada Lovelace [online available on: https://medium.com];
Biography.com Editors. Ada Lovelace Biography [online available on: https://www.biography.com]

POINTS

TASK 1

Read the text *A Late Tribute to the First Computer Programmer* (page 1/2).
Are sentences **1–10** *"True"* (T) or *"False"* (F)? Choose *"Not in the text"* (N) if there is not enough information to answer *"True"* or *"False"*.
Tick (✓) the correct answer.

		T	F	N	
1	Lord Byron took good care of his daughter.				
2	In addition to having technical lessons, Lovelace also learnt languages.				
3	Lovelace's mother was worried about her daughter's character.				
4	Babbage influenced Lovelace's further education.				
5	Babbage built two mathematical machines.				
6	Lovelace wrote a summary of Menabrea's work.				
7	Lovelace's visions have become reality.				
8	Bowden drew the attention of the scientific world to Lovelace's work.				
9	Turing showed that modern-day computers are capable of networking.				
10	The US defense department named Lovelace's programme "Ada".				10

TASK 2

Look at the text *A Late Tribute to the First Computer Programmer* (page 1/2). Five sentences have been removed from the text. Choose the correct gap (**1–7**) in the text for each of the sentences below (**A–E**).
Write the correct number of the gap behind each sentence.
Be careful: There are **two gaps** which you do **not need to use**.

A One of them was the famous writer Charles Dickens. ☐

B She also suggested a method for the engine to repeat a series of instructions, a process known as “looping” that computer programmes use today. ☐

C It is still used around the world today in the industries of aviation, health care, transportation, finance, infrastructure, and space. ☐

D From early on, the girl showed a talent for numbers. ☐

E He was disturbed by the fact that the baby’s mother, Anne Isabella Noel Byron, had not brought a son into the world. ☐ 5

Ada Lovelace
(1815 –1852)

Ada Lovelace © GL Archive/Alamy Stock Foto
Diagramm im Hintergrund © The Picture Art Collection/Alamy Stock Foto

TASK 3

Here are four texts about extraordinary people. Read them and **match them with the statements 1–7 below**. Choose the correct text (**A–D**) and **write its letter in the box**. The texts may be chosen **more than once**.

A Laura Redden Searing was a deaf journalist who reported on the US Civil War. She was also a poet, who had the awkward honour of being friends with both President Lincoln and his future assassin, John Wilkes Booth. At the time, there were no colleges for deaf women, so Redden Searing went to Europe and taught herself German, French, Spanish and Italian. She got a job as the European correspondent for *The New York Times,* and later went on to other renowned publications such as *Harper's* magazine. She published books on politics and poetry collections.

B Hedy Lamarr was both a movie star and an inventor. She was known as 'the most attractive girl in the world', and her most important invention was called "frequency-hopping". This technology, which she developed together with a friend, prevents the radio guidance of torpedoes from being jammed and hijacked by enemies. The pair were granted a patent in 1942. Today, frequency hopping is the basis of wireless communications like Wi-Fi and Bluetooth. It was not until shortly before her death in 2000 that Lamarr gained recognition for her patent. She is now remembered as 'Lady Bluetooth'.

C Lotfia Elnadi was born in Cairo in 1907. Her father saw no reason for her to pursue further education. As a young woman, she read about a flying school and knew it was for her. Telling her father that she was attending a study group, Elnadi took flying lessons instead. She completed school in just 67 days, paying her fees by working as a secretary, and received a pilot's licence. Elnadi became a national celebrity. Due to an injury she had to quit flying, but not before winning medals and honours as a renowned lady of the Egyptian skies.

D Gabriela Brimmer was born with cerebral palsy and was unable to speak. The only part of her body she could use was her left foot. She learned to use her toe to point to letters on an alphabet board, and to type. Initially, she went to a school for children with disabilities, but her mother convinced the local public school that Brimmer's disability had nothing to do with her intellectual abilities. She not only outdid her classmates in high school, but also attended an elite university. Brimmer built an unforeseen career as a bestselling author and launched a disability rights movement in Mexico.

Adapted from: Jewell, Hanna. 100 Nasty Women of History. Hodder & Stoughton (2017)

1 Both a famous politician and his murderer were close to this person. ☐

2 Because of an unforeseen event, this person had to give up her passion. ☐

3 This person's ideas became appreciated only much later. ☐

4 A parent initially stood in the way of this person's education. ☐

5 As there was no suitable school, this person took her education into her own hands. ☐

6 This person not only wrote books but also fought for people's equal chances.

7 This person was renowned for her appearance and her intellectual abilities. 7

TASK 4

Verwenden Sie die Informationen über Tawakkul Karman und **bearbeiten Sie die Aufgaben (1–5) stichpunktartig auf Deutsch**. Die Aspekte müssen <u>inhaltlich vollständig</u> erfasst sein. Einzelwörter genügen nicht als Antwort.

Am I dreaming too much …?

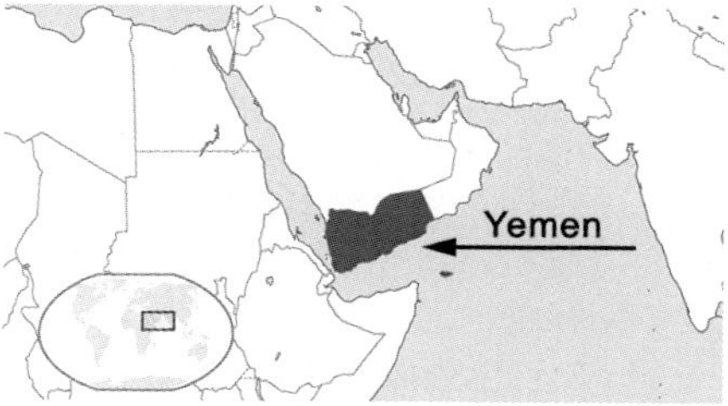

Tawakkul Karman was 32 when she received the Nobel Peace Prize in 2011 for protesting peacefully in her home country, Yemen. In her acceptance speech she emphasized the goal that she and millions of people in the Arab world try to make come true: replacing existing dictatorships with democratic governments that serve their people. Although Karman always protested non-violently, the government continually tried to discourage her with frightening phone calls, and even sent her to prison several times.

Together with seven other female journalists, Karman founded *Women Journalists Without Chains,* an organisation that coaches reporters how to make use of media. It also publishes annual reports on press freedom in Yemen. Unfortunately, the organisation has observed that violence against journalists has increased.

When Karman tried to legally set up an independent broadcasting station for female journalists, her project was rejected by the government. This fact is one of the reasons why Karman and various Arab Spring activists from Egypt, Tunisia, Syria and Libya have asked the democratic world for support. Karman has stated that the regime itself was the cause of most of Yemen's problems. She has called for international help to take violent rulers to court and to establish a modern democracy with all the institutions that are needed.

Tawakkul Karman is dreaming of a new world which will guarantee basic human rights for all human beings: "Am I dreaming too much …?"

Adapted from:
Robert F. Kennedy Human Rights. Tawakkul Karman. Speak Truth to Power Curriculum, 2012, Module 17 [online available on: https//rfkhumanrights.org],
Karman, Tawakkul. Nobel Lecture [online available on: https//wwww.nobelprize.org]

1. Welches Ziel hat Tawakkul Karman für die arabische Welt?

____

____ 1

2. Wie begegnete die Regierung Jemens dem friedlichen Protest von Karman? (**2 Details**)

- ____
- ____ 2

3. Nennen Sie zwei Aufgaben der Organisation *Women Journalists Without Chains.*

- ____
- ____ 2

4. Welches Projekt wurde von der Regierung abgelehnt?

____

____ 1

5. Wobei bitten Karman und andere arabische Aktivisten demokratische Länder um Hilfe? (**2 Details**)

- ____
- ____ 2

(8)

Part II: Use of English

TASK 1

Look at **text 1** (page 1/2). **Find a word or expression which means <u>the same as</u> each of the words (1–5) below.** The lines where you can find the words or expressions are indicated in brackets. There is one example (**0**) at the beginning.

0. (to) name → (to) call **(l. 1–4)**
1. (to) accept → ______________ (l. 5–13)
2. (to) fascinate → ______________ (l. 14–21)
3. (to) interrupt → ______________ (l. 14–21)
4. (to) imagine → ______________ (l. 34–45)
5. (to) motivate → ______________ (l. 34–45)

5

TASK 2

Look at **text 1** (page 1/2). What do the following words mean? **Match** the expressions (**A–F**) **<u>as used in the text</u>** with their corresponding definitions (**1–7**). **Write the correct numbers in the grid below.** Be careful: There are two definitions that you do not need. One definition (**0**) has already been matched correctly.

A upbringing (l. 5)
B mentor (l. 18)
C algorithm (l. 29)
D journal (l. 34)
E term (l. 39)
F accomplishment (l. 44)

0 **a word that exactly describes someone or something**
1 a number of people united or incorporated for business
2 something which has been achieved or done in an outstanding way
3 a set of rules for solving a problem in a number of steps
4 a daily record of a person's experiences or thoughts
5 a magazine, especially one published for a professional group
6 the treatment and instruction a child receives from its parents
7 a wise and trusted counsellor or teacher

A	B	C	D	E	F
				0	

5

TASK 3

Use the word given in capitals at the end of some of the lines to **form a word of the same word family** that fits in the space in the same line.
There is one example (**0**) at the beginning.

0	New parents *anxiously* await their child's Apgar score, which is	ANXIETY
1	the gold standard for determining the ________________ of a	HEAL
	newborn. Virginia Apgar devised that score in 1953, developing the	
2	first ________________ tool to evaluate a baby's risks. She is	SCIENCE
3	said to have created her ________________ checklist in	POWER
	response to a question from a student. The Apgar test has become a	
4	________________-saving standard. Former U.S. Surgeon	LIVE
	General Richmond once said that Apgar had "done more to	
5	________________ the lives of mothers, babies, and unborn	IMPROVEMENT
	infants than anyone else in the 20th century."	

Adapted from:
Weiner, Stacy. Celebrating 10 Women Medical Pioneers, aamc March 3, 2020
[https://www.aamc.org/news-insights/celebrating-10-women-medical-pioneers] 5

TASK 4

Complete the second sentence so that it has a similar meaning to the first sentence, using the KEY WORD given in brackets. **Do not change the KEY WORD given.**
You must use **between two and five words including the KEY WORD**.
There is one example (**0**).

0. People say the Godmother of Rock'n Roll, Sister Rosetta Tharpe, was a true pioneer. **(SAID)**
   The Godmother of Rock'n Roll, Sister Rosetta Tharpe,
   (1) (2) (3) (4) (5)
   is said to be a true pioneer.

1. To understand Tharpe's success, we must look at the musical styles in her songs. **(WANT)**
   ____
   Tharpe's success, we must look at the musical styles in her songs. 1

2. She sang not only gospel songs, but also big band swing jazz. **(AS)**
   She sang ____________________________ big band swing jazz. 1

3. Before Rosetta Tharpe toured Europe in 1964 as part of the Blues & Gospel Caravan, she had only played in the US. **(USED)**

____ only in the US, before she toured Europe in 1964 as part of the Blues & Gospel Caravan. 1

4. It was Tharpe who inspired legends such as Johnny Cash and Little Richard". **(BY)**
   Legends such as Johnny Cash and Little Richard ______________________.
   ____. 1

5. Rosetta Tharpe fans should definitely watch Scorsese's documentary "The Blues". **(WORTH)**
   Scorsese's documentary "The Blues" ______________________________
   for Rosetta Tharpe fans. 1

Adapted from: Liptrott, Josephine. Biography: Sister Rosetta Tharpe – Godmother of Rock'n Roll [online available on http://www.theheroinecollective.com]
Elvis Information Network. Spotlight on the King. How Sister Rosetta Tharpe influenced Elvis' Music [online available on http://www.elvisinfonet.com] (5)

TASK 5

Complete the following text. Use the correct forms of the words in brackets and find words of your own to replace the question marks. There is one example (**0**).

Lady Jess, Artistic Director of the Urban Playground Chamber Orchestra, New York, introduces herself and the project: "I am a Southern woman **(0)** *whose* (???) heart and body has been in New York for over a decade. As a violinist, I **(1)** ________________ (not, need) specific types of music to find inspiration. I'd actually prefer it if there **(2)** ________________ (be) no categories, but my first experience was classical music. And today I claim instant cultural equity for black classical music – and for the black composers, singers and instrumentalists who take part **(3)** ________________ (???) our journey. As an ensemble, we try to do this by **(4)** ________________ (set) up unique concert programs and new methods of collaboration. I am **(5)** ________________ (true) honored to lead the orchestra. It **(6)** ________________ (found) to promote the music of African American composers and women, and to explore culturally relevant themes like resistance and existential peace. At the moment, we **(7)** ________________ (design) performances and material in digital format. And not all **(8)** ________________ (???) this will be related to music. Our videos can **(9)** ________________ (download) by our fans from our website. We are looking forward to **(10)** ________________ (collaborate) with you. My name is Lady Jess, Artistic Director of the Urban Playground Chamber Orchestra, and it's my time."

Adapted from: Lady Jess. Announcing: Lady Jess, Artistic Director of Urban Playground Chamber Orchestra [video online available on: https://www.upchamberorchestra.org] 10

Part III: Guided Writing

You only have to do **one** of the following two tasks.
Important: First read both tasks, then decide whether you want to do Task A or Task B. You can write down your ideas on an extra sheet before you do the task on your exam paper.

TASK A

You want to start a **democracy club** at your school. In the club, students can talk about and practise their democratic ideas.

Write a **letter to your headmaster** and include the following:

- why young people should be politically active
- what project(s) could be interesting at your school
- how the club should be organized
- how you plan on getting members

Find a suitable beginning and ending.
Write about 200 words.

TASK B

A radio channel wants to award a prize to **extraordinary women** and to portray them in a special programme. Everyone can suggest a person they admire. Be careful: you may not use one of the women mentioned elsewhere in this exam.

Write an **e-mail to the radio channel** and include the following:

- why your candidate is extraordinary
- how you became interested in this person
- what prize this person deserves
- why it is important to have a role model

Find a suitable beginning and ending.
Write about 200 words.

TASK ☐

(Write A or B in the box.)

Lösung

Allgemeine Hinweise: *Im „Written Test" werden drei unterschiedliche „skills" geprüft: Im ersten Teil, dem „Reading", kommt es auf das Leseverständnis an. Als Zweites folgt der Teil „Use of English" mit Aufgaben zu Wortschatz und Grammatik. Als Drittes musst du beim „Guided Writing" deine Fähigkeiten im Schreiben von zusammenhängenden Texten unter Beweis stellen. In jedem der drei Bereiche kannst du (wie beim „Listening Test" und „Speaking Test") bis zu 30 Punkte erzielen.*
*Thematisch geht es im „Written Test" 2021 um „**Women Making History**", also um Frauen, die Geschichte geschrieben haben. Der Haupttext beschäftigt sich mit Ada Lovelace, einer Pionierin der Computerwissenschaft. Im Laufe des Tests werden dir aber noch viel mehr Frauen begegnen, die auf ihrem Gebiet Herausragendes geleistet haben.*

Part I: Reading

Task 1: Richtig, falsch oder nicht im Text?

Hinweis: *Diese Aufgabe bezieht sich auf den Haupttext „**A Late Tribute to the First Computer Programmer**", den du auf den Seiten 1 und 2 der Abschlussprüfung findest. Deine Aufgabe ist es, die angegebenen **Behauptungen auf ihre Richtigkeit zu überprüfen**. Wenn eine Behauptung stimmt, kreuzt du „**true**" (T) an; wenn sie nicht richtig ist, nimmst du „**false**" (F). Wenn die Behauptung mithilfe des Textes weder belegt noch widerlegt werden kann, wählst du „**not in the text**" (N) aus. Häufig fällt es Schüler*innen schwer, zwischen „false" und „not in the text" zu unterscheiden. Wenn dir das auch so geht, hilft dir vielleicht die folgende Faustregel: Aussagen sind erst dann „false", wenn sie explizit im Text anders dargestellt werden. Es geht also nicht darum, dass du vermutest, dass die Aussage falsch sein könnte, sondern vielmehr darum, dass der Text die Behauptung widerlegt.*

1. Lord Byron took good care of his daughter. ✓ **False**

   Hinweis: *Textstelle: "Lord George Gordon Byron was expecting the birth of the desired boy. Only a few months later, he decided to divorce his wife and left Britain forever. The little girl had been called Ada by Lord Byron himself but never saw her father again" (Z. 1–4)*
   Lord Byron, der Vater von Ada Lovelace, hat Großbritannien bereits wenige Monate nach ihrer Geburt verlassen und seine Tochter danach auch nicht wiedergesehen. Die Aussage ist also falsch.

2. In addition to having technical lessons, Lovelace also learnt languages. ✓ **Not in the text**

   Hinweis: *Der Werdegang von Ada Lovelace wird im Text zwar ausführlich beschrieben – ob sie auch Sprachen gelernt hat, wird aber nicht erwähnt.*

3. Lovelace's mother was worried about her daughter's character. ✓ **True**

   Hinweis: *Textstelle: "But her mother believed that engaging in rigorous studies would prevent little Ada from developing her father's moody and unpredictable temperament." (Z. 7/8)*
   Dem Text zufolge machte sich die Mutter Sorgen um Adas Charakter, da schon Lord Byron ein recht schwieriger Mensch war. Somit ist die Aussage korrekt.

4. Babbage influenced Lovelace's further education. ✓ **True**

   Hinweis: *Textstelle: "41-year-old Charles and 17-year-old Ada became friends, and Babbage served as a mentor to Lovelace. Thanks to him, Lovelace began studying advanced mathematics" (Z. 18/19)*

Charles Babbage war nicht nur der Mentor von Ada Lovelace, er war auch derjenige, der ihr das Studium höherer Mathematik näherbrachte. Somit hatte er einen entscheidenden Einfluss auf ihren weiteren Bildungsweg.

5. Babbage built two mathematical machines. ✓ **False**

   Hinweis: *Textstelle: "He had invented and constructed the 'difference engine' in order to perform mathematical calculations. He also came up with ideas for another device known as the 'analytical engine'" (Z. 22–24)*
   Die Textstelle ist leicht falsch zu verstehen. Wenn man genau liest, stellt man jedoch fest, dass Babbage nur die „difference engine" gebaut hat, während er zur „analytical engine" lediglich Pläne hatte. Somit ist die Aussage falsch.

6. Lovelace wrote a summary of Menabrea's work. ✓ **False**

   Hinweis: *Textstelle: "Lovelace translated an article by Luigi Menabrea, an Italian scientist, about Babbage's 'analytical engine'. Lovelace included her own ideas" (Z. 25/26)*
   Lovelace hat keine Zusammenfassung von Menabreas Arbeit, sondern eine Übersetzung mit eigenen Ergänzungen geschrieben. Die Aussage ist also falsch.

7. Lovelace's visions have become reality. ✓ **True**

   Hinweis: *Textstelle: "She claimed that the analytical engine could theoretically calculate whatever the programmer wanted and expressed visions about advanced computer skills which are normal for us today: composing music, drawing pictures, and using technology for individuals and society to work together." (Z. 29–33)*
   Die Textstelle zeigt deutlich auf, dass die Ideen, die Lovelace hatte, mittlerweile Realität geworden sind. Die Aussage ist also richtig.

8. Bowden drew the attention of the scientific world to Lovelace's work. ✓ **True**

   Hinweis: *Textstelle: "Indeed, her contributions to the field of computer science were not discovered until 1953, when they were reintroduced to the world by B. V. Bowden in 'Faster Than Thoughts: A Symposium on Digital Computing Machines'" (Z. 35–37)*
   Die Ideen von Ada Lovelace wurden zu ihrer Lebzeit nur wenig beachtet. Erst als B. V. Bowden 1953 ihre Überlegungen wieder in die wissenschaftliche Diskussion einbrachte, fanden sie die verdiente Anerkennung.

9. Turing showed that modern-day computers are capable of networking. ✓ **Not in the text**

   Hinweis: *Texstelle: "She is said to have inspired Alan Turing's work on the first modern-day computers, the term 'Turing complete language' is partly based on processes that Lovelace described." (Z. 38–40)*
   Der Text erwähnt zwar Turings Arbeit zu den ersten modernen Computern, bezüglich einer Netzwerktauglichkeit wird allerdings nichts gesagt.

10. The US defense department named Lovelace's programme "Ada". ✓ **False**

    Hinweis: *Textstelle: "When the U.S. defense department developed their own programming language in the mid-1970s, they named it 'Ada' in her honour." (Z. 40–42)*
    Die Programmiersprache „Ada" wurde vom US-Verteidigungsministerium erfunden, nicht von Lovelace selbst. Die Aussage ist also falsch.

Task 2: Zuordnungsaufgabe 1

***Hinweis:** Aus dem Text „A Late Tribute to the First Computer Programmer" (Seite 1/2) wurden insgesamt **fünf Sätze (A–E)** gestrichen. Im Text sind **sieben Stellen (1–7)** vermerkt, an denen diese fünf Sätze gestanden haben könnten. Deine Aufgabe ist es, die Sätze den richtigen Stellen im Text zuzuordnen. Hierfür schreibst du die Zahl der entsprechenden Lücke in das Kästchen hinter dem Satz. Am Ende sollte hinter jedem Satz eine Zahl stehen. Zwei Zahlen können nicht zugeordnet werden. Gehe bei jedem Satz die Lücken der Reihe nach durch. Lies dir jeweils die Textstellen kurz vor und nach der Lücke durch und überlege, ob der Satz sowohl inhaltlich als auch sprachlich gut an diese Stelle passt.*

A. One of them was the famous writer Charles Dickens. **3**

***Hinweis:** Das Pronomen „them" in Satz A signalisiert, dass vor der Lücke von einer Personengruppe die Rede sein muss. Das passt zu Lücke 3, vor der gesagt wird, dass Lovelace viel Zeit in der Gegenwart prominenter Persönlichkeiten verbrachte (vgl. Z. 16) – Charles Dickens war eine von ihnen.*

B. She also suggested a method for the engine to repeat a series of instructions, a process known as "looping" that computer programmes use today. **5**

***Hinweis:** Das Wort „also" deutet darauf hin, dass Lovelace auch andere Vorschläge gemacht hatte. Das passt zum Satz vor Lücke 5, in dem es heißt, dass sie beschrieb, wie man Codes erstellen könne (vgl. Z. 27/28).*

C. It is still used around the world today in the industries of aviation, health care, transportation, finance, infrastructure, and space. **7**

***Hinweis:** Überlege, auf was sich das Pronomen „it" in Satz C beziehen könnte. Es geht um etwas, das bis heute in vielen verschiedenen Bereichen eingesetzt wird. Das passt zu Lücke 7, vor der von der Programmiersprache „Ada" die Rede ist (vgl. Z. 41/42).*

D. From early on, the girl showed a talent for numbers. **2**

***Hinweis:** Da der Text Lovelaces Leben chronologisch darstellt, ist klar, dass dieser Satz bereits relativ am Anfang vorkommen muss. Im Abschnitt vor Lücke 2 wird ihre schulische Laufbahn beschrieben, somit fügt sich der Satz hier thematisch gut ein. Auch die Textpassage nach Lücke 2, in der von Adas „mathematical […] skills" (Z. 9) die Rede ist, passt inhaltlich gut zu „talent for numbers" aus Satz D.*

E. He was disturbed by the fact that the baby's mother, Anne Isabella Noel Byron, had not brought a son into the world. **1**

***Hinweis:** Inhaltlich kommt für diesen Satz nur Lücke 1 in Betracht. Im Abschnitt vor der Lücke wird erwähnt, dass Lovelaces Vater sich eigentlich einen Sohn gewünscht hatte und seine Frau und Großbritannien verließ (vgl. Z. 1–3). In Satz E wird das näher erläutert.*

Die Lücken bei den Ziffern 4 und 6 bleiben übrig.

Task 3: Zuordnungsaufgabe 2

***Hinweis:** Diese Aufgabe bezieht sich nicht mehr auf den Haupttext zu Ada Lovelace, sondern auf **vier kurze Texte (A–D)**, in denen der Werdegang weiterer bedeutender Frauen dargestellt wird: **Laura Redden Searing**, **Hedy Lamarr**, **Lotfia Elnadi** und **Gabriela Brimmer**.*
*Auf dem Angabenblatt sind **sieben Aussagen (1–7)** vorgegeben. Du musst jeweils entscheiden, **zu welchem Text die Aussagen passen**, und den richtigen Buchstaben in das Kästchen schreiben. Lies dir zunächst alle Texte aufmerksam durch und suche dann nach Schlüsselwörtern in*

den Aussagen. Überlege bei jeder Aussage, zu welchem Text sie gehören könnte. Lies dir den entsprechenden Text dann noch einmal ganz genau durch, um deine Vermutung zu überprüfen oder den Text als Lösung auszuschließen.

1. Both a famous politician and his murderer were close to this person. **A**

   Hinweis: *Textstelle: "She was also a poet, who had the awkward honour of being friends with both President Lincoln and his future assassin, John Wilkes Booth."*
   Zu Laura Redden Searing wird gesagt, dass sie den amerikanischen Präsidenten Lincoln, also einen berühmten Politiker, und dessen Mörder („assassin") John Wilkes Booth kannte. Eine ähnliche Aussage wird in keinem anderen Text getroffen.

2. Because of an unforeseen event, this person had to give up her passion. **C**

   Hinweis: *Textstelle: "Due to an injury she had to quit flying, but not before winning medals and honours as a renowned lady of the Egyptian skies."*
   Lotfia Elnadi musste aufgrund einer Verletzung das Fliegen aufgeben. Zwar hatten auch die Frauen in den Texten A und D mit körperlichen Beeinträchtigungen zu kämpfen. Es wird aber nirgends erwähnt, dass diese durch unvorhergesehene Ereignisse ausgelöst wurden oder dass die Frauen dadurch ihre große Leidenschaft aufgeben mussten.

3. This person's ideas became appreciated only much later. **B**

   Hinweis: *Textstelle: "It was not until shortly before her death in 2000 that Lamarr gained recognition for her patent. She is now remembered as 'Lady Bluetooth'."*
   Alle vier Frauen waren bereits zu Lebzeiten sehr anerkannt. In Text B über Hedy Lamarr wird allerdings explizit erwähnt, dass ihr Patent (also ihre „ideas") erst kurz vor ihrem Tod (also „much later") gewürdigt wurden.

4. A parent initially stood in the way of this person's education. **C**

   Hinweis: *Textstelle: "Her father saw no reason for her to pursue further education."*
   Lotfia Elnadi ist die einzige der vier Frauen, bei der ein Elternteil die (Aus-)Bildung verhindern wollte. Gabriela Brimmer hatte zwar auch Schwierigkeiten in Bezug auf ihre Bildung zu überwinden, ihre Mutter stand aber stets hinter ihr und unterstützte sie. Somit passt die Aussage nur zu Text C.

5. As there was no suitable school, this person took her education into her own hands. **A**

   Hinweis: *Textstelle: "At the time, there were no colleges for deaf women, so Redden Searing went to Europe and taught herself German, French, Spanish and Italian."*
   Während sich bei Gabriela Brimmer (Text D) die Mutter um eine passende Bildung für ihre Tochter kümmerte, musste sich Laura Redden Searing (Text A) viele Dinge selbst beibringen.

6. This person not only wrote books but also fought for people's equal chances. **D**

   Hinweis: *Textstelle: "Brimmer built an unforeseen career as a bestselling author and launched a disability rights movement in Mexico."*
   Zwar hat auch Laura Redden Searing (Text A) Bücher geschrieben. Allerdings wird nur über Gabriela Brimmer (Text D) gesagt, dass sie sich auch für Chancengleichheit („equal chances") eingesetzt hat, und zwar für Menschen mit Behinderung.

7. This person was renowned for her appearance and her intellectual abilities. **B**

   Hinweis: *Textstelle: "She was known as 'the most attractive girl in the world', and her most important invention was called 'frequency-hopping'"*
   Neben der Tatsache, dass Hedy Lamarr offensichtlich sehr attraktiv war, war sie auch aufgrund ihres Erfindungsgeistes höchst angesehen. Da Lamarr die einzige ist, deren Aussehen im Text thematisiert wird, passt die Aussage nur zu Text B.

Task 4: Sprachmittlung *(Mediation)*

Hinweis: *Bei dieser Aufgabe geht es darum, aus dem englischen Text über die Nobelpreisträgerin* ***Tawakkul Karman*** *die* ***wesentlichen Informationen auf Deutsch*** *herauszufiltern. Du solltest bei der Beantwortung der Fragen möglichst nah am Text bleiben. Eine wörtliche Übersetzung ist zwar nicht nötig, jedoch droht ein Punktabzug, wenn du Stellen so frei übersetzt, dass sich der Sinn der ursprünglichen Aussage verschiebt. Es ist nicht notwendig, dass du in ganzen Sätzen antwortest. Einzelwörter genügen als Lösung jedoch nicht.*

1. – bestehende Diktaturen (zu) ersetzen durch demokratische Regierungen/
   bestehende Diktaturen (zu) ersetzen durch Regierungen, die ihrem Volk dienen

   Hinweis: *Textstelle: "In her acceptance speech she emphasized the goal that she and millions of people in the Arab world try to make come true: replacing existing dictatorships with democratic governments that serve their people." (Z. 4–9)*
   Es genügt, wenn du eine der beiden oben genannten Optionen erwähnst. Wichtig ist in erster Linie der Aspekt der Umwandlung bisheriger Diktaturen zu demokratischen oder dem Volk dienenden Regierungen.

2. – andauernde Versuche, sie zu entmutigen
   – einschüchternde Anrufe
   – mehrere Inhaftierungen

   Hinweis: *Textstelle: "Although Karman always protested non-violently, the government continually tried to discourage her with frightening phone calls, and even sent her to prison several times." (Z. 9–11)*
   Es genügen zwei der drei angegebenen Antworten, um die beiden Punkte zu erhalten. Bei den Anrufen ist das Wort „einschüchternd" wichtig, da ähnliche Wörter wie „erschreckend" nicht den gleichen Sinn haben. Gerade hier musst du besonders darauf achten, dass Ein-Wort-Antworten als Lösung nicht genügen.

3. – Schulungen in Mediennutzung für Reporter
   – jährliche Berichte über Pressefreiheit im Jemen

   Hinweis: *Textstelle: "Together with seven other female journalists, Karman founded* Women Journalists Without Chains, *an organisation that coaches reporters how to make use of media. It also publishes annual reports on press freedom in Yemen." (Z. 12–14)*
   Auch hier gibt es zwei Punkte, das heißt, du musst beide angegebenen Aspekte erwähnen. Gerade beim zweiten Aspekt sollte deine Lösung möglichst alle angegebenen Wörter enthalten, da sonst der Sinn nicht vollständig erfasst wird.

4. – (die) Errichtung eines unabhängigen Senders für Journalistinnen

   Hinweis: *Textstelle: "When Karman tried to legally set up an independent broadcasting station for female journalists, her project was rejected by the government." (Z. 16/17)*
   Der Sender sollte einerseits unabhängig, andererseits speziell für Journalistinnen sein. Du bekommst den Punkt hier nur, wenn beide Aspekte in deiner Lösung enthalten sind.

5. – gewalttätige Herrscher vor Gericht zu bringen
   – eine moderne Demokratie ein(zu)richten (mit allen nötigen Institutionen)
   ***Hinweis:** Textstelle: "She has called for international help to take violent rulers to court and to establish a modern democracy with all the institutions that are needed." (Z. 20/21) Achte hier auf Genauigkeit: Wenn du statt „gewalttätig" beispielsweise „gewaltig" schreibst oder statt „Gericht" das Wort „Gefängnis" verwendest, führt das zu Punktabzug, da die Bedeutung nicht die gleiche ist.*

Part II: Use of English

Task 1: Ähnliche Bedeutungen *(Synonyms)*

***Hinweis:** Auf dem Angabenblatt sind insgesamt fünf Wörter vorgegeben. Du sollst im Haupttext „A Late Tribute..." (Seite 1/2) nach Begriffen suchen, die eine ähnliche Bedeutung haben, also Synonyme sind. Um dir die Suche etwas zu erleichtern, ist jeweils in Klammern die relevante Textstelle angegeben.*
Die vorgegebenen Wörter sind in diesem Fall alle Verben – auch die Synonyme, die du im Text suchen sollst, müssen also Verben sein. Wenn du dir nicht sicher bist, ob du das richtige Verb im Text gefunden hast, kannst du die Probe machen, indem du stattdessen das Wort aus der Angabe einsetzt. Wenn der Sinn des Satzes weitgehend unverändert ist, hast du die richtige Lösung.

1. (to) accept – **(to) admit/admitted** (l. 12)
   ***Hinweis:** Textstelle: "Mary Somerville, a Scottish astronomer and mathematician who was one of the first women to be admitted into the Royal Astronomical Society" (Z. 10–12) Die Bedeutung des Worts „accept" kannst du gut vom deutschen „akzeptieren" ableiten. Gehe nun der Reihe nach die Verben im angegebenen Textabschnitt durch und überlege, welches davon man durch „accept" ersetzen könnte, ohne dass sich dadurch der Sinn des Satzes verändert. Das ist bei „admit" der Fall: Mary Somerville war eine der ersten Frauen, die in die Royal Astronomical Society aufgenommen („admit") wurde, die also als Mitglied der Royal Astronomical Society akzeptiert wurde. Das Wort „admitted" liegt im Text in der dritten Form, dem „past participle", vor. Für die Lösung ist es egal, ob du diese Form oder die Grundform nimmst.*

2. (to) fascinate – **(to) impress/impressed** (l. 17)
   ***Hinweis:** Textstelle: "On June 5, 1833, Somerville took Lovelace to a party at Babbage's house and she clearly impressed her host with her skills." (Z. 16/17) Das Verb „to fascinate" (= faszinieren) solltest du kennen oder du kannst dir die Bedeutung aus dem Deutschen erschließen. Auch hier ergibt die Einsetzprobe im Text, dass es anstelle des Verbs „impress" stehen kann. Lovelace beeindruckte, d. h., sie faszinierte ihren Gastgeber Babbage aufgrund ihrer Fähigkeiten.*

3. (to) interrupt – **(to) pause/paused** (l. 20)
   ***Hinweis:** Textstelle: "She paused her studies only for her wedding and to start a family, becoming the mother of three children." (Z. 20/21) Obwohl du „to pause" wahrscheinlich nicht gelernt hast, sollte es dennoch gut erschließbar sein, da du das deutsche Wort „Pause" kennst und es darum geht, zu unterbrechen („interrupt").*

4. (to) imagine – **(to) guess** (l. 34)
   ***Hinweis:** Textstelle: "As you might guess, Lovelace's article, which was published in an English science journal in 1843, attracted little attention when she was alive." (Z. 34/35) Wenn du als Probe das Wort „imagine" in den Text einsetzt, wirst du erkennen, dass es in diesem Zusammenhang dieselbe Bedeutung hat wie „guess".*

5. (to) motivate – **(to) inspire/inspired** (l. 39)
__Hinweis:__ Textstelle: "She is said to have inspired Alan Turing's work on the first modern-day computers" (Z. 38/39)
Die Bedeutung von „to motivate" kannst du dir wieder aus dem Deutschen ableiten. Es wird oft im Sinne von „etwas anregen, jemanden zu etwas veranlassen" verwendet. Dem entspricht das Verb „to inspire" im angegebenen Textabschnitt.

Task 2: Umschreibungen zuordnen

__Hinweis:__ Wie schon Task 1 bezieht sich auch diese Aufgabe auf den Text „A Late Tribute to the First Computer Programmer" auf den Seiten 1/2. Du erhältst hier eine Reihe von __Definitionen (0–7)__ zu Begriffen (__A–F__), die allesamt im Text vorkommen. Deine Aufgabe ist es, den Wörtern die passenden Umschreibungen zuzuordnen. Hierbei geht es jeweils um die __Bedeutung, die das angegebene Wort im Text__ hat. So kann es vorkommen, dass zwei Definitionen zu einem Wort passen, jedoch nur eine der beiden der Verwendung des Wortes im Text entspricht. Ein Beispiel (E → 0) ist schon vorgegeben. Zwei Definitionen können nicht zugeordnet werden und bleiben am Ende übrig.

A	B	C	D	E	F
6	7	3	5	0	2

A **upbringing** – Lösung: **Nummer 6** (the treatment and instruction a child receives from its parents)
__Hinweis:__ An der Textstelle, an der das Wort „upbringing" vorkommt, geht es um Lovelaces Kindheit als adliges Mädchen im 19. Jahrhundert. Ihrer Mutter war es wichtig, dass Ada sich auch mit Mathematik und Naturwissenschaften beschäftigte, was für ein Mädchen in der damaligen Zeit ungewöhnlich war. Es geht also offensichtlich bei „upbringing" um den Einfluss der Eltern, in Lovelaces Fall der Mutter.

B **mentor** – Lösung: **Nummer 7** (a wise and trusted counsellor or teacher)
__Hinweis:__ Vielleicht kennst du das Wort „Mentor" im Deutschen. Dann fällt dir die Antwort sicher leicht, da es gut zu der angegebenen Definition passt. Dass Charles Babbage für Lovelace ein kluger und vertrauensvoller Ratgeber war, wird aber auch an der entsprechenden Stelle im Text deutlich. Er war es, der ihr das Studium der höheren Mathematik näherbrachte.

C **algorithm** – Lösung: **Nummer 3** (a set of rules for solving a problem in a number of steps)
__Hinweis:__ Das Wort „Algorithmus" ist dir sicher schon in anderen Fächern wie Informationstechnologie oder Mathematik begegnet. Es geht um die Funktionsweise von Computerprogrammen. Da keine der anderen Definitionen inhaltlich in eine passende Richtung geht, bleibt hier nur Nummer 3 als Lösung übrig.

D **journal** – Lösung: **Nummer 5** (a magazine, especially one published for a professional group)
__Hinweis:__ Hier musst du genau aufpassen: Du hast das Wort „journal" vielleicht in der Bedeutung „Tagebuch" gelernt, was der Nummer 4 entsprechen würde. Im Text wird es aber anders verwendet, nämlich im Sinne eines wissenschaftlichen Magazins. Somit muss die Lösung Nummer 5 sein.

E **term** – Lösung: **Nummer 0** (a word that exactly describes someone or something)
__Hinweis:__ Die Lösung ist hier bereits als Beispiel vorgegeben.

F **accomplishment** – Lösung: **Nummer 2** (something which has been achieved or done in an outstanding way)

Hinweis: Vielleicht kennst du das Wort „accomplishment“ (= Leistung, Errungenschaft) noch nicht. Du kannst in diesem Fall aber nach dem Ausschlussverfahren vorgehen: Vermutlich hast du inzwischen schon einige Umschreibungen zugeordnet, daher bleibt nur noch eine kleine Anzahl möglicher Lösungen übrig. Wenn du dir die Textstelle, an der das Wort vorkommt, genau durchliest, wirst du merken, dass Nummer 2 inhaltlich am besten in den Zusammenhang passt. Es geht in dem Abschnitt nämlich um die bedeutenden Beiträge („contributions“, Z. 44) von Frauen in den Bereichen Mathematik, Technik und Naturwissenschaften.

Die Lösungen 1 und 4 kommen nicht zur Anwendung und bleiben übrig.

Task 3: Wortfamilien

Hinweis: *Der kurze Text stellt die Erfindung einer Frau namens* ***Virginia Apgar*** *vor. Sie entwickelte 1953 eine Skala zur Bewertung des Gesundheitszustands von Neugeborenen, die bis heute verwendet wird. Für die* ***Lücken 1 bis 5*** *musst du jeweils ein Wort aus derselben* ***Wortfamilie*** *finden, aus der auch der hinter der Zeile angegebene Begriff stammt. Mit Wortfamilie sind Wörter aus verschiedenen Wortarten (Verben, Adjektive, Adverbien, Substantive) gemeint, die alle den gleichen Wortstamm besitzen (der Wortstamm ist der unveränderliche Teil eines Wortes). Du musst dir also überlegen, welches Wort den gleichen Wortstamm wie das angegebene Wort hat und zudem in die Lücke passt. Achte dabei auch auf die* ***Form des Wortes****. Bei Verben musst du eventuell die Zeitform ändern. Bei Substantiven könnte ein Plural nötig sein.*

1. „… for determining the **health** of a newborn.“ (heal)

   Hinweis: *Die Tatsache, dass vor der Lücke der bestimmte Artikel „the“ und hinter der Lücke das Wort „of“ steht, legt nahe, dass du hier ein Substantiv brauchst. Zur Wortfamilie des angegebenen Verbs „heal“ gehört das Substantiv „health“ (= Gesundheit, Gesundheitszustand). Zwar gibt es auch das Substantiv „healing“, dieses hat aber die Bedeutung „Heilung“, die inhaltlich nicht so gut in den Satzzusammenhang passt.*
   Wortfamilie: *to heal – healable (= „heilbar“) – healthy – healthful – health – healing (= „Heilung“) – healer (= „Heiler*in, Heilpraktiker*in“)*

2. „… developing the first **scientific** tool …“ (science)

   Hinweis: *Da nach der Lücke das Substantiv „tool“ steht, ist anzunehmen, dass das gesuchte Wort ein Adjektiv ist, welches „tool“ genauer beschreibt. Das passende Wort aus der gleichen Wortfamilie wie „science“ ist „scientific“.*
   Wortfamilie: *scientific – scientifically – science – scientist*

3. „… to have created her **powerful** checklist …“ (power)

   Hinweis: *Wie schon bei Nummer 2 wird auch hier nach einem Adjektiv gesucht, welches das darauf folgende Substantiv „checklist“ näher beschreibt. Die Endung „-ful“ kommt häufig zum Einsatz, wenn aus Substantiven Adjektive werden (z. B. meaning → meaningful, care → careful). In diese Reihe passt auch „powerful“.*
   Wortfamilie: *powerful – powerless – powered – power*

4. “The Apgar test has become a **life**-saving standard.” (live)

   Hinweis: *Das Wort „life-saving“ ist ein feststehender Ausdruck und bedeutet „lebensrettend“.*
   Wortfamilie: *to live – living (= „lebend“) – lively (= „lebhaft“) – live (= „live“, z. B. bei Fernsehübertragungen) – life – living (= „Lebensunterhalt“)*

5. „… Apgar had done more to **improve** the lives …“ (improvement)

__Hinweis:__ Das „to“ vor der Lücke deutet darauf hin, dass hier ein Verb im Infinitiv eingesetzt werden muss. Wenn du bei „improvement“ die Substantiv-Endung „-ment“ weglässt, kommst du auf das Verb „improve“.

__Wortfamilie:__ to improve – improved – improvement

Task 4: Umformulierung von Sätzen mit Schlüsselwörtern

__Hinweis:__ Deine Aufgabe ist es hier, die Sätze jeweils so umzuformulieren, dass der neue Satz das angegebene Schlüsselwort („__key word__“) enthält und dabei trotzdem noch dieselbe Bedeutung hat wie der Ausgangssatz. Das „__key word__“ __selbst darf nicht verändert werden__, auch nicht durch eine Endung, ein „third person -s“ o. Ä. Außerdem gilt die Regel, dass du inklusive „key word“ nur __zwischen zwei und fünf Wörtern__ in die Lücke schreiben darfst. Rechtschreibfehler zählen bei dieser Aufgabe nur dann, wenn sie den Sinn des Wortes oder Satzes verändern. Mache dir zunächst klar, welche Teile des Ausgangssatzes ohnehin schon im neuen Satz vorhanden sind – um diese brauchst du dich nicht weiter zu kümmern. Das, was vom Ausgangssatz noch übrig ist, musst du dann unter Verwendung des „key words“ so in die Lücke schreiben, dass der neue Satz dem Sinn des ursprünglichen Satzes entspricht.

1. **If we want to understand** Tharpe's success, we must look at the musical styles in her songs.

   __Hinweis:__ Das vorgegebene „key word“ ist hier „want“. Der zweite Satz beinhaltet ohnehin schon fast alle Teile des ursprünglichen Satzes mit Ausnahme des Satzteils „To understand“. Um „want“ zu verwenden, ist es hier nötig, einen „if-clause“ zu bilden. Das Subjekt des ganzen Satzes ist „we“, somit benötigst du dieses nun auch für den neu entstehenden Nebensatz.

2. She sang **gospel songs as well as** big band swing jazz.

   __Hinweis:__ Im zweiten Satz sind bereits alle Teile des ursprünglichen Satzes außer „not only gospel songs, but also“ angegeben. Hier soll nun das Schlüsselwort „as“ verwendet werden. Die feststehende Redewendung „as well as“ (= sowohl … als auch) war Teil des Grundwortschatzes und sollte dir geläufig sein. Mit dieser Konstruktion kannst du den fehlenden Satzteil ganz einfach umformulieren: Rosetta Tharpe sang sowohl Gospellieder als auch Big Band Swing Jazz.

3. **Rosetta Tharpe used to play** only in the US, before she toured Europe in 1964 as part of the Blues & Gospel Caravan.

   __Hinweis:__ „used“ war in den letzten Jahren eines der häufigsten „key words“ bei dieser Aufgabe. Es gibt zwei feststehende Konstruktionen mit „used“: erstens „used to do sth“ (= etwas früher getan haben), zweitens „to be used to doing sth“ (= gewohnt sein, etwas zu tun). Die zweite Konstruktion scheidet aus, da man damit auf sechs (statt der erlaubten fünf) Wörter käme.

4. Legends such as Johnny Cash and Little Richard **were inspired by Tharpe**.

   __Hinweis:__ Das Schlüsselwort „by“ legt nahe, dass du den Satz ins Passiv setzen musst. Da der Satzteil „legends such as Johnny Cash and Little Richard“ bereits im zweiten Satz angegeben ist, geht es nur noch um „It was Tharpe who inspired“. Anstatt der Aussage, dass Tharpe die angegebenen Personen inspirierte, kann man auch sagen, dass die angegebenen Personen von Tharpe inspiriert wurden. So hat der Satz nach wie vor die gleiche Aussage und enthält gleichzeitig das Schlüsselwort „by“.

5. Scorsese's documentary „The Blues" **is definitely worth watching** for Rosetta Tharpe fans.

   Hinweis: *Bei „to be worth doing sth" handelt es sich um eine feststehende Redewendung, die angibt, dass es lohnenswert ist, etwas zu tun. Beachte, dass diese Konstruktion die „-ing"-Form nach sich zieht. Du darfst hier also nicht mit einem Infinitiv arbeiten. Auch solltest du das Wort „definitely" nicht vergessen, da es im ursprünglichen Satz vorkommt und im zweiten Satz noch nicht angegeben ist.*

Task 5: Lückentext – Grammatik und Sprachgebrauch

Hinweis: *Bei der letzten Aufgabe des „Use of English"-Teils geht es um das „**Urban Underground Chamber Orchestra**" in New York, das es sich zum Ziel gesetzt hat, die Musik afroamerikanischer Komponist*innen bekannter zu machen.*
*Das Aufgabenformat ist ein klassischer **Lückentext**, den du aus zahlreichen Übungen und Schulaufgaben der letzten Jahre kennst. Hinter vielen Lücken ist ein Wort angegeben, das du in die **richtige Form** bringen musst (z. B. Zeitformen bei Verben ändern, Adverbien aus Adjektiven bilden). In manchen Fällen ist anstelle eines vorgegebenen Wortes nur „**???**" vermerkt. Hier musst du selbst ein Wort finden, das grammatikalisch an die angegebene Stelle passt und den Sinn des Satzes vervollständigt. Häufige Wortarten für „???"-Felder sind Präpositionen oder Adverbien.*

1. **do not / don't need**

   Hinweis: *Die künstlerische Leitung, Lady Jess, berichtet von ihrer Arbeit als Violinistin. Aus dem Text lässt sich schließen, dass sie diese Arbeit regelmäßig tut und dementsprechend die Aussage, dass sie nicht spezielle Arten von Musik benötigt, um Inspiration zu finden, durchgängig gilt. Somit ist klar, dass das Verb „need" im „simple present" stehen muss. Ob du „do not" oder „don't" schreibst, ist hierbei egal.*

2. **were**

   Hinweis: *Der angegebene Satz ist ein „if"-Satz, von dem du drei Typen kennen solltest:*
   Typ I: if-clause: simple present, main clause: will-future
   Typ II: if-clause: simple past, main clause: would/should/could + infinitive
   Typ III: if-clause: past perfect, main clause: would/should/could + „have" + past participle
   In diesem Fall liegt im Hauptsatz mit „I'd actually prefer it" eine Konstruktion mit „would" („I'd") und Infinitiv („prefer") vor. Somit handelt es sich um Typ II, woraus folgt, dass das angegebene Wort „be" im „simple past" stehen muss.

3. **in**

   Hinweis: *Die Konstruktion „to take part in (doing) sth" ist eine feststehende Wendung. Daraus ergibt sich, dass hier das Wort „in" zu ergänzen ist.*

4. **setting**

   Hinweis: *Der angegebene Satz hat mit „try to do" bereits ein Verb. Dadurch ist klar, dass „set" entweder ein Substantiv oder die Einleitung eines Nebensatzes sein muss. Da vor der Lücke das Wort „by" steht, liegt es nahe, an eine Konstruktion mit einem „present participle" („-ing"-Form) zu denken. Weil sich bei einsilbigen Verben mit einem Vokal und Konsonanten am Ende in der Regel der Konsonant verdoppelt, muss es „se<u>tt</u>ing" (und nicht „seting") heißen.*

5. **truly**

   Hinweis: *Mit „true" ist hier ein Adjektiv angegeben. Das neue Wort soll das folgende Adjektiv „honored" genauer beschreiben – du musst also ein Adverb einsetzen. Beachte, dass bei Adjektiven wie „true" bei der Bildung des Adverbs das „-e" am Ende entfällt.*

6. **was founded**

__Hinweis:__ Du musst hier zunächst erkennen, dass es sich beim angegebenen „found“ nicht um die Vergangenheitsform von „find“, sondern um das eigenständige Wort „to found“ (=gründen) handelt. Da die Gründung des Orchesters in der Vergangenheit liegt, benötigst du das „simple past“. Zudem kann ein Orchester nicht selbst gründen, sondern es wird von jemandem gegründet. Daraus folgt, dass du das Passiv brauchst.

7. **are designing**

__Hinweis:__ Das Signalwort „at the moment“ am Satzanfang deutet bereits darauf hin, dass es um eine Handlung geht, die momentan abläuft. Für solche Handlungen hat das Englische das „present progressive“ vorgesehen. Da es bei „we“ um mehrere Personen geht, benötigst du die Form „are“.

8. **of**

__Hinweis:__ Die Konstruktion „all of this“ ist im Englischen sehr geläufig und beschreibt, dass alles vorher Erwähnte hier zutrifft. Somit macht das Wort „of“ hier als einziges Sinn.

9. **be downloaded**

__Hinweis:__ Ein Video kann selbst nichts herunterladen, es kann nur heruntergeladen werden. Du benötigst also das Passiv, welches mit der richtigen Form von „to be“ und dem „past participle“ gebildet wird. Da vor der Lücke das Hilfsverb „can“ steht, brauchst du hier den Infinitiv („be“). Daran musst du nur noch die „past participle“-Form von „download“, nämlich „downloaded“, anschließen.

10. **collaborating**

__Hinweis:__ Die Konstruktion „to look forward to doing sth“ kommt im Englischen (und in der Abschlussprüfung) sehr häufig vor. Das Besondere an dieser Wendung ist, dass nach dem Wort „to“ eine „-ing“-Form und nicht der eigentlich zu erwartende Infinitiv folgt. Diese besondere Konstruktion solltest du kennen. Bei Verben, die auf ein stummes „-e“ enden, entfällt dieser Buchstabe, wenn man die „-ing“-Form bildet. So kommst du auf die angegebene Lösung.

Part III: Guided Writing – Schriftliche Sprachproduktion

__Hinweis:__ Im „Guided Writing“ geht es darum, anhand bestimmter Vorgaben einen schriftlichen Text zu produzieren. Hierfür stehen __zwei unterschiedliche Aufgabenstellungen__ zur Verfügung, aus denen du __eine Aufgabe auswählst__. Lies dir zunächst beide durch und überlege, welche dir besser liegt. Es ist oft hilfreich, dass du dir kurz Gedanken dazu machst, was du zu den einzelnen Aspekten der Aufgabenstellung schreiben könntest.

Im „Guided Writing“ kannst du insgesamt 30 Punkte erreichen. Sieben davon erhältst du, wenn du alle Aspekte der Aufgabenstellung beleuchtest und genauer ausführst. Als Faustregel gilt: Du erwähnst einen Aspekt und findest drei zusätzliche bzw. weiterführende Ideen zu diesem. Dann beginnst du mit dem nächsten Aspekt. Auch solltest du darauf achten, welche Art von Text von dir verlangt wird. So hat eine E-Mail oder ein Beschwerdebrief einen anderen Aufbau als z. B. ein Blogeintrag. Neben den inhaltlichen Aspekten und dem Gesamteindruck wird dein Text auch auf seine logische Strukturierung sowie grammatikalische und lexikalische Qualität hin bewertet. Deine Lösung sollte __mindestens 200 Wörter__ lang sein.

Task A

Hinweis: *Bei Task A sollst du einen Brief an den Rektor deiner Schule schreiben und ihm von deiner Idee eines Demokratie-Clubs berichten. Folgende Aspekte müssen in deiner Lösung enthalten sein:*
❶ *Warum Jugendliche politisch aktiv sein sollten,*
❷ *welche Projekte an deiner Schule interessant sein könnten,*
❸ *wie der Club organisiert sein sollte,*
❹ *wie du planst, neue Mitglieder zu bekommen.*
Zusätzlich sollst du dir einen geeigneten Einstieg und einen passenden Schluss überlegen. Du musst hier eine eher formelle E-Mail schreiben. Denke daran, dass man den ersten Buchstaben nach der Anrede immer großschreibt. Achte auch darauf, die passende Schlussformel zu wählen. Wenn du den Namen der angesprochenen Person kennst (was beim Rektor deiner Schule sicher der Fall wäre), musst du „Yours sincerely" verwenden.

Dear Mr Smith, — suitable beginning

I am a student from class 10 b and I have an idea which I wanted to share with you: I'd like to start a democracy club at our school.

❶ why young people should be politically active

I think it is very important for young people to be politically active. On the one hand, I have found that a lot of my classmates do not know enough about our political system, even though they are expected to vote in a few years, and on the other hand, it is not just people to vote that we need, but also good people to be elected as politicians. In clubs like mine, young people can find political topics they are interested in, so they can become good politicians in the future. In addition, the future of our planet should concern everyone, and politics is where we can make changes on a bigger scale.

❷ what project(s) could be interesting at your school

I have come up with two different projects we could do at our school. First, I plan to have "Democracy Week" at the beginning of the school year. In that week, classes are invited to have discussions on a topic they can choose from a list we provide. Second, I want to include political topics in our school radio programme, so students know what is going on in the world.

❸ how the club should be organized

To get these projects going, I want to organise my club like this: I plan to have a fixed meeting for all members every Tuesday after school. I hope you can provide a suitable classroom for us. Furthermore, our club should have a club leader who organises the meetings. All the members of the club elect him or her at the end of every month.

❹ how you plan on getting members

In order to do this, we need to get members for the club. I'd like to start by making posters to hang up in different parts of the school. In addition, I plan to visit every class to promote the club. Finally, I'd love to get one of the free boards in the hall, so pupils can find information about us during their breaks.

suitable ending

I hope you can support me in putting it all together, because I think that this club is really necessary for our school, and with just a little of your time and energy, pupils will get huge benefit from it.

Yours sincerely,

Jason Walker

Task B

Hinweis: *Task B ist thematisch etwas freier als Task A. Ein Radiosender möchte einen Preis an Frauen verleihen, die Herausragendes geleistet haben, und bittet um Vorschläge für Kandidatinnen. Du schreibst eine E-Mail an den Sender, in der du eine Frau vorschlägst, die du bewunderst. Du solltest die folgenden Aspekte erwähnen und genauer beschreiben:*
❶ *Warum deine Kandidatin besonders ist,*
❷ *wie du auf sie aufmerksam geworden bist,*
❸ *welchen Preis sie verdient,*
❹ *warum es so wichtig ist, ein Vorbild zu haben.*
Zusätzlich sollst du einen geeigneten Einstieg und Schluss formulieren. Da du die Ansprechperson beim Radiosender nicht namentlich kennst, musst du „Yours faithfully“ als Schlussformel verwenden.
Achtung: Du darfst keine der Frauen vorschlagen, die in dieser Abschlussprüfung vorkommen. Sicher fallen dir aber andere bewundernswerte Frauen ein. Du kannst entweder über eine Person aus deinem eigenen Umfeld schreiben oder über eine bekannte Persönlichkeit aus der Politik, den Medien, o. Ä.

Dear Sir or Madam, — suitable beginning

I heard about your idea to give prizes to women who are extraordinary. I would like to suggest a candidate for this prize: Mrs Anna Fisher.

There are several reasons why I think Mrs Fisher should get a prize. Firstly, Mrs Fisher was my nursery school teacher and even as a young kid I admired how she always seemed to be friendly and fair to everybody. Secondly I've recently started to admire her even more now that I see how she deals with the nursery school group my little brother is in. There are a lot of difficult kids in his group and she still seems to have no problem giving every kid what they need. Thirdly, I have found out that she is also active in a local group which supports environmental projects. — ❶ why your candidate is extraordinary

The first time I met Mrs Fisher was on my first day of nursery school. Everything was new and she was the one who figured everything out for me, so I had someone on my side. Now that I am older, I can see how committed she is to teaching young kids to be good people. And not only that, I was also totally surprised when I recently read a newspaper article by her in which she promoted environmental projects to the readers of our local newspaper. — ❷ how you became interested in this person

I think she deserves the prize of "local role model for young people". The prize should include a certificate, a gift card for local shops in our town and a short presentation about her on your radio programme. — ❸ what prize this person deserves

Mrs Fisher inspires me to help younger kids find their way in life. I think everybody should have a role model. On the one hand, you have someone to ask if you feel uncertain and on the other hand, your role model can show you ways to become a better person that you might not have thought about. Finally, a role model can show you how to make good decisions in your life. — ❹ why it is important to have a role model

Mrs Fisher is a role model to me and should be awarded for her work. — appropriate ending

I hope I was able to convince you to give her a prize.
Yours faithfully,

Amanda Miller

Abschlussprüfung an Realschulen: Englisch 2021
Listening Test: Meteorology

TEXT 1: Weather Apps

1 The apps which are most frequently used simply present predictions made by computer models. Apps like mine rely on meteorologists to supervise and correct the data. These scientists provide extra knowledge. This is why I trust my app.

2 Some forecasters can access more observations than others. In addition to satellites and radar, my app relies on weather balloons, devices to measure river levels, and sensors on airplanes and ships. This is why this app is clearly my favourite.

3 My app features the most important information at a glance. I like the functional graphic interface and design. In case I need more specific data, I use the browser version, which also offers high-definition radar imaging.

4 Weather apps generally have a good reason to ask for your location. But here is a word of warning: various weather apps ask for permissions on the smartphone that they don't need and shouldn't have. I don't want to give away too much private information on social media or to weather apps, so I use one which is trustworthy.

5 Most apps work just fine in urban areas, but suddenly seem unsuitable when you visit remote places. They use the most common weather sensors only. I need an app with a high level of expertise in regional weather for my own protection when I go hiking in the mountains.

Adapted from:
Koebler, Jason. Stop Using Third-Party Weather Apps [online available on: https://www.vice.com]; McGrath, Jenny. Your Weather App May Not Be As Reliable As You Thought. Here's Why [online available on: https://www.digitaltrends.com]; Fleming, Nic. Why Are All My Weather Apps Different? [online available on: https://www.theguardian.com]; Horowitz, Kate. Why Do Different Weather Apps Have Different Forecasts? [online available on: https://www.mentalfloss.com]

TEXT 2: An Interview with a Weather Forecaster

reporter: Hello everybody! With the tornado season in full swing, I thought it'd be fun to introduce you to the weather forecaster Janice Dean, whose nickname on her job is "The Weather Machine". Welcome, Janice!

Janice: Hello.

reporter: Let me start by asking, did you always want to study meteorology?

Janice: To be honest, it's been a long way … actually, when I was a kid I just accepted the weather as a given fact, the long Canadian winters, Indian summers and lovely springs. It was only later on that I got interested in climate phenomena.

reporter: Ok.

Janice: Then, after college, I worked as a part time radio host, just to make a living. This included the local weather, of course. Back then, you could do the weather without having a background in meteorology. So I became a weather presenter by chance.

reporter: M-hm.

Janice: But five years ago I decided to go back to university because I'd been hired to be a TV daytime presenter but I felt I couldn't do the forecast without the scientific knowledge. So I took meteorology classes.

reporter: Very interesting. So, what's the most exciting part about your job as a meteorologist?

Janice: Oh, there are so many different weather phenomena: Fog is stunning when you see it with a view over a big metropolis like New York. Thunder snow is awesome and rare to witness. It has the same dynamics as a thunderstorm with thunder and lightning except it happens in a snowstorm. Hurricanes are one of the most fascinating systems. At their strongest, they are incredible to look at on satellite. Of course they can be devastatingly dangerous, so I prefer to watch them moving over water and not making landfall, where they can cause immense destruction.

reporter: Is there an experience you'll always remember?

Janice: Absolutely. I can remember a call-in by a desperate balloon pilot while I was doing the midday weather report. It was in the days when smartphones and weather apps where still far down the road.

reporter: Oh, I remember.

Janice: Exactly. But he had his mobile and was able to call us during the news and urgently wanted to know if the towering clouds he was approaching would become dangerous for him. Together we could find out where he was, and I made a kind of specialized regional forecast. Luckily, the pilot was able to descend immediately. I had warned him that the wind would grow stronger in the next 30 minutes.

reporter: Wow, crazy.

Janice: Yes.

reporter: And what were the most touching experiences?

Janice: Well, some weather stories might bring sadness. But on the other hand, anytime there is a heavy storm, I see communities and neighbors coming together to help one another. Such extreme weather events affect all people equally whatever their nationality or their income. Weather unites us across the world, and when a storm has rushed through communities, a lot of times that's when we get to see the kindness of others.

Adapted from: Hunter-Frederick, Allison. Interview with Weather Forecaster Janice Dean [online available on: https://lincolnanimalambassadors.wordpress.com]

TEXT 3: Weather Report

Good afternoon! It's a largely rainy but quite warm day today. Temperatures have been on the up after a **rough** start to the week. It's been rather unsettled with showers affecting Britain most days of the week. This weekend won't see any serious change to this pattern. There'll be **mild** winds and again some rain almost everywhere throughout the country. We'll see a deep low pressure system moving across the north on **Sunday**. It will bring more winds to the areas it affects in the north. At the same time there will be less rain. As the low pressure system **shifts** eastwards, there'll be a spell of north-westerly winds developing. It'll become colder, and with the strength of the wind on Tuesday it'll feel chilly. Next, we'll see high pressure building to the south-west and then to the **west** of Britain. This will drift overhead on Wednesday, which should be dry and calm, but still rather cool. The end of the week looks **wetter**. And the outlook for next week: warmer temperatures can be expected.

Adapted from: BBC. Monthly Outlook. [online available on: https://www.bbc.com]

TEXT 4: Calling the Weather Service

weather expert: This is the Australian Hikers' Hotline. How can I help you?

Joshua: Hello, this is Joshua Phillips. We're on a seven-day hiking trip on Fraser Island. I'm afraid we ran into a problem. We lost our internet connection, so our phones can't tell us the way anymore. We're thinking about continuing our hike a little longer, but we're not sure because the clouds have become very dark. Do you think it's a good idea to continue?

weather expert: Oh, I see. Yes, the mobile internet connection broke down today because the main cell tower was damaged. Ok, let me check. Can you describe where you are?

Joshua: We are pretty well in the middle of the island. I can see the dock for the ferry to Little Woody Island right in front of us.

weather expert: Oh, okay. So I've got your location. Now let me check the weather for you … err … on my radar I can see that there is a storm coming up which is predicted to be short but rather heavy. You'll get about seven millimeters of rain per hour. That's a lot! You might want to think about staying under cover during the storm. The closest accommodation is a place called Kingfisher Bay but I'm afraid it's too far away from you. If you have the right equipment I'd suggest you rather stay where you are.

Joshua: I'm not sure if we have everything we need. What do you think is necessary?

weather expert: You should have a waterproof tent for the rain. A bright torch would be good, too. Finally, you really ought to have a strong rope to tie your belongings together, so that nothing gets swept away by the storm.

Joshua: Okay, got it. I am going to ask my friends but I think we have a lot of that. So what's the weather going to be like in the next few days?

weather expert: Based on our data, you should be fine tomorrow. However, the day after tomorrow will be worse again.

Joshua: Okay I see. We planned on arriving in Happy Valley tomorrow evening anyways. Can you give us the telephone number of a decent hotel there? You know, nothing too fancy.

weather expert: *(laughs)* Well, I'm not a travel agent. But you're lucky! Actually I know a good place to stay there. Its' called Lil's Place. It's on Yidney Drive. You won't miss it, it's the largest house on the street.

Joshua: Great! Would you mind spelling the street name for me?

weather expert: Sure. That's Y-I-D-N-E-Y D-R-I-V-E.

Joshua: Thank you so much for your help. Have a good day!

weather expert: You too. Safe travels and goodbye!

Adapted from:
Fraser Tours. Weather on Fraser Island [online available on: https://www.fraser-tours.com]

TEXT 5: Floods and Droughts

1 **presenter:** Welcome to "Radio Now". Today we're going to discuss a topic that affects a lot of people nowadays: "Floods and Droughts". Our experts are Mr Adams and Mrs Banks, both renowned meteorologists. Good morning!

both: Good morning./Good morning.

presenter: Let's start talking about floods. A flood occurs when water inundates land which is normally dry. What factors increase the risk of a flood?

Mrs Banks: Well, there are plenty of reasons, of course, but the most serious one is climate change.

Mr Adams: Absolutely. Studies show that the increase in temperatures due to global warming has hardly any effect on the number of hurricanes, but on their travel speed. It slows them down. Although a slower speed may seem like a good thing, it's actually just the opposite. It also affects the rainfall, which will become heavier, resulting in greater danger of flooding.

presenter: Sounds scary.

Mr Adams: It is. You don't necessarily need a mass of water. Most vehicles will be carried away by only two feet of water, and just six inches of water can knock a person off their feet.

presenter: That's quite remarkable.

Mrs Banks: Indeed. Floods are the second-most widespread natural disaster with tremendous impacts. Apart from the billions in damage, possible contamination poses a threat to our drinking water. This is caused by chemical substances, which can mix and react with the water, and by uncleaned wastewater, of course. Residents of flooded areas can be left without power and clean drinking water, leading to outbreaks of disease.

presenter: Is there anything that can be done?

Mrs Banks: Well, you can't really stop floodwater.

Mr Adams: I'd recommend: Be prepared in case you need to evacuate. Assemble a waterproof emergency kit that contains a small first aid kit, a portable radio set – it might be useful to stay up-to-date with local news on flooding – and supplies, of course, so that you can survive for three days. Don't forget to check expiry dates once a year and replace items as needed.

presenter: What about extremely dry periods like droughts?

Mrs Banks: Today, water is one of the world's most precious resources, and many people across the world do not have guaranteed access to safe drinking water. As climate change takes its toll, it's time to do something about it. My best advice to prepare for a drought is to collect water.

Mr Adams: Collecting water is important, but we shouldn't forget about the role our forests play. When there are droughts, forests provide clean water. And when there are floods, trees store huge amounts of water. It's high time to protect our forests; there are several steps that must be taken urgently.

Mrs Banks: Absolutely, governments need to adopt new policies …

presenter: I see. Can you give us an example of a useful drought-preparation project?

Mrs Banks: Well, take Perth in Australia. In the past, the city has had huge problems during droughts because there weren't enough natural water resources. Next year, they expect their complete water supply to be climate independent. The water-recycling program they started four years ago will then be fully established.

presenter: Thank you for that. In our next episode we'll be … [fade out]

Adapted from: National Geographic. Flood [online available on: https://kids nationalgeograpic.com];
Howard, Jenny. Flood Safety Tips [online available on: https://www.nationalgeographic.com];
Impakter. Water in Our World: Our Most Precious Resource [online available on: https://impakter.com];
Morgan. Ruth. Watering The West [online available on: https://foreground.com.au];
European Environment Agency. Forests Can Help Prevent Floods and Droughts [online available on: https://www.eea.europa.eu]

METEOROLOGY

TASK 1: Weather Apps

You will hear five statements about different weather apps. Why are people using these apps? **Write the correct numbers (1–5) in the boxes next to the categories (A–H).** Be careful: Use each number only once.
(You will have 5 seconds after the first listening and 5 seconds after the second listening.)

A Link to social networks ☐
B Clear layout ☐
C Data protection ☐
D Precise local forecasts ☐
E Warning messages ☐
F Human expertise ☐
G Frequent updates ☐
H Several measuring instruments ☐ 5

TASK 2: An Interview with a Weather Forecaster

You will hear an interview with the weather forecaster Janice Dean.
One ending to each of the following sentences (**1–4**) is correct.
Tick (✓) A, B, C or D.
(You will have 5 seconds after the first listening and 5 seconds after the second listening.)

1. Janice studied meteorology because of …
   A ☐ Canadian winters.
   B ☐ the need to pay the bills.
   C ☐ her lack of good opportunities.
   D ☐ a job at a TV station.

2. Hurricanes are …
   A ☐ amazing above huge cities.
   B ☐ seldom to be seen.
   C ☐ as dynamic as a snowstorm.
   D ☐ less dangerous over water.

3. Janice was glad when …
   A ☐ she saw the first weather app.
   B ☐ the balloon reached the tower.
   C ☐ the pilot landed quickly.
   D ☐ the wind calmed down.

4. According to Janice, weather can …
   A ☐ wipe away sadness.
   B ☐ bring people in need together.
   C ☐ reduce people's income.
   D ☐ separate communities. 4

TASK 3: Weather Report

You will hear a weather report for the next week in Britain. **There are six wrong words in the text. Write their correct versions on the lines provided.**
(You will have 10 seconds after the first listening and 15 seconds after the second listening.)

Weather Report

Good afternoon! It's a largely rainy but quite warm day today. Temperatures have been on the up after a tough start to the week. It's been rather unsettled with showers affecting Britain most days of the week. This weekend won't see any serious change to this pattern. There'll be wild winds and again some rain almost everywhere throughout the country. We'll see a deep low pressure system moving across the north on Monday. It will bring more winds to the areas it affects in the north. At the same time there will be less rain. As the low pressure system drifts eastwards, there'll be a spell of north-westerly winds developing. It'll become colder, and with the strength of the wind on Tuesday it'll feel chilly.

Next, we'll see high pressure building to the south-west and then to the rest of Britain. This will drift overhead on Wednesday, which should be dry and calm, but still rather cool. The end of the week looks better. And the outlook for next week: warmer temperatures can be expected.

6

Adapted from: BBC. Monthly Outlook [online available on: https://www.bbc.com]

TASK 4: Calling the Weather Service

You will hear a phone call between a young hiker in Australia and a woman from the Hikers' Hotline. **Listen and take notes.** You do not have to write complete sentences but **one word is not enough**.
(You will have 10 seconds after the first listening and 20 seconds after the second listening.)

HIKERS' HOTLINE / NOTES

1 Reason for loss of internet connection: ______________________ 1

2 Amount of rain expected: ______________________ 1

3 Name of closest hotel: ______________________ 1

4 Necessary equipment:
- ______________________ 1
- ______________________ 1
- ______________________ 1

5 Street Name of Lil's place: ______________________ Drive 1

(7)

TASK 5: Floods and Droughts

You will hear a radio interview with two meteorologists about floods and droughts. **Listen and complete the sentences.** Be careful, **one word is not enough**.
(You will have 30 seconds after the first listening and 90 seconds after the second listening.)

Floods and Droughts

1. A slower hurricane leads to a ______________________________
______________________________ 1

2. An average car cannot withstand a level of ______________________________
______________________________ 1

3. During floods, drinking water can be polluted by ______________________________
______________________________ **and**
______________________________ 2

4. A useful emergency kit should include a first aid kit as well as ______________________________
______________________________ **and**
______________________________ 2

5. Floods and droughts will be reduced if we ______________________________
______________________________ 1

6. Perth in Australia wants to become independent of natural water resources with
______________________________ 1

(8)

Good luck!

Lösung

Allgemeine Hinweise: *Im „Listening Test" dieser Abschlussprüfung stehen das* ***Wetter und unterschiedliche Wetterphänomene*** *im Fokus. Insgesamt enthält der Hörverstehenstest fünf Texte zu dieser Thematik. Nach einem Überblick über Vorteile verschiedener Wetter-Apps folgt ein Interview mit einer Fernseh-Meteorologin. Im Anschluss hörst du eine Wettervorhersage, wie man sie typischerweise aus britischen Medien kennt. Im vierten Teil geht es um eine Gruppe junger Leute, die in Australien eine Wandertour unternimmt und telefonisch Hilfe von einer Wetterhotline benötigt. Schließlich wirst du ein Interview mit zwei Meteorologen hören, die über Überschwemmungen und Dürren sprechen. Die Texte enthalten einige Begriffe zum Themenkomplex Wetter, die dir vielleicht noch nicht untergekommen sind, z. B. „unsettled" (= unbeständig), „towering clouds" (= sich auftürmende Wolken) oder „to inundate" (= überschwemmen). Obwohl diese Begriffe nicht dem Stammwortschatz der gängigen Lehrwerke entsprechen, sollten sie dennoch gut aus dem Kontext abzuleiten sein. Teilweise sind sie ohnehin nicht notwendig, um die Lösungen zu finden.*
In der Prüfung wird dir jeder Hörtext ***zweimal*** *vorgespielt und du bekommst ausreichend Zeit zwischen den Hördurchgängen, um die Lösungen auf das Angabenblatt zu schreiben bzw. im Vorfeld die Aufgabenstellung zu lesen. Rechtschreib- und Grammatikfehler werden beim Hörverstehen nicht gewertet, solange man erkennen kann, dass du die richtige Lösung verstanden hast.*

Task 1: Weather Apps

Hinweis: *Du hörst fünf Aussagen von Menschen, die unterschiedliche Wetter-Apps verwenden. Jede Person nennt einen Grund, warum sie sich für genau diese App entschieden hat. Auf dem Angabenblatt sind acht mögliche* ***Gründe (A–H)*** *angeführt, die du den* ***Sprecher*innen (1–5)*** *zuordnen sollst. Hierfür trägst du die Zahl des jeweiligen Sprechers bzw. der jeweiligen Sprecherin in die Box hinter dem dazugehörigen Grund ein. Jede Zahl darf nur ein einziges Mal vorkommen. Am Ende bleiben von den acht Feldern also drei Felder frei.*

A Link to social networks **[–]**

Hinweis: *In Text 4 werden zwar soziale Netzwerke thematisiert, der Sprecher betont dort allerdings, dass es ihm darauf ankommt, möglichst <u>wenig</u> Daten von sich preiszugeben. Daher passt eine Verbindung zu sozialen Netzwerken zu keinem der fünf Texte.*

B Clear layout **[3]**

Hinweis: *Sprecherin 3 betont schon im ersten Satz, dass sie alle Informationen „at a glance" (= auf einen Blick, Z. 7) findet. Das deutet schon sehr stark auf ein übersichtliches Layout hin. Noch deutlicher wird sie dann im zweiten Satz, in dem sie von einem „functional graphic interface and design" (= funktionale grafische Oberfläche und Aufmachung, Z. 7/8) spricht.*

C Data protection **[4]**

Hinweis: *Sprecher 4 warnt davor, dass einige Apps Berechtigungen verlangen, die für die Abfrage des Wetters eigentlich nicht nötig sind (vgl. Z. 11/12). Er möchte vermeiden, zu viel persönliche Informationen preiszugeben (vgl. Z. 12) und hat sich somit für eine App entschieden, die in diesem Punkt „trustworthy" (= vertrauenswürdig, Z. 13) ist. In den anderen Texten wird das Thema Datenschutz nicht erwähnt.*

D Precise local forecasts **5**

__Hinweis:__ Die App von Sprecher 5 scheint besonders gut für lokale Vorhersagen zu sein. Er betont, dass viele Apps vor allem in städtischen Gebieten („urban areas", Z. 14) funktionieren, an „remote places" (= abgelegenen Orten, Z. 15) aber oft nicht brauchbar sind. Seine App verfügt angeblich über eine hohe Aussagekraft bezüglich regionaler Vorhersagen („high level of expertise in regional weather", Z. 15/16), was ihm als Wanderer sehr hilft.

E Warning messages **–**

__Hinweis:__ Sprecher 4 erwähnt zwar das Wort „warning", es ist aber in keinem der Texte von „messages" (= Nachrichten) die Rede. Keine der Apps bietet also ein derartiges Merkmal.

F Human expertise **1**

*__Hinweis:__ Sprecher 1 berichtet, dass seine App sich auf Meteorolog*innen verlässt, die die Daten überwachen und korrigieren („rely on meteorologists who supervise and correct the data", Z. 2). Das Eingreifen von Menschen zur Verbesserung der Daten wird in keinem anderen Text beschrieben.*

G Frequent updates **–**

__Hinweis:__ Da in keinem Text von Updates die Rede ist, kannst du diesen Punkt ausschließen.

H Several measuring instruments **2**

__Hinweis:__ Die Sprecherin von Text 2 betont, dass ihre App die Daten aus verschiedenen Quellen bezieht. Konkret erwähnt sie Satelliten, Radar, Wetterballons, Instrumente zum Messen der Flusspegel sowie Sensoren an Flugzeugen und Schiffen (Z. 4–6). Demzufolge ist dieser Grund eindeutig Text 2 zuzuordnen.

Task 2: An Interview with a Weather Forecaster

__Hinweis:__ In dieser Aufgabe hörst du ein Interview mit der Fernseh-Meteorologin Janice Dean, die darüber berichtet, woher ihr Interesse an Meteorologie stammt, wie ihre Karriere verlief und welche Wetterphänomene sie faszinieren. Deine Aufgabe ist es, die Satzanfänge jeweils mit einem der __vier angegeben Satzenden (A, B, C oder D)__ zu vervollständigen. Achtung: Du darfst nur eine einzige Lösung je Satz ankreuzen. Solltest du dich umentscheiden, musst du deutlich machen, welche der Lösungen deiner Meinung nach richtig ist. Wichtig ist bei dieser Aufgabe, dass du die Sätze wirklich genau liest, da sich die Lösung oft in einem einzigen Wort versteckt.

1. Janice studied meteorology because of **a job at a TV station.**
   __Hinweis:__ Die entscheidende Aussage, die auf Satzende D hindeutet, ist die folgende: "But five years ago, I decided to go back to university because I'd been hired to be a TV daytime presenter but I felt I couldn't do the forecast without the scientific knowledge. So I took meteorology classes." (Z. 14–16). Die anderen Satzenden scheiden aus. Janice erwähnt zwar die langen „Canadian winters" ihrer Kindheit (Satzende A), betont aber, dass sie sich damals noch nicht für Wetterphänomene interessierte. Aus Geldgründen (vgl. Satzende B) moderierte sie u. a. das Wetter bei einem Radiosender, aber auch dafür brauchte sie kein Meteorologiestudium. Schließlich entfällt auch Satzende C, da nirgends davon die Rede ist, dass es ihr an guten Gelegenheiten gemangelt hätte.

2. Hurricanes are **less dangerous over water.**

   Hinweis: *Satzende A scheidet aus, da Janice davon spricht, dass sie nicht Hurricanes, sondern den Nebel (= „[f]og", Z. 19) über großen Städten wie New York faszinierend findet. Auch Satzende B ist nicht richtig, da sie das Phänomen des „thunder snow" (= Schneegewitter, Z. 20) und nicht Hurricanes als selten beschreibt. Da sie darüber hinaus auch keinen Vergleich zwischen Schneestürmen und Hurricanes zieht, fällt auch Satzende C weg. Somit bleibt nur Satzende D. Janice betont, wie zerstörerisch Hurricanes sein können, wenn sie auf Land treffen, weshalb sie es vorzieht, diese Stürme zu beobachten, während sie noch über dem Wasser sind: "Of course they can be devastatingly dangerous, so I prefer to watch them moving over water and not making landfall, where they can cause immense destruction." (Z. 23–25)*

3. Janice was glad when **the pilot landed quickly.**

   Hinweis: *Janice erzählt hier von einem Ereignis, an das sie sich immer erinnern wird. Sie erwähnt, dass es zu einer Zeit passiert ist, als es noch gar keine Smartphones gab – Satzende A scheidet daher aus. Auch Satzende B ergibt keinen Sinn, da im Text von sich auftürmenden Wolken („towering clouds", Z. 32) und nicht von einem Turm/Tower die Rede ist. Satzende C passt hingegen sehr gut, da Janice betont, dass sie froh darüber war, dass der Pilot schnell landen konnte: "Luckily, the pilot was able to descend immediately." (Z. 34) Im Folgenden spricht sie schließlich davon, dass sie aufgrund ihrer Vorhersage damals zum Ergebnis gekommen war, dass der Wind deutlich stärker werden würde. Somit scheidet Satzende D aus.*

4. According to Janice, weather can **bring people in need together.**

   Hinweis: *Satzende A kannst du ausschließen, da Janice explizit erwähnt, dass Wetterereignisse für Traurigkeit sorgen können (vgl. Z. 39) und nicht Traurigkeit beseitigen („wipe away"). Antwort B hingegen passt sehr gut zu dem, was Janice erzählt. Sie spricht davon, wie Gemeinden und Nachbarn zusammenkommen, um einander bei einer extremen Wetterlage zu unterstützen ("I see communities and neigbors coming together to help one another.", Z. 40/41). Satzende D („separating communities") beschreibt das genaue Gegenteil davon und scheidet daher aus. Das Wort „income" aus Satzende C wird zwar auch im Text erwähnt (vgl. Z. 42), es geht aber darum, dass extreme Wetterphänomene alle Einkommensschichten gleichermaßen betreffen und nicht darum, dass die Menschen durch sie ein geringeres Einkommen haben.*

Task 3: Weather Report

Hinweis: *Der folgende Wetterbericht wurde aus einer Vorhersage des britischen Senders BBC entnommen. Deine Aufgabe ist es, die* ***sechs Fehler*** *zu finden, die sich im Text eingeschlichen haben und das* ***richtige Wort auf die Linie*** *hinter der betreffenden Zeile zu schreiben. Jeder verbesserte Ausdruck bringt dir einen Punkt. Übersteigt die Gesamtzahl der von dir verbesserten Wörter die Anzahl der zu findenden Fehler, so wird pro überzähligem Ausdruck ein Punkt abgezogen. Die Fehler sind oft etwas schwierig zu finden, da die falschen Wörter sich meist nur in einem Laut vom korrekten Wort unterscheiden. Du musst also genau zuhören. Es kann dir helfen, wenn du im ersten Durchgang zunächst die falschen Wörter unterstreichst und erst im Nachgang die unterstrichenen Wörter verbesserst.*

tough	→	**rough**	"Temperatures have been on the up after a **rough** start to the week." (Z. 1/2)
wild	→	**mild**	"There'll be **mild** winds and again some rain almost everywhere throughout the country." (Z. 4)
Monday	→	**Sunday**	"We'll see a deep low pressure system moving across the north on **Sunday**." (Z. 5)

drifts	→ **shifts**	„As the low pressure system **shifts** eastwards, …" (Z. 6/7)
rest	→ **west**	"Next, we'll see high pressure building to the south-west and then to the **west** of Britain." (Z. 9)
better	→ **wetter**	"The end of the week looks **wetter**." (Z. 11)

Task 4: Calling the Weather Service

Hinweis: *In dieser Aufgabe hörst du das Telefonat eines jungen Wanderers, der sich mit einer Gruppe Freund*innen auf einer Tour in Australien befindet und eine Wanderhotline anruft, um Informationen über das bevorstehende Unwetter einzuholen. Die Frau von der Hotline wird ihm bei mehreren Aspekten wichtige Hinweise geben. Lies dir zunächst genau durch, nach welchen Informationen gefragt wird, und beantworte diese dann. Beachte, dass* ***keine Einzelwörter*** *als Antwort akzeptiert werden.*

1. Reason for loss of internet connection: **(the) (main) cell tower was damaged**
   Hinweis: *Der junge Mann berichtet, dass die Internetverbindung abgebrochen sei, wodurch eine Navigation nicht mehr möglich ist. Die Frau von der Hotline bestätigt dies und gibt als Grund an, dass der (Haupt-)Funkmast beschädigt wurde. Hier ist wichtig, dass deine Lösung das Wort „cell tower" (Z. 8) enthält und dass du erwähnst, dass dieser beschädigt wurde (Wörter wie „destroyed" wären dementsprechend falsch, da das nicht der angegebenen Beschädigung entspricht).*
   Textstelle: "Yes, the mobile internet connection broke down today because the main cell tower was damaged." (Z. 7/8)

2. Amount of rain expected: **seven millimetres/7 mm per hour**
   Hinweis: *Hier wird nach der erwarteten Regenmenge gefragt. Es spielt keine Rolle, ob du „seven millimeters" ausschreibst oder als Zahl mit Einheitsangabe angibst. Was allerdings zwingend Teil der Antwort sein muss, ist die Angabe „per hour", da sonst nicht klar wird, um welche Regenmenge es sich handelt.*
   Textstelle: "You'll get about seven millimeters of rain per hour." (Z. 13)

3. Name of closest hotel: **Kingfisher Bay**
   Hinweis: *Die Frau von der Hotline nennt den Namen der nächstgelegenen Unterkunft, betont aber, dass diese zu weit weg wäre. Für dich ist diese Zusatzinfo erst einmal nicht wichtig, da ja nur nach dem nächsten Hotel gefragt wird und nicht danach, wo die Gruppe letztlich übernachtet. Du bekommst den Punkt übrigens auch, wenn du „King Fisher" anstatt „Kingfisher" schreibst.*
   Textstelle: "The closest accommodation is a place called Kingfisher Bay but I'm afraid it's too far away from you." (Z. 14–16)

4. Necessary equipment:
   – **waterproof tent**
   – **bright torch**
   – **strong rope**
   Hinweis: *Die Frau von der Hotline erwähnt im Folgenden drei Gegenstände, die ihrer Meinung nach notwendig sind, wenn die Gruppe vor Ort bleiben möchte. Gerade hier ist es wichtig, dass du auf die Regel, dass einzelne Wörter als Antwort nicht zählen, achtest. Dementsprechend sollte deine Lösung auf jeden Fall auch die Adjektive „waterproof", „bright" und „strong" enthalten.*
   Textstelle: "You should have a waterproof tent for the rain. A bright torch would be good, too. Finally, you really ought to have a strong rope to tie your belongings together, so that nothing gets swept away by the storm." (Z. 18–20)

5. Street Name of Lil's Place: **Yidney** Drive
Hinweis: Der Straßenname der Unterkunft, die die Frau von der Hotline empfiehlt, wird zunächst im Satzzusammenhang genannt und anschließend noch einmal buchstabiert. Das Wort „Drive" ist schon angegeben – du musst es also nicht mehr dazuschreiben. Wenn dir diese Aufgabe schwerfällt, solltest du das „spelling alphabet" noch einmal wiederholen. Besonders die Buchstaben E, G, H, I, J, V, W, Y führen häufig zu Fehlern. Textstelle: "Sure. That's Y-I-D-N-E-Y D-R-I-V-E." (Z. 32)

Task 5: Floods and Droughts

Hinweis: *In dieser Aufgabe hörst du ein Radiointerview, in dem drei Sprecher*innen vorkommen. Neben der* ***Radiomoderatorin*** *sind auch* ***die Meteorologin Mrs Banks und ihr Kollege Mr Adams*** *anwesend. Die beiden berichten über die Ursachen und Auswirkungen von* ***Überschwemmungen und Dürren****. Zusätzlich reden sie über das richtige Verhalten bei extremen Wetterlagen und darüber, wie solche Katastrophen verhindert werden können. Du musst hier die vorgegebenen* ***Satzanfänge mit den richtigen Informationen aus dem Text ergänzen****. Unterstreiche dir am besten Schlüsselwörter in der Angabe (z. B. „average car" oder „emergency kit"), damit du weißt, worauf du beim Hören besonders achten musst. Auch bei dieser Aufgabe gilt, dass Einzelwörter als Lösung nicht genügen.*

1. … **heavier rainfall. / … greater danger of flooding.**
Hinweis: *Es reicht hier, wenn du eine der beiden Lösungen angibst. In beiden Fällen ist es aber dringend notwendig, dass du die Steigerung des jeweiligen Adjektivs (also „heavier" oder „greater") angibst, da du sonst keinen Punkt erhältst. Textstelle: "Although a slower speed may seem like a good thing, it's actually just the opposite. It also affects the rainfall, which will become heavier, resulting in greater danger of flooding." (Z. 12/13)*

2. … **(only) two feet of water.**
Hinweis: *Mr Adams berichtet darüber, dass verschiedene Dinge nur wenig Widerstandskraft gegen Flutwasser haben. Beachte, dass in der Angabe nach Autos gefragt wird. Mr Adams erwähnt zwar auch, dass sich ein Mensch bei etwa 6 Zoll Wasser nicht mehr auf den Beinen halten kann – das ist für die Aufgabe aber nicht relevant. Textstelle: "Most vehicles will be carried away by only two feet of water, and just six inches of water can knock a person off their feet." (Z. 15–17)*

3. … **chemical substances/substances that (mix and) react with the water** and **uncleaned wastewater.**
Hinweis: *Hier geht es um die Verschmutzung von Trinkwasser in Folge einer Überschwemmung. Bei dem Punkt „substances" muss entweder „chemical" oder „that mix and react with the water" zusätzlich angegeben sein, um den Punkt zu erhalten. Für den zweiten Punkt ist es wichtig, dass es sich um Abwasser handelt und nicht einfach nur um dreckiges Wasser. Deine Lösung sollte also auch das Wort „waste" enthalten. Textstelle: "This is caused by chemical substances, which can mix and react with the water, and by uncleaned wastewater, of course." (Z. 21/22)*

4. … **a portable radio/radio set** and **supplies to survive/supplies for three days**
Hinweis: *Mr Adams nennt hier einige Dinge, die seiner Meinung nach in einem Hochwasser-Notfallset enthalten sein sollten. Hier ist es wichtig, ganz genau zu lesen. Das „first aid kit" ist bereits angegeben, daher kannst du hierfür keinen weiteren Punkt mehr bekommen. Beim Radio muss entweder „portable" oder „set" mit angegeben sein, um den Punkt zu erhalten. Auch „supplies" solltest du entweder mit „to survive" oder mit „for three days" genauer beschreiben, da Einzelwörter als Lösung nicht ausreichen.*

Textstelle: "Assemble a waterproof emergency kit that contains a small first aid kit, a portable radio set – it might be useful to stay up-to-date with local news on flooding – and supplies, of course, so that you can survive for three days." (Z. 26–29)

5. … **collect water. /** … **(take several steps to) protect (our) forests. /** … **adopt new policies.**
   Hinweis: *Es geht hier darum, wie man die Zahl von Überschwemmungen und Dürren verringern kann. Du kannst hier aus mehreren Optionen wählen – du musst aber nur einen Aspekt nennen.*
   Textstellen: "My best advice to prepare for a drought is to collect water." (Z. 34/35); "When there are droughts, forests provide clean water. And when there are floods, trees store huge amounts of water. It's high time to protect our forests" (Z. 36/37); "governments need to adopt new policies" (Z. 40)

6. … **a (water-)recycling program.**
   Hinweis: *Die australische Stadt Perth hatte laut Mrs Banks in der Vergangenheit Probleme mit der Wasserversorgung während Dürreperioden und hat daher ein Wasser-Recycling-Programm auf die Beine gestellt. Du musst „water" nicht mehr zwingend angeben, da es laut der Angabe schon um Wasser geht. Was du aber auf jeden Fall brauchst, um den Punkt zu erhalten, ist das Wort „recycling".*
   Textstelle: "Next year, they expect their complete water supply to be climate independent. The water-recycling program they started four years ago will then be fully established." (Z. 43–45)

Abschlussprüfung an Realschulen: Englisch 2022
Written Test, Listening Test

Um dir die Prüfung 2022 schnellstmöglich zur Verfügung stellen zu können, bringen wir sie in digitaler Form heraus.

Sobald die Original-Prüfungsaufgaben 2022 freigegeben sind, können sie als PDF auf der Plattform **MyStark** heruntergeladen werden (Zugangscode vgl. Umschlaginnenseite).

Prüfung 2022

www.stark-verlag.de/mystark